善治理念下的税收治理问题研究

吉林省税务学会　编

中国税务出版社

图书在版编目（CIP）数据

善治理念下的税收治理问题研究/吉林省税务学会编．
--北京：中国税务出版社，2016．5
ISBN 978－7－5678－0428－9

Ⅰ．①善…　Ⅱ．①吉…　Ⅲ．①税收管理－研究
Ⅳ．①F810．423

中国版本图书馆 CIP 数据核字（2016）第 117267 号

书　　名：善治理念下的税收治理问题研究
作　　者：吉林省税务学会　编
责任编辑：庞　博
责任校对：于　玲
技术设计：刘冬珂
出版发行：中国税务出版社
北京市丰台区广安路 9 号国投财富广场 1 号楼 11 层
邮政编码：100055
http：//www. taxation. cn
E-mail：swcb@ taxation. cn
发行中心电话：（010）83362083/86/89
传真：（010）83362046/47/48/49
经　　销：各地新华书店
印　　刷：北京嘉恒彩色印刷有限责任公司
规　　格：787 × 1092 毫米　1/16
印　　张：16
字　　数：274000 字
版　　次：2016 年 5 月第 1 版　2016 年 5 月第 1 次印刷
书　　号：ISBN 978－7－5678－0428－9
定　　价：40．00 元

《善治理念下的税收治理问题研究》编辑委员会

主　编：辛国仁

副主编：于颖哲　刘国民　李伊宁

　　　　刘秀英　李　靖

总　纂：刘秀英　赵　丰

编　委：（按姓氏笔画为序）

　　　　王寒冰　李慧龙　陈　旭

　　　　陈　希　张　冰　张金芳

　　　　张舜能　郑　雪　赵尉尉

序

自1989年世界银行首次使用“治理危机”（governance crisis）一词开始，治理与善治便成为20世纪90年代经济、政治、社会、管理学家的重要话题之一。西方学者，特别是政治学家和社会学家，对“治理”一词作出了许多新的界定。善治，即好的治理，21世纪以来逐渐被各国政府接受，并积累了很多成功的案例。党的十八届三中全会提出要“推进国家治理体系与治理能力现代化”，十八届四中全会提出“依法治国是党领导人民治理国家的基本方略”，这对税务管理提出了新的要求。吉林省国税部门从2013年下半年开始，把善治理念引入税收管理，在深入研读和探讨21世纪税收管理的前沿理论的基础上，进行了善治税收建设的理论探索与实践尝试。2013年年底，国家税务总局党组书记、局长王军在全国税务工作会议上强调要“创新理念，树立善治理念、弘扬法治理念、增强共治理念”。为此，2014年，吉林省国家税务局抓住税收征管的核心内容和关键环节，积极探索在全省范围内推进新的征管方式的转变，加强风险防控，实现“大征管、大服务、大评估、大督查”的征管格局，进而提升纳税遵从与执法遵从“两个遵从”的总体战略目标。

《善治理念下的税收治理问题研究》一书是吉林省国家税务局根据党的十八届三中全会推进国家治理体系与治理能力现代化的要求，进行税收基础应用研究的成果。本书基于实证研究的视角，将善治理论与税收实践结合起来分析，提出新时期建设善治税收的路径探索这一基本命题。在理论层面，这一命题的研究有助于加深对国家改革目标的理解，拓展治理理论与善治理论的研究视野，丰富税收治理相关理论，更好地研究征管服务、风险管理等相关体系的理论建设。在实践层面，这项研究有利于从顶层战略设计层面为税收实践工作提供理论源泉，并由此展望税收治理的发展方向；有利于促进税务部门税收管理与纳税服务的协调发展，构建和谐的征纳双方互动关系；有利于税务部门创新工作方式，提升税收治理水平与质效。

应该说《善治理念下的税收治理问题研究》对当前实现税收治理现代化建设具有理论与实践上的双重借鉴意义。

吉林省国家税务局党组书记、局长　张德志

2015年10月

目　　录

引　言

一、研究意义

党的十八届三中全会作出的《关于全面深化改革若干重大问题的决定》（以下简称《决定》）提出了“完善和发展中国特色社会主义制度，推进国家治理体系和治理能力的现代化”的全面深化改革的总目标。这是在党的文件中首次提出推进国家治理体系和治理能力现代化。国家治理体系就是“在党领导下管理国家的制度体系，包括经济、政治、文化、社会、生态文明和党的建设等各领域的体制机制、法律法规安排，也就是一整套紧密相连、相互协调的国家制度”。[①] 国家治理能力是指“运用国家制度管理社会各方面事务的能力，包括改革发展稳定、内政外交国防、治党治国治军等各个方面”。[②] 无论是作为制度体系的国家治理体系，还是作为制度执行的国家治理能力，最终的落脚点都是国家治理的现代化。深刻诠释这一新的政治理念，探寻实现国家治理体系与治理能力现代化的途径与方法，对于各领域的建设发展，乃至整个社会主义现代化事业来说，都是十分重要的。站在全新的时代背景下，这一重大治国理政理念的转变要求各领域的建设者们更新治理理念、完善治理体系、提高治理能力。

十八届三中全会的《决定》同时对税制改革提出了新的要求，这些要求可以概括为“一个鲜明特点、五个重要方面”。“一个鲜明特点”就是要从推进国家治理体系和治理能力现代化的高度来部署税制改革。“五个重要方面”就是要保持税负基本稳定、现有中央和地方财力格局总体稳定、落实税收法定、优化税制改革、完善征管体制。[③] 在 2014 年 6 月召开的中共中央政治局会议上审议通过的《深化财税体制改革总体方案》，从国家治理现代化的高

---

①② 习近平．切实把思想统一到党的十八届三中全会精神上来［N］．人民日报，2014－01－01（2）．

③ 张德志．在吉林省国税工作会议上的报告摘编［J］．吉林国税，2014（1）：4.

度部署财税体制改革。其中就包括“深化税收制度改革，优化税制结构、完善税收功能、稳定宏观税负、推进依法治税，建立有利于科学发展、社会公平、市场统一的税收制度体系，充分发挥税收筹集财政收入、调节分配、促进结构优化的职能作用。”由此可见，新一轮的税制改革是一场关系国家治理体系和治理能力现代化的深刻变革，是立足国家全局发展，着眼现代化建设而对财税制度进行的不懈探索。因而，在新形势下，我们必须从国家治理的战略高度出发，改革税收工作的方方面面。例如，建立规范的税法体系、科学的征管体系、高效的服务体系、全面的信息体系、廉洁的组织体系等，建立起统一完整、法治规范、公开透明、运行高效，有利于优化资源配置、维护市场统一、促进社会公平、实现国家长治久安的可持续的现代财政制度。

在现代社会，税收不仅是国家财政的主要来源，而且还是国家治理的重要基础。税收主要通过两大职能来参与社会治理：一是税收的收入职能。税收收入最终形成国家财政收入，确保整体的社会治理费用。二是税收的调控职能。税收通过参与分配发挥杠杆作用，调节各类社会关系，体现了国家、集体、个人以及整个社会各阶层间权力和利益的平衡和制约。① 因而，税收治理是公共治理、国家治理体系的重要组成部分。构建现代税收制度、秉承现代税收理念、采取现代税收手段等，并最终实现税收治理的现代化，都要在国家治理体系与治理能力现代化的框架下不断探索和完善。新常态下，所有税务工作者都应站在国家治理的战略高度抓住主线，并最终使税收治理的现代化与国家治理的现代化紧密结合，追求最为有效和健全的治理，即“善治”。

20 世纪 90 年代以来，“治理”及“善治”的概念日益成为公共管理领域的学者们研究的核心，并取得了不俗的成果，而且在公共治理的理论方面实现了从“最初舶来”到“本土研究”的不断提升。治理的理念之所以能够兴起，是因为治理可以使市场与政府之间能够相互弥补。单凭国家的计划和命令等手段，无法达到资源的优化配置。由于政府能力的有限以及政府利益的存在，使得政府不仅无法有效保证公民的政治利益和经济利益，反而会因为政府管制的无效和政府行为的失当引起公众对政府的不满，甚至导致政府的信用危机和执政危机。俞可平指出，治理是指在一个既定的范围内运用权威维持秩序，满足公众的需要。② 治理理论内核中政府与公民对社会生活的合

① 张德志．在吉林省国税工作会议上的报告摘编［J］．吉林国税，2014（1）：4.

② 俞可平．治理与善治［M］．北京：社会科学文献出版社，2000：9.

作治理，是包括税务部门在内的所有公共部门所要追求的至高目标。另外，当前税收领域存在的征纳权责不清、管税能力不强、内部管理不够、纳税服务滞后等问题迫切需要治理理论的指导。但是，治理理论也存在一定的局限性，于是许多学者和国际组织提出了应对治理失败的理论，“元治理”“健全的治理”“有效的治理”等概念应运而生，其中最有影响的便是“善治”的理论。根据俞可平教授的解释，善治就是公共利益最大化的社会管理过程。[①]治理与善治两者在一定程度上是一种递进的关系，其理论之所以深入人心，在于它从本质上重新反思政府与市场、政府与企业、政府与公民的关系，引起了新一轮的角色定位。善治理论所强调的法治、责任、透明、回应、有效等要素可以为税收治理所用，无论是构建纳税人满意的税收服务体系，还是提升依法行政的风险防控体系，善治都可以并完全契合税收治理不断推进的目标。在税收工作中研究和应用治理与善治的相关理论，是今后税收体系改革与创新的必然走向。

当前，吉林省国税工作面临着许多矛盾和问题，一是收入规模不足与财政需求加大之间的矛盾；二是执法风险加大与执法要求提高之间的矛盾；三是征管服务方式与税源发展状况之间的矛盾；四是干部队伍素质与形势发展要求之间的矛盾。[②] 尤其是2013年吉林省国税系统发生的“408案件”与“620案件”，给吉林省国税事业的发展带来了不小的负面影响。面对这样的发展形势，吉林省国家税务局局长张德志同志将治理理念、善治理念与税收实际工作相结合，于2013年8月提出善治税收理念。其中包括树立善治税收、法治国税的治税理念；树立守住底线、提升站位的工作理念；树立严格管理、倾情带队的带队理念的“三个理念”。这一思路的提出为全省国税机关确立了新的指导方向，也为开展进一步工作提出了新的要求。显然，转变税务人员的管理理念，重塑税收管理的伦理基础，探索征纳双方的良性互动并最终提高纳税人的税法遵从度与满意度，都需要借助善治理念进行指导，即税务部门要以纳税人为中心，寓管理于服务，实现最优的合作与共治。因此，此课题的研究对吉林省国税系统来说具有重要的现实意义。

近年来，善治税收的课题也引起了吉林大学中国地方政府创新研究中心的极大关注。该中心成立于2011年，是吉林大学受中央编译局的委托建立的非营利性学术研究与政策咨询机构。该中心致力于研究、总结、评估、宣传

① 俞可平．治理与善治［M］．北京：社会科学文献出版社，2000：9.

② 张德志．吉林省国税工作会议上的报告摘编［J］．吉林国税，2014（1）：5.

和推广地方政府在政治改革、行政改革、公共服务、社会管理等方面的创新实践，为地方政府提供决策咨询和智力支持。吉林省国家税务局作为重要的公共部门，是创新中心的重要合作对象。吉林省国家税务局与吉林大学中国地方政府创新研究中心的合作既是国税工作的需要，也是理论创新的需要。因此，我们有理由相信，依托吉林大学的学术资源和吉林国税的工作需求而搭建起来的善治税收的合作研究平台，必定能够推动税收理念的改变，促进税收职能的优化，激发税收工作的活力。

基于上述考虑，本书从实证研究的角度，将善治理论与税收实际结合起来，在理论上突破长期以来单纯研究部门治理的局限，提出新时期建设善治税收的路径，在一定程度上拓展了治理理论的研究视野。因此，善治税收的课题研究具有理论和实践两方面的重要意义。

从理论层面看，一是有助于我们加深对深化改革总目标的理解。推进国家治理体系和治理能力现代化，是适应社会发展新要求和人民群众新期待的必然选择，体现了社会主义现代化在制度层面的基本要求。理解总目标的内涵有助于我们探索符合善治要求的税收治理，而通过对善治税收的研究能够帮助我们更深入理解这一最新要求。国家治理体系与治理能力现代化是国家层面的顶层设计，涵盖国家建设的方方面面。税收治理虽是国家治理的一部分，但却是国家治理的重要基础，作为国家治理的基础模块而不断发展和完善。因而，以税务部门为个案，对于理解总体目标的深刻内涵，并在实践中发挥其指导作用具有重要意义。二是有助于拓展治理理论与善治理论的研究视野。20 世纪 90 年代以来，西方学者对治理理论做出了许多新的界定，随着全球化时代的到来，治理和善治也越来越引起中国学术界和政治家的关注。虽然不同学者对治理和善治的概念有诸多不一样的表述，但其理论中所蕴含的实质精神却无太大差异。在此课题研究中，一方面，将其实质精神输入税收领域中，引入交叉研究的方法，拓宽了理论的研究视野；另一方面，税收治理作为国家治理的重要组成部分，正日益影响着国家整体的制度与能力现代化，研究这一领域为公共管理学开启了另一扇大门，使我们的目光能够投射到更宽广的天地。同时，对于善治税收的研究必然涉及经济学、财政学、管理学等学科的理论和方法，将多学科的方法和视角引入税收治理之内，从多角度分析实现善治税收的目标，在丰富其理论内涵的同时也为我们提供了一种观察问题的全新视角。三是有助于丰富税收治理相关理论，更好地研究征收管理、纳税服务、风险管理等相关体系的理论建设。税收治理作为公共治理的组成部分，有别于其他政府部门的特性，因而在研究中主要是寻找一套适用于税务部门的治理体系。税收治理是一项庞大的系统工程，涉及税政、人事、机构、服务、信息等诸多内容，几乎涵盖了税收工作的全部主营业务。因而，开展此项研究能够丰富业务层面的理论，进而指导具体工作。目前，税务部门的研究主要以实践工作为主，缺少相关学术理论基础，从善治的理论出发研究税收治理路径的选择既可以丰富相关税收的理论，也可以加强具体工作领域的理论建设。

从实践层面看，一是从顶层设计上为税收实践工作提供理论依据，并由此展望税收治理今后的发展方向。我国当前税收管理改革缺乏符合国情的、系统的税收改革理论依据，对于一些基本的概念缺乏清晰的把握，导致在税收实践中对税收治理存在认识上的偏差，阻碍税收治理改革的进一步深入。研究善治理念下税收治理问题是在全面推进国家治理体系与治理能力现代化的背景之下，联系国家政治、经济、社会发展等诸多因素，从顶层战略设计的高度，全面、系统地把握税收治理的改革现状做出的必然选择。以治理、善治理论为坚实的理论支撑，其理论内核中所强调的透明、回应、有效、参与等因素对指导具体税收工作具有重要意义，可为实践工作提供理论源泉。理论是实践的先导，思想是行动的基础，只有以富有强大生命力的理论为基点，才能发挥其指导意义，并促进税收事业的不断进步。因此，不断追求善治理念下的税收治理是国税部门的努力方向，是税收事业的必然走向。二是有利于促进税收征管与纳税服务的协调发展，构建和谐的征纳双方互动关系。现代税收治理的核心在于征纳双方新型互动关系的建立，而这一点也正是新时期税收征管改革的基础，同时也是寻求善治税收的关键。通过本书的研究，能够促进税务工作人员从传统的征收管理理念向现代的服务治理理念转变，将管理寓于服务之中，达到在双方信任平等的基础上和谐互动，并更好地履行职责。税收管理与纳税服务作为税收核心业务的两翼，二者应当是相互协调、共同进步，即税收管理的过程也是纳税服务实现的过程。新时期应加强建立有效督办与反馈的响应机制，实现对纳税人需求的有效解决，在提升纳税人对税务机关纳税服务管理工作的满意度的同时，帮助纳税人掌握基本的纳税常识，及时快速地完成纳税义务，共同提升纳税人的税法遵从度。三是有利于吉林国税部门创新工作方式，提升税收治理水平与质效。通过本书的研究不仅有利于解决吉林省国税系统在理论发展上的困境，而且对于加强税收治理的水平，提升治理的质效也具有一定的应用价值。例如，采用“权力清单”的方式以明晰征纳双方权责体系，为税收工作提供透明化开端；采用税源分类化管理以提升征管有效性；通过风险管理理念实现监管事项前移，节省税务机关的人力与财力；以信息管税为支撑，保障多方参与机制，等等。总体来说实质包含以下两个方面：税务机关对纳税人治理方式的转变和税务机关内部协作方式的调整。以善治理念为引导完善以上两个方面具体实践工作，有助于税务部门积极作为、大胆创新，推进税收事业实现新的发展。善治税收是一个系统化的工程，在完善其基本制度的同时也不能忽略税收治理能力的提高，应使两者共同进步、相互促进。

二、研究目的

对善治理念下的税收治理问题的研究，根本目的在于探求更加符合国家治理体系和治理能力现代化要求的税收治理的路径、模式及方法，以求更好地发挥税收的职能。借助相关的研究成果，以期在完善吉林省税收工作的同时，也为其他省市的税收工作提供借鉴。具体体现在以下几个方面。

第一，遵从善治的理念和价值全面观察我国税收实践及其所面临的问题。将善治理念深入贯彻到我国税收治理体制的改革实践中，以其理论内核为指导，站在新的高度上重新审视实践工作中存在的突出问题并分析其原因。在此基础上，通过将治理理论和税收理论的有机结合以寻求问题的解决方案，探索适合省情、国情的善治税收路径。

第二，经过对治理理论和善治理念的频繁交流提升实践部门工作者的理论素养。理论是实践的先导，思想是行动的指南，系统的理论知识能够给实践带来观念上的创新，并进一步指导实际工作。因而，掌握善治理论的核心内涵，在丰富实践工作者理论素养的同时也为实践指明了更为清晰的方向。

第三，借助研究成果，为税收实务工作者探索切合国家治理体系和能力现代化要求的善治税收路径提供思路。在理论内涵的基础上，将税务部门作为善治理念的“试验场”，在实践中逐步推进、检验、调整、完善，最终构建符合国家整体建设思路、符合省情整体发展、符合纳税人实际需要的善治税收路径。

第四，为其他省市的税收工作提供范本。本书立足于吉林省地域范围，所选取的案例皆是吉林省的基层税务部门，因此在税收治理路径的选择上偏重于特殊税情、省情。但是，在善治理念指导下的实践工作对于其他省市仍具有一定的借鉴意义，例如，本书致力于在治理主体多元化视角下探索税收治理社会化改革的出路，其他省市可以根据具体省情在参考、借鉴本书研究成果的基础上总结出符合自身特色的治理路径。

三、研究思路

首先是基本概念的界定。全面把握“治理”“善治”理论的内涵，并认真解析“国家治理体系和能力的现代化”的指导方针，最终将理论背景进行整合；全面理解“税收”的内涵与原则，并了解税源管理、税制结构、纳税服务以及风险管理等相关税收治理问题概念；论述“善治”理念下的税收治理的真正内涵，寻求二者相结合的最佳契合点。

其次是实践案例的解析。一方面，对国外、国内善治理念在税收治理得到良好应用的案例进行分析，整理出可借鉴的经验；另一方面，通过实地考察吉林省内基层税务部门实际工作，阐述善治理念应用在工作中的具体情况，在总结经验的同时指出进一步的发展方向。

最后是治理路径的探索。总结当前阶段吉林省在善治理念指导下进行的实践探索所取得的一系列成就，并深入分析新时期制约吉林省国税发展的因素以及内外部存在问题。在此现实基础上，从治理理念、治理主体、治理手段与治理系统四个维度探求具有吉林省特色的“善治”理念下税收治理的具体路径选择。

四、研究方法

一是文献分析法的运用。文献分析法主要是根据一定的研究目的或课题，通过调查翻阅文献获得所需资料，从而比较全面、正确地掌握所要研究的问题的一种方法，并且在此基础上对国内外此领域发展状况有一定了解，做出相关比较，这是一种重要的研究方法。通过对文献的相关研究，能够避免进行重复的研究，发现最新的前言研究问题，并发现切实可行的研究方法，为之后的研究奠定基础。课题前期准备阶段主要采用这种研究方法。课题组成员主要通过查阅大量资料了解善治相关理论、税收治理相关理论，通过对善治理论相关文献的整理，使课题组成员对治理、善治内涵有了较为清晰的把握，为本书研究奠定理论基础。课题组成员通过对税收治理相关文献的总结，关注到其研究主要集中在税收实践工作方面，涉及税源管理、征管模式、纳税服务、风险防控等方面，也使其对税收工作有了初步的认识。另外，通过对国内国外资料的梳理，在掌握大量资料的基础上把握国内外研究的最新动态，整理出目前在善治税收方面的研究现状以及进一步的研究方向，使我们能够站在一个更高的平台去把握课题的应然走向。

二是参与观察法的运用。观察法（科学观察）是指观察者根据研究课题，利用眼睛、耳朵等感觉器官和其他科学工具和手段，通过有目的、系统地观察研究对象来获取第一手资料，从而认识社会现象及其发展规律的一种科学研究方法。[①] 在课题中期阶段主要采用这种研究方法。课题组成员根据前期对文献的掌握，在吉林省基层国家税务局中选取出善治税收实践具有特色的部分国家税务局进行实地观察。其中包括长春市二道区国家税务局、长春市宽城区国家税务局、四平市国家税务局与伊通县国家税务局。通过实地观察税收工作人员的工作状态、工作流程，纳税人到国税机关的办事发展过程，不仅能够清晰掌握税收工作的实际情况，而且能够随时洞悉现场情境的变化，也收集到了许多不能用语言或文字表达的素材，为之后的课题研究提供材料支撑。通过对吉林省部分国家税务局的调研，使课题组成员对当前吉林省基层税务局践行善治理念的总体情况有了进一步的把握，增强了对税收实际工作的了解，有利于理论与实践的融合。

三是访谈法的运用。这是定性研究资料收集的首要方法。访谈研究的目的是收集人们的行为、态度、感受和信念等方面的详细资料。研究者通过发现人们遭遇某种现象或经历的方式，了解它们的意义和实质。在实际访谈过程中，研究者尽量不改变或以任何方式去影响受访者，以保证研究的客观性。[②] 在实地调研中通过与工作在税务部门不同岗位、科室的人进行半结构式访谈，了解他们在当前工作所遇到的突出问题，对善治税收理念与工作实践对接的理解等问题，并对课题组成员与税收实际工作者关心的问题进行开放式访谈。通过这种研究方法，能够全方位深入、细致地了解税务部门不同职位人员的思想、意见、困难、评价等，更好地把握课题研究的方向。

四是个案研究法的运用。个案研究是以一个典型事例或人物为具体研究对象，进行全面系统的调查研究，以了解其发生和发展的规律，从而为解决更一般的问题提供经验的方法。由于个案研究一般是对研究对象的一些典型特征作全面而深入的考察与分析，其过程与解剖麻雀相似，因此也叫“剖析麻雀法”。[③] 在本书中运用这种研究方法主要表现在以下两方面：一方面，通过收集文献、杂志、上网搜索等间接方式重点分析山东省、广州市、大连市在善治税收实践的案例，以期对吉林省税收工作提供一定的参照价值；另一

① 文军，蒋逸民．质性研究概论［M］．北京：北京大学出版社，2010：117.

② 蒋逸民．社会科学方法论［M］．重庆：重庆大学出版社，2011：301.

③ 文军，蒋逸民．质性研究概论［M］．北京：北京大学出版社，2010：95.

方面，通过实地观察、访谈法等直接方式重点分析吉林省税源分类管理、纳税服务、税收风险防控体系建设三个税收实践案例，由于善治税收所涉及的领域很广，加之不同税务局具有不同的特点，因此对不同税务局在实地调研阶段侧重点有所差异。通过对涵盖税收所有主营业务的六个案例的深入剖析，细致翔实地在分析个别差异的基础上总结普遍化推论，对吉林省善治税收治理路径的建构具有重要意义。

五、课题研究的规划

一是理论准备阶段。一方面，系统总结党的十八届三中全会《决定》中对治理体系与治理能力现代化的阐述，以及对税收工作提出的相关要求。查阅相关文献了解治理理论、善治理论的内涵；另一方面，掌握税收内涵、原则与纳税服务、税收征管等相关问题概念。述评国内外税收治理问题研究现状，并对吉林省税收相关资料进行收集并整理。

二是实际调研阶段。组织课题组成员到吉林省部分基层税务机关进行调研，收集案例及相关资料，以观察善治理念在税务部门实践中的应用情况，掌握第一手资料。

三是案例总结阶段。对调研的资料进行总体分析、个案分析，总结出目前税收治理工作在吉林省的开展情况，对创新之处和存在的问题进行论证，以系统归纳善治理念与税收治理工作存在的契合点。

四是成果汇总阶段。从整体视角把握理论与实践两部分，探索构建具有吉林省地方特色善治理念下税收治理问题的整体路径选择，这个路径包括吉林省税务工作的方方面面，是在新时代背景下开展税收工作的基本途径选择。

第一章　善治税收相关理论的梳理

第一节　治理理论向善治理论的演变

20世纪末，在全球化、政治民主化和产权革命运动①的推动下，行政生态发生了巨大变化，政府如何在新的行政环境下更有效率、更加民主地提供服务、实现公共利益，成为各国政府共同面临的一个紧要问题。治理理论作为在20世纪末流行起来的理论，折射出了当代经济与社会的重大转型。在这个时期以国家为依托的统治体系开始动摇，而国家正是社会科学的首要分析单位。福利国家的危机以及全球化运动的深化，使人们认识到无论是新自由主义还是新凯恩斯主义都是对政府与市场、国家与社会关系的不完善抉择，政府、市场与社会必然要重新进行角色定位与组合。就此而言，治理理论是对社会转折中造成的各种不可治理性的回应。

随着治理理论研究的深化以及在实践中的应用，人们发现其本身也存在治理失败的可能。鲍勃·杰索普把治理的内在局限性归结为合作与竞争、开放与封闭、可治理性与灵活性、责任与效率的矛盾。因此，人们进一步提出了善治理论。“善治”作为“好的治理”不再单纯追求对权威的应用，而是更多地强调多个治理主体间的协调与互动，是治理理论发展的新阶段。

因此，虽然治理的兴起对传统的政府为单一中心的统治结构提出了强有力的挑战，并使之逐渐瓦解。但治理的发展同样也为政府的转型提供了出路，政府在社会治理中仍然扮演着重要的角色，并且其对治理的完善也发挥着关

① 全球化主要是一个经济范畴，是资本的无限增值和扩张本性的外在表现，是人们对世界各国经济联系日益密切、相互渗透乃至体现出一体化趋势。德国著名哲学家哈贝马斯明确地把全球化界定为“世界经济体系的结构转变”；政治民主化指从传统社会向现代社会转型过程中，政治的形式和内容从非民主走向民主，特别是从专制走向民主的过程；产权革命是一种制度性的产权关系的根本调整。近代西方的产权革命主要指20世纪80年代以美国和英国为代表的公共企业“民营化”运动。

键的作用。

一、治理理论

（一）治理的兴起

20世纪90年代以来，“治理”成为一个“时髦”的词汇，无论是在经济学领域、政治学领域、国际关系学领域还是在行政学领域，治理都在广泛地被研究与应用。相应地，治理及其理论兴起的背景和原因也受到很多研究者的高度重视。正如俞可平所总结的，西方的政治学家和管理学家之所以提出治理概念，主张用治理代替统治，是他们在社会资源配置中既看到了市场的失效又看到了国家的失效①。本书综合考虑了20世纪七八十年代的现实情况和理论发展情况，把治理产生的原因与背景归结为“政府失败”和全球化与地方化，以及行政学领域范式危机的推动。

1. “政府失败”推动了治理的产生

在20世纪70年代，西方资本主义国家经历了一场严重的经济危机，政府财政能力相较以前大幅削弱，预算赤字和债务高速增长，经济增长减缓并且充满不确定性，甚至一些国家出现了经济负增长的现象。政府财政危机的根源主要有两点原因：一方面是由于政府公共支出的不断增加导致政府无力承担庞大的财政支出压力。第二次世界大战后，许多国家纷纷借鉴美国罗斯福新政时期的政府干预模式，加大了政府对于市场各个领域的干预。与此同时，西方各国政府都加强了社会福利的支出，许多国家制定了一套“从摇篮到坟墓”都有所保证的完整福利制度，建立福利国家成为各国政府的目标。但正如哈贝马斯所说，前期资本主义社会的统治武器是宗教的世界观、神话之类，这种统治武器后来变成“公平交换”概念。但在晚期资本主义，由于国家实行国家干预，“公平交换”概念破灭了。通过国家干预对经济过程的不断调整，起到了一种抵御威胁制度、资本主义放任自流时所产生的机能失调趋势的防御机制的作用。资本主义的实际发展很明显违背了资本主义关于资产阶级社会的观念；按照这一观念，资产阶级社会应该是没有统治的，权力应该是中立的。② 经过20世纪70年代的“滞涨”危机后人们发现，作

① 俞可平．治理与善治［M］．北京：社会科学文献出版社，2000.

② Habermas. Toward a Rational Society［M］. Beacon Press，1970.

为缓解资本主义合法性危机的福利国家，最终将可能对资本主义形成“反噬”。

另一方面，由于政府税收的不断减少，政府财政收入逐年递减。虽然在20世纪五六十年代许多国家建立了增值税系统，充实了其税收系统，但到了20世纪70年代后，很多国家的税收都接近极限，一旦超出这一极限，就会出现资本外流、逃税漏税等负面效应。这就带来了很多问题，在很多国家，有限的税收收入已无力承担不断增加的庞大的公共支出，甚至一些国家的政府在巨大的财政赤字和债务压迫下面临破产的境地。

具体来看，第一，不断增加的财政支出迫使政府占用大量的经济资源，削弱了市场配制资源的功能。政府开支的迅速增加造成了财政赤字和国债的急剧膨胀。1973—1975年经济危机之后，西欧各国财政赤字扩大速度极快，政府普遍采取举债和增税的办法来弥补财政亏空。国家的财政源于高比例的税收，而高额的累进税制严重地削弱了投资者的投资热情，影响了经济发展。此外，由于国家福利政策中失业保障制度顺利运行所需资金的承担者是在职的就业者，这无疑增加了劳动雇佣成本，削减了雇主雇佣更多员工的热情。这样就会导致社会中就业机会的减少，随之而来的是失业保障费用的增加，由此形成了一个恶性循环。

第二，大量的政府干预措施带来了官僚机构臃肿问题。实施全面的政府干预，管理社会公共事务，要求建立起一支庞大的运作团队，于是各级官僚机构越发臃肿。机构臃肿带来的直接问题就是开支的扩大和效率的低下。而传统公共行政最大的取向就是对于效率的追求，因此，这既是福利国家的失败，同时也是对传统公共行政取向的背离。

第三，福利国家削弱了个人的进取和自立精神，并且在自由社会的基础之上酝酿出某种一触即发的怨恨。在典型的福利国家之中，再分配政策虽然得到了大规模的实施，但贫困和收入不平等问题却依旧存在，甚至有所加剧。同时也在福利接收者中造成了“败德危害”和不断扩散的索取心理。

针对以上问题，20世纪80年代，西方多国政府开始进行改革运动，以股份制改革、委托代理等手段对大量公共企业实行民营化，意图削减政府职能，进行政府再造，在公共部门公共事务管理中引入市场机制，构建企业家政府。这次改革在一定程度上拓宽了公共行政事业，丰富了公共事务管理的手段和方法，但仍暴露出一定的局限性，未能有效解决“政府失败”带来的问题。从某种意义上讲，20世纪80年代的政府改革运动是人们对政府与市场组合的又一次不完善选择，而治理的兴起无疑是在这种不完善的抉择之外的又一种新的选择。

2. 全球化与地方化推动了治理的产生

在全球化的大背景下，政府主导一国经济、政治、社会的能力正在遭受直接或间接的影响。这是因为，第一，全球化导致部分公共事务的管理权限从政府向非政府的转移。许多非政府性质的国际组织、大型跨国公司、全球公民网络等以多种方式和途径参与到公共事务的管理中来，分享了政府的公共权力和政治权威。第二，全球化导致了公共权力由政府向社会的部分转移。自国家产生以来，它就一直作为公共事务的垄断主体对整个社会事务进行管理。而全球化向国家在整个社会生活中的统治和权威地位提出了挑战。当公共事务的管理权限由政府向非政府转移之后，也就意味着公共权力由国家到社会的必然转移。第三，全球化导致公共事务的处理出现某种程度的由强制性、等级性向平等性、协商性转变的趋势。传统的政府管理模式是以公共权力为后盾的，带有国家强制力，呈现出强制性、等级性的特点。而全球化提倡的是一种全新的权力关系和管理规则，各行为主体之间不存在必然的上下级关系，在分析和解决问题时依据自愿的原则进行平等的沟通与协商。这种管理方式和原则已经具备了治理的理念。

如果说全球化对于民主国家的直接冲击更多是政治层面的，那么全球化背景下的地方化趋势更直接地影响了行政权力和行政方式。新地方主义强调地方文化与社会的独特性，保持地方行政体制的相对独立性和地方自治的权力；相对于早期的地方化，新地方主义特别具有针对国家去中心化的意味。它不只重新启用了地方自治和地方民主的概念，而且其政策重心由中央向地方转移等观点，对中央和地方的关系也有实践性的启示。

正是由于地方化趋势由来已久的作用，以及地方化在这个时代的积极意义，众多国家推进了地方分权、地方政府改革，公民参与在地方层面也表现出前所未有的活力。全球化与地方化夹击下的公共行政体系已经出现了明显的去中心化趋势，这一趋势为治理理论的兴起提供了重要的借鉴。

3. 行政学领域的范式危机推动了治理的产生

从理论层面上来看，治理的兴起同20世纪末行政学领域出现的范式危机有关。长期以来，人们习惯以二分法即非此即彼的方式来思考问题。国家与社会、政府与市场、公共与私人被看作是相互对立的范畴。在经济全球化、信息化与分权革命的推动下，多元复杂的合作关系，使得二分法的范式越来越难以解释现实世界的现象。治理作为一种新的范式应运而生，它被人们看作是被遗漏的“第三项”，是对传统二分范式的批判与补充。治理理论的兴起拓展了国家与社会关系的分析框架，超越了自由主义和国家主义的传统对立，形成了一种新型的国家与社会关系范式。治理除了政府机关外，还包括公民社会的参与，各种利益集团以及部门间的协商，它有助于克服国家、市场以及社会各自能力的有限性，并试图建立起国家、市场和社会之间的互动网络。

（二）治理的内涵

“治理”一词是由英文 governance 翻译而来，它源于拉丁文和古希腊语，原意指控制、引导和操纵。长期以来它都与“统治”一词交叉使用，主要用于与国家的公共事务相关的管理活动和政治活动中。1989 年，世界银行在讨论非洲情形时首次提出“治理危机”（crisis in governance），此后，治理逐渐从统治中被剥离出来，被赋予新的含义。

1. 国际组织和学者对治理的定义

（1）一些国际和地区组织对治理的定义

众多国际组织对于治理的定义都集中在其是一个权力和权威的行使的过程这一方面，其中最有代表性的有以下几个定义：世界银行（The World Bank）认为治理是在管理一国经济和社会资源中行使权力的方式。治理的内容主要有：构建政治管理系统；为了推进发展而在管理一国经济和社会资源中运用权威的过程；政府制定、执行政策及承担相应职能的能力。联合国开发署（UNDP）指出，治理是行使经济、政治和行政的权威来管理一国所有层次上的事务。它包括机制、过程和制度，公民及其各类组织在这个过程中表达利益、行使合法权利、承担义务以及弥补他们之间的差异。经济与合作组织（OECD）将治理定义为一个社会在管理经济和社会发展中政治权威的运用和控制的行使的过程。这个宽泛的定义涉及公共权威在建立运行的环境、决定利益的分配以及确立统治者及被统治者关系上的使用。渥太华治理研究所（IGO）认为治理包含了一个社会的制度、过程以及惯例，它们决定了权力如何行使、影响社会的重要决策如何制定，以及在这类决策过程中不同利益者的地位。

全球治理委员会于 1995 年发表的一份题为《我们的全球伙伴关系》的研究报告中对治理做出了具有代表性和权威性的定义：治理是各种公共的或私人的个人或机构管理其共同事务的诸多方式的总和。它是使相互冲突的或不同利益得以调和并且采取联合行动的持续的过程。这既包括有权迫使人们服从的正式制度和规则，也包括各种人们同意或以为符合其利益的非正式制度安排。①

（2）一些学者对治理的定义

早期研究治理理论的学者多以同统治的区别角度来定义治理。治理理论的创始人之一詹姆斯·罗西瑙主要从治理与统治的区别这一方面界定治理的内涵，他将治理定义为一种未得到正式授权却能在一系列活动里发挥作用的管理机制。他还强调这些管理活动的完成无须依靠国家的强制力量来完成，主体也未必是政府。也就是说，他认为治理既包括政府机制，也包括非正式的、非政府机制。

治理理论的另一位代表人物罗茨也同样对治理和统治进行了区分，他认为治理意味着一种新的统治过程，在这个过程中有序统治的条件发生了变化，需要用新的方法来统治社会。换句话说，罗茨认为治理是一种不同于以往“统治”的一种新的社会“统治”方法。罗茨详细地列举了七种关于治理的不同定义：作为最小国家的管理活动的治理，指的是国家削减公开开支，以最小的成本取得最大的效益；作为公司管理的治理，指的是指导、控制和监督企业运行的组织体制；作为新公共管理的治理，指的是将市场的激励机制和私人部门的管理手段引入政府的公共服务；作为善治的治理，指的是强调效率、法治、责任的公共服务体系；作为社会控制的治理，指的是政府与民间、公共部门与私人部门之间的合作与互动；作为新政治经济学的治理，指的是重新审视政府经济管制以及公民社会、国家和市场经济之间的关系，因为他们之间的界限已经模糊不清了；作为自组织网络的治理，指的是建立在信任与互利基础上的社会协调网络。②

格里·斯托克对目前流行的治理概念进行梳理后指出，到目前为止各国学者们对作为一种理论的治理已经提出了五种主要的观点：第一，治理意味着一系列来自政府但又不限于政府的社会公共机构和行为者。它对传统的国家和政府权威提出挑战。它认为政府并不是国家唯一的权力中心，各种公共和私人的机构只要其行使的权力得到了公众的认可，就都可能成为各个不同层面上的权力中心。第二，治理意味着在为社会和经济问题寻求解决方案的过程中存在着界限和责任方面的模糊性。它表明，在现代社会国家正在把原来由它独自承担的责任转移给公民社会。这样，国家与社会之间、公共部门与私人部门之间的界限和责任日益变得模糊不清。第三，治理明确肯定了在

---

① 全球治理委员会．我们的全球伙伴关系［M］．牛津大学出版社，1995：23.

② 罗茨．新的治理［J］．政治研究，1996（154）.

涉及集体行为的各个社会公共机构之间存在着权力的依赖。进一步说，致力于集体行动的组织必须依靠其他组织；未达到目的，各个组织必须交换资源，谈判共同目标；交换的结果不仅取决于各参与者的资源，而且取决于游戏规则以及进行交换的环境。第四，治理意味着参与者最终将形成一个自主的网络。这一自主的网络在某个特定的领域中拥有发号施令的权威，它与政府在特定的领域中进行合作，分担政府的行政管理责任。第五，治理意味着办好事情的能力并不仅限于政府的权力，不限于政府发号施令或运用权威。在公共事物的管理中，还存在着其他的管理方法和技术，政府有责任使用这些新的方法和技术来更好地对公共事务进行控制和引导。①

我国学者对于治理的研究始于21世纪初期，大多从公共权力的运用以及权力中心的转移角度对治理进行研究。徐勇指出：治理主要是统治、管理，或统治方式、管理方式，即统治者或管理者通过公共权力的配置和运作，管理公共事务，以支配、影响和调控社会。他特别强调治理是指“公共权力的运作形式、方法和手段”；“公共权力应是一个体系”；“国家是最高形式的公共权力，社会中也存在公共权力”。毛寿龙和顾建光在认同徐勇的观点的基础上，将治理称为一种公共事务管理的革新，表示公共权力的重心由政府向市场和社会转移。

俞可平在《治理与善治》中对治理的定义做出了明确的阐释，他认为治理的基本含义是指“官方的或民间的公共管理组织在一个既定范围内运用公共权威维持秩序，满足公共需要”，“所以，治理是一个公共管理活动和公共管理过程，他的最终目标要达到‘善治’”。②

通过以上论述，不考虑同行政学不相关的一些定义（如作为公司的治理），我们可以看到治理理论主要有以下特点：第一，治理是一个动态过程，并不是一套既定的明确规则或制度，也不特指某项具体的活动或行为。第二，国家和政府不再是公共活动的垄断主体，治理的各主体之间并不存在主从关系，而是平等的合作关系。第三，治理的主体并不特指某个特定的群体或集团，表现出极大的多元性。政府之外的各个治理主体都参与到公共事务的管理活动中，各主体之间展开多元互动，通过协商和合作的方式对社会进行治理。第四，关注对于社会组织、企业法人等新兴主体治理能力的培养，特别强调社会参与治理与社会自治。第五，多种层次的治理与多种工具使用的并

---

① 格里·斯托克．作为理论的治理：五个论点［J］．国际社会科学（中文版），1992（2）．

② 俞可平．治理与善治引论［J］．马克思主义与现实，1999．

存。治理可以跨越国家、地区的界限，全球治理、国家治理、地区治理构成了一个完整的治理网络体系。在这个网络体系中，各主体可以对规制、市场签订合约、回应利益的联合等不同工具进行运用。第六，国家和公民的角色均发生改变。国家的能力主要体现在整合、动员、把握进程和管制方面，公民则是扮演积极的决策参与者、公共事务的管理者和社会决策的执行者的角色。在公民参与中，第三部门成为主要的组织载体。

2. 治理的内涵分析

通过对以上定义的总结，本书对治理的定义进行了一个梳理。治理的主体是多元化的，政府不再充当公共事务管理的唯一主体，也不再担任社会秩序的必然中心，企业法人、社会团体、自治社区、公民个体等，都作为治理的主体参与公共事务的管理过程中。除政府外的市场与社会力量可以并且常常成为公共权力的共享者，共同提供公共服务，维持社会秩序，公共管理过程呈现出非中心化的特征。

治理的客体是多元主体间特定的互动关系及其表现出的需求。相较于传统公共行政，治理更为关注客体背后的关系、资源及其价值。因此，我们也可以将治理的客体理解为社会互动主体在特定互动情境中形成的关系及因此而表现出的各种需求等。进一步讲，这种需求不是权力所有者想象的或客观存在的需求，而是在特定情境下，各个社会的行动单位互动的独特关系需求。这既包含人在同自然世界关系中的物质需求、物化需求，同样也包含人在处理社会关系中的社会需求和公共性需求。①

治理的方式是平等的合作与协商。不同于传统公共行政中政府在公共事务管理过程中处于绝对领导地位，治理理论要求其各主体之间不存在主从关系，政府处于引导者而非领导者的地位。治理的主体多元化是治理活动的内在规定，多元化的治理主体不但应该拥有处理公共事务的权力，而且要通过与政府共享权力来处理这些公共事务，对于公共事务的管理采取平等的合作与协商的形式进行。

治理追求的目标是实现公共利益。相较于传统公共行政依据权力和利益来设定目标，治理更为强调目标指向的公共性，即公共利益的实现。公共性是社会上的各个主体持续互动，在考虑自身利益的同时，超越自身利益回应他者需求的状态，既是一种相互需要的状态，也是一种实现相互需要的状态。这一状态虽然是与社会行动者私性相对应的，但不应被看成是去除社会行动

① 刘辉．治理的特征：谁的治理、何种治理［J］．理论探讨，2011（6）．

者私性的过程，而应被视为行动者超越自身私性联动他者价值的过程。① 因此，我们所说的治理的公共性不是指治理的主体已经去除了私性，而是说治理的多元化主体共享公共权力过程中超越各自利益、联动需求、实现价值的状态。

（三）治理理论的局限性

鲍勃·杰索普认为“有效的治理必须建立在国家和市场的基础之上，它是对国家和市场手段的补充。在社会资源配置中不仅存在国家的失效和市场的失效，也存在着治理失效的可能。”② 治理的优势在于平等、合作、多中心化和网络化，这一优势中同时隐藏着潜在的缺陷和风险。

一方面，从过程上，治理失灵的风险在于多中心、网络化的复杂环境下，集体行动可能因缺乏必要的制约而失控。③ 在很多情况下，由于短视利益和缺乏信任，个体理性并非总能带来集体利益的最优化。奥尔森在《集体行动的逻辑》一书中指出：集体行动随组织规模的扩大而可能性降低的现实。如果大家共同合作，每个人都会受益。但是，当动力刺激不足或缺乏外在强制时，就会有人采取“搭便车”的行为。并且随着组织规模的扩大，“搭便车”越发难以控制，最终导致合作的失败。④

另一方面，在结果上，治理失灵的风险在于多种因素导致的合作效应的陷阱。⑤事实上，并不是只要有了合作，就会出现整体功能大于局部功能之和的效应；甚至可能出现合作比单独行动结果更差，合作效应为负的情况。我们称为合作效应的陷阱包括：第一，对合作效应价值的错误判断，即表面看具备合作效应，但事实上合作效应是不存在的，合作的成本甚至大于所能带来的收益。第二，确实具备实现合作效应的可能，但由于现实情况决定了并不具备实现合作的条件，导致合作失败。第三，由于主体合作能力不足，影响了合作效应的实现。第四，迫于上级安排或舆论压力而采取合作行为，可能导致“形式主义”或“象征性”合作。

既然存在着治理失效的可能性，那么如何克服治理失灵、如何使治理更加有效就成为学者们讨论的问题。很多学者纷纷提出“元治理”“健全的治

---

① 刘辉．治理的特征：谁的治理、何种治理［J］．理论探讨，2011（6）．

② 鲍勃·杰索普．治理的兴起及其失败的风险：以经济发展为例的论述［J］．国际社会科学（中文版），1999．

③⑤ 麻宝斌．十大基本政治观念［M］．北京：社会科学文献出版社，2011．

④ 奥尔森．集体行动的逻辑［M］．上海：上海人民出版社，1995．

理”“有效的治理”等概念，其中“善治”理论影响最大。

二、善治理论

（一）善治的内涵

长期以来，“善政”一直被看作是国家和政府政治管理的理想模式，古今中外都无例外。直到20世纪90年代以后，善治逐渐取代“善政”成为新的理想模式。

善治（good governance）意指良好的治理，俞可平将善治的内涵概括为：“善治就是使公共利益最大化的社会管理过程。善治的本质特征就在于它是政府与公民对公共生活的合作管理，是政治国家与公民社会的一种新颖关系，是两者的最佳状态。”① 他还将善治的基本要素归纳为以下十点：

第一，合法性。它指的是社会秩序和权威被自觉认可和服从的性质和状态。合法性与是否存在法律规范没有直接的关系，只有那些被一定范围内的人们内心认同的权威和秩序，才具有政治学中所说的合法性。合法性越大，善治的程度越大。

第二，透明性。它指的是政治信息的公开性。每一个公民都有权获得与自己的利益相关的政府政策的信息。透明性要求政府能够及时通过各种传媒为公民提供相关信息，以便公民能够有效地参与到公共决策过程中，并对公共管理过程实施有效的监督。透明度越高，善治程度越大。

第三，责任性。它指的是人们应当对自己的行为负责。在公共管理活动中，它特指同某一特定职位或机构相关联的职责和应尽的义务。责任性意味着管理人员及管理机构由于其承担的职务而必须履行一定的职能和义务。公众，尤其是公职人员和管理机构的责任性越大，表明善治的程度越高。

第四，法治。它指的是法律是公共政治管理的最高准则，任何政府官员和公民都必须依法行事，在法律面前人人平等。法治的直接目标是规范公民的行为，管理社会事物，维持正常的社会生活秩序。但其最终目标在于保护公民的自由、平等及其他基本政治权利。法治是善治的基本要求，没有健全的法制，没有对法律的充分尊重，没有建立在法律之上的社会程序，就没有善治。

① 俞可平．治理与善治引论［J］．马克思主义与现实，1999.

第五，回应。它指的是公共管理人员和管理机构必须对公民的要求作出及时的和负责的反应。在必要时还应当定期地、主动地向公民征询意见、解释政策和回答问题。回应性越大，善治的程度也就越高。

第六，有效。它主要指管理的效率。一方面是管理机构设置合理、管理程序科学、管理活动灵活；另一方面是最大限度地降低管理成本。善治程度越高，管理的有效性也就越高。

第七，参与。这里的参与首先指公民政治参与，参与社会公共生活。但不仅仅是政治参与，还包括公民对其他社会生活的参与。在现代社会中，后者正在变得越来越重要。善治有赖于公民自愿的合作和对权威的自觉认同，没有公民的积极参与和合作，善治也就不能被称为善治。

第八，稳定性。它是指国内的和平、生活的有序、居民的安全、公民的团结、公共政策的连贯性等。可以看出，稳定性包括三方面：公共产品的秩序和安全；社会内部矛盾最小化；社会的稳定对于公民的基本人权、民主政治和经济发展都具有至关重要的意义。没有一个稳定的社会政治环境，很难有经济的高速发展和民主政治的有效推进。特别是对于发展中国家来说，社会稳定更具有特别重要的意义。因为发展中国家相对于发达国家，经济比较落后，政治民主化程度低，社会的不稳定因素尤其突出。

第九，廉洁。主要指政府官员奉公守法，清明廉洁，不以权谋私，公职人员不以自己的职权寻租。严重的腐败不仅会增加交易成本，增大社会公共支出，打击投资者的信心，而且还会破坏法治，腐蚀社会风气，损害社会公正，削弱公共权威的合法性。所以廉洁状况直接关系公共权威的公信力，也直接影响治理的情况。

第十，公正。公正指不同性别、阶层、种族、文化程度、宗教和政治信仰的公民在政治权利和经济权利上的平等。在当代，作为善治要素的公正特别要求有效消除和降低富人与穷人、富国与穷国之间的两极分化，维护弱势群体的基本权利①。

从上述要素我们可以看出，能否实现善治取决于两个关键因素：政府和公民。一方面政府应该是一个实施善政的好政府，政府要有走向善治的动力和能力，无论这个动力是来自于竞争的压力还是自身的身心自觉，重要的是政府得有朝向善治的被激励的动机，同时国家的制度框架也可以为之提供保障，使之具备实现善治的基本可能性。另一方面就是公民的参与。善治是基

① 俞可平．增量政治改革与社会主义政治文明建设［J］．公共管理学报，2004.

于治理理论衍生出来的理想目标，治理强调的就是公民对公共事务的参与和公私合作。公民是构建公民社会的基本单元，公民社会是实现善治的现实基础，没有一个健全和成熟的公民社会，善治也无法实现。

（二）善治的价值理念

从价值层面来说，善治体现了人们对价值追求的全新界定。在很长一段时间里，人们徘徊于公平、正义、民主、自由等价值选择之间。在这个过程中很容易使人类的行为陷入工具理性的误区，即为了民主而民主、为了自由而自由，却越来越找不到所需要的那种政治和社会生活。这几种观念的争论是显而易见的，价值选择之间及价值选择本身都存在着一定的冲突与对立，更增加了人们的困惑。善治的出现为人们提供了一个全新的价值追求。它倡导人们应该通过平等、协商的方式去进行价值判断和价值选择，把社会内部的各种利益转化为统一的行动，获得各个社会成员和主体的认同。

法国学者卡蓝默在其《破碎的民主》一书中为我们描绘了他所倡导的实现善治的情景："治理的大问题是永恒的——让同一块领土上数以百万计的男人和女人共同生活在内外和平和持久繁荣中；确保人类生活与其环境的平衡；从长计议管理稀缺而脆弱的自然资源；保证人们的思想和行动自由，同时维护社会正义、调和共同利益；向每个人分别和共同提供最大的繁荣机会；允许科学和技术的发展，但不被其力量冲昏头脑；确保所有的人过有尊严的生活；适应世界的变化，同时又保持其自身的特性。"①

综上所述，从本质上来讲，善治是国家权力由政府向社会回归的一个过程，是为追求公共利益最大化，政府与社会对公共生活进行合作管理的一个过程。善治强调治理过程的科学性、合理性、有序性和治理结果的有效性，它成为人类价值冲突的调和剂和走出价值困局的一盏灯塔。

（三）善治的特征

善治的本质特征就在于它是政府与公民对公共生活的合作管理，是政治国家与公民社会的一种新颖关系，是两者的最佳状态。善治实际上是国家的权力向社会的回归，善治的过程就是一个还政于民的过程。善治代表着国家与社会或者说政府与公民之间的良好合作。② 具体来看：

---

① 皮埃尔·卡蓝默．破碎的民主［M］．北京：三联书店，2005.

② 俞可平．治理与善治［M］．北京：社会科学文献出版社．2000.

第一，善治模式的主体未必是政府，也无须依靠国家的强制力量来实现。一直以来，公共权力中心的唯一性被默认为是一个不可更迭的原则，但是善治理论却强调公共权力中心多元化。除了政府之外，各种机构（包括社会的、私人的）只要得到公众的认可，就可以成为公共权力的中心。公共权力不再被政府所垄断，使得政府与其他公共权力中心之间不再是管理者与被管理者的关系，而是平等合作，依赖互动的新型关系。

第二，善治模式强调国家与社会的合作，模糊了公共领域与私人领域的明确界限，并且更加强调国家与社会的依赖关系。作为政府管理模式的善治与市场、社会自治组织、社会中介组织、社会独立组织等具有许多联系。存在于私人领域和第三领域的治理并不是一个封闭的系统，它们与政府的治理有着密切的联系。现代社会国家正在把原先由它独自承担的责任转移给公民社会，后者包括各种私人部门和公民自愿性团体，它们正在承担越来越多的原先由国家承担的责任。国家与社会之间、公共部门与私人部门之间的界限便日益变得模糊不清。但这种模糊与古代社会中国家与社会的未分化有着本质的区别，当代社会的模糊说明利益整合和聚合的程度，其前提是社会利益的分化程度非常发达，而古代社会中国家与社会的模糊却是在社会利益的分化程度非常低的情况下发生的。

第三，善治是一个上下互动的管理过程，它强调管理对象的参与。统治的权力运行方向是自上而下的，它运用政府的政治权威，通过发号施令、制定政策和实施政策，对社会公共事务实行单一向度的管理。与此不同，善治则是一个上下互动的管理过程，它主要通过合作、协商、伙伴关系、确立认同和共同的目标等方式实施对公共事务的管理。善治的实质在于建立在市场原则、公共利益和认同之上的合作。它所拥有的管理机制主要不依靠政府的权威，而是合作网络的权威，其权力向度是多元的、相互的，而不是单一的和自上而下的。善治组织的产生不是来自于授权，而是来自于协商，是由成员平等协商产生的。组织内部的议事规则、办事程序又经过成员协商约定。决定事项的过程由于通过了彻底的民主协商，成员的意见能够得到充分的表达，具有非常灵活的利益表达机制，能够更好地体现公开、公平和公正。

第四，善治还意味着管理方式和管理手段的多元化。统治的典型模式是运用发号施令来达成目标。而善治模式则认为办好事情的能力并不仅限于政府的权力，在公共事务的管理中，还存在着其他的管理方法和技术。政府应该运用各种可行的办法来达到公共事务的良好管理。

三、治理和善治理论的应用

（一）治理和善治理论的应用

治理和善治理论的核心就是以公民为中心，它对政府与公民的关系进行了重新建构。治理与善治理论强调政府与公民的良好合作和公民的积极参与，实现管理的民主化。它认为治理公共事务是一个上下互动的过程，应该通过共同协商、良好合作、确立共同目标等方式实现。治理与善治的本质在于实现公民的利益、权利和价值，因而公民不仅是公共物品和服务的消费者，更应是公共物品和服务提供的监督者。

因此，公民有权利也有义务参与公共事务的管理，表达自身的诉求与需要。只有让公众参与决策，广泛听取民意、发挥民智才能作出更加科学化民主化的决策。

（二）治理和善治主体多元化的应用

治理和善治理论对政府、社会组织、企业法人等治理各主体之间的角色进行了重新定位。一方面，它给政府在社会公共事务管理的网络中赋予了新的地位。政府不再是以往大包大揽的全能政府，而是以“掌舵”代替“划桨”的有限政府。政府应该把职能范围内能够管好的事情认真管好；而对于那些政府管不好管和不该政府管的事情就应该授权给社会去管理，在这个过程中，政府只充当引导者的角色。它强调政府主要承担的是建立指导社会组织行为的共同准则和确立有利于稳定主要行为主体的大方向和行为准则的重任。

另一方面，治理和善治理论为社会组织、企业法人等除政府外的新兴主体赋予了新的地位。治理和善治理论的精髓就在于其强调多元主体间通过合作与协商的方式进行互动，共同管理公共事务。这就势必要求除政府外的其他主体需要享有同政府一样的参与社会公共事务的机会并具备相应的权利与义务。

（三）治理和善治系统网络化的应用

网络治理是对跨组织治理这一新型治理形态的形象描述，是在单个组织无法独自完成各自任务的情况下设计有效的制度来进行治理，是个人与组织、公共部门与私人部门治理其共同事务的各种方式的总和。网络治理有别于政府规制和市场规制，政府、企业、公民社会①都是治理网络的重要组成部分。其在三个主体之间的治理合作网络中形成了三种基本的伙伴关系，即政府与政府的伙伴关系、政府与企业的伙伴关系和政府与第三部门的伙伴关系。

网络治理要求政府在治理过程中同其他行动者一道共同加入公共事务管理的过程中，形成一个网络化的治理体系。在这个体系中，没有一个主体有权支配其他主体的活动。也就是说，在网络组织模式中，已经不存在某种支配性的力量，各个主体都是平等的。在网络体系下，各方的理性和利益、策略是不同的，并且有时会相互冲突。因此，在公共管理活动中，各个主体并不是先确定目标再行动而是在资源和利益分配上相互博弈。所以说网络治理倡导的是合作治理、互动治理，这种治理机制的有效运行，有赖于信任机制和协调机制的落实。

第二节　国家治理现代化的理论体系

伴随着人类对于更好的社会与生活的不懈追求以及西方工业文明在20世纪所取得的辉煌成就，现代化成为人类社会向着更美好的社会转变的代名词。与此同时，当下的世界与中国，国家治理问题已经成为最重要、最核心的命题之一。美国著名学者弗兰西斯·福山（Francis Fukuyama）指出，“软弱无能的国家或失败的国家已成为当今世界许多严重问题（从贫困、艾滋病、毒品到恐怖主义）的根源。”② 从中国当下的社会现实来看，处于社会转型期的中国，社会各种矛盾层出不穷，在此情势下，中共十八届三中全会将国家治理问题置于未来政治规划的核心位置具有重要的战略意义。构建我国的国家治理体系，提升我国的国家治理能力，实现我国国家治理的现代化是实现民族复兴“中国梦”的必由之路，因此，构建什么样的国家治理现代化，以及如何实现国家治理现代化，必然成为我们努力去思考和探索的基本理论问题。

---

① 公民社会（civil society）是指围绕共同的利益、目的和价值上的非强制性的行为集体。它不属于政府的一部分，也不属于营利的私营经济的一部分。换而言之，它是处于“公”与“私”之间的一个领域。

② Fukuyama F. The imperative of state-building [J]. Journal of Democracy, 2004, 15 (2): 17-31.

一、国家治理现代化

（一）国家治理体系与治理能力

国家治理是现代国家所特有的概念，是在人类历史发展长河之中经过国家统治、国家管理理念的发展而逐渐形成的。想要理解国家治理体系与治理能力，就必须明确什么是国家，什么是治理，什么是治理体系，什么是治理能力。按照德国社会学家、政治经济学家马克斯·韦伯（Max Weber）的定义，国家是指在某个特定的疆域内，肯定自身对武力正当使用的垄断权利的人类共同体。[①] 治理理论及实践发端于20世纪80年代末期的西方国家和一些国际性组织，它是在对政府与市场、政府与社会、政府与公民这三对基本关系的反思中产生，并随着对这些基本关系认识的不断深化而发展的。目前在中文语境中所使用的“治理”事实上是对应于英文中“governance”的翻译，它来源于古希腊语中的“Kybernan”和古拉丁语中的“gubernare”，它的本意是操舵（steer），后来又引申出引导、控制和操纵（direct，control，pilot）等含义，目前在西方语境里，长期与“government”交叉使用，用于与“国家公务”相关的一切管理执行问题。就现代国家中的治理而言，它就是共同体为达到某种目标所采取的集体行动。治理体系，即治理主体为实现治理而采取的一系列制度安排与运行机制的总称，这种制度的总和不是简单的相加，而是紧密相连，相互作用、相互协调。治理能力就是治理主体在治理活动中所显示出的治理效果与治理质量。综上所述，国家治理体系就是“在党领导下管理国家的制度体系，包括经济、政治、文化、社会、生态文明和党的建设等各领域体制机制、法律法规安排，也就是一整套紧密相连、相互协调的国家制度”。[②] 国家治理能力则是“运用国家制度管理社会各方面事务的能力，包括改革发展稳定、内政外交国防、治党治国治军等各个方面”。[③] 事实上，国家治理体系和治理能力是一个有机整体，相辅相成，有了好的国家治理体系才能提高治理能力，提高国家治理能力才能充分发挥国家治理体系的效能。更进一步说，国家治理体系和治理能力是一个国家制度和制度执行能

---

① 马克斯·韦伯．政治作为一种志业［J］．学术与政治，2010.

②③ 习近平．切实把思想统一到党的十八届三中全会精神上来［N］．人民日报，2014－01－01（2）.

力的集中体现，二者的关系就是“制度”与“人”的关系。①

（二）现代化理论与国家治理

1. 现代化理论的起源与变迁

现代化一词是由英语 modernization 翻译而来，这个词是由英语单词 modern 和 modernize 衍生出来的。modern 一词产生于16 世纪，大体相当于西方工场手工业兴起的时期。按照《韦氏英语大辞典》的解释，它是形容词，其含义：一是表示性质的现代，意思是新近的、时髦的；二是表示时间上的现代，大体指公元1500 年以后的时间，也就是中世纪以后的时间。Modernization 一词产生于1770 年，大体相当于欧洲工业革命开始的时期。这个词是名词，其含义：一是成为现代的、适合现代需要的；二是大约公元1500 年以后出现的新特点、新变化。从这两个词的产生年代和含义来看，它们同欧洲工场手工业广泛发展，特别是工业革命开始的历史条件密不可分。

西方国家对于现代化理论的研究具有悠久的历史，大致可以分为三大阶段。第一阶段始于17 世纪末到19 世纪初，起源于法国启蒙运动，主要集中在以英国和法国为中心的西欧，代表理论有洛克的古典市民社会理论，斯密的古典经济学，从圣西门、孔德到斯宾塞的实证主义产业社会理论以及马克思的历史唯物论；第二阶段始于19 世纪末到20 世纪初，这一阶段现代化理论的研究开始突破狭小的地域限制，逐渐从西欧向中欧扩展，开始认识到现代化理论是与整个西方社会紧密相关的，以德国为理论发展中心，代表人物有滕尼斯、齐迈尔、麦尔凯姆以及马克斯·韦伯。这两个阶段现代化理论虽然有了很大的发展，但是存在两大制约因素：第一，缺乏系统性的描述与理论建构；第二，缺乏与社会发展实践紧密的结合；现代化理论的第三阶段始于第二次世界大战结束后的20 世纪60 年代，这一阶段的现代化理论以美国为中心，在实质上取得了很大的突破。首先，现代化理论突破了欧洲的地域限制，开始发展成为一种世界范围的社会运动；其次，现代化理论摆脱了囿于抽象理论分析的困境，开始与社会实践紧密结合起来；最后，开始以经济增长、民主化、产业化、社会发展、社会变动诸概念为核心进行理论系统化与理论建构。

2. 第二次世界大战后的现代化理论发展与流派形成

作为现代化理论发展历程中目前为止最新（也是最重要）的阶段，第二

① 徐勇，吕楠．热话题与冷思考——关于国家治理体系和治理能力现代化的对话［J］．当代世界与社会主义，2014，1：2.

次世界大战后的美国理论界掀起了一次研究现代化理论的高潮，其对现代社会与国家的发展产生了重大的影响。在第二次世界大战后的美国比较政治学领域，几乎没有哪一个议题比“现代化理论”更能引起人们持久而热烈的兴趣，也几乎没有哪一个议题比它能引发更多的研究和辩论。[①] 1959 年美国政治学家西摩·李普塞特（Symour Lipset）在其论文《民主的一些社会条件》中首次明确论证了“经济发展促进民主化”[②] 这一现代化理论的基本命题，被视为现代化理论的奠基之作，也标志着现代化理论的兴起，他也因此成为第一位系统阐释现代化理论的学者。在充分论证了经济发展对于民主化与现代化的重要推动作用之后，李普塞特并不认为这是民主制与现代化的唯一充分条件，他又论证了一定的合法性基础——制度设计对于民主与现代化的重要意义。[③] 对于现代化理论的发展，李普塞特的贡献在于为后来的学者建立了一个清晰的理论框架——经济社会发展与民主化之间的关系。在这两者之间，仍然存在着很多与国家现代化紧密相关的因素，而这正是随后的学者所要去努力的方向。

在李普塞特之后，众多领域（如政治学、经济学、社会学、历史学）的学者相继参与到现代化理论的发展与研究之中。多学科的研究背景自然催生出很多研究特征，例如在研究方法的选取上，主要存在两种取向，一种是以经济学家和政治学家为主的量化分析方法，如罗伯特·杰克曼（Robert Jackman）的《论经济发展与民主表现的关系》一文；另一种是以历史学家和社会学家为主的历史比较分析方法，如迪特里希·鲁施迈耶（Dietrich Rueschemeyer）所著的《资本主义发展与民主》。在理论流派上，形成了六大流派，它们是：

（1）以塔尔科特·帕森斯（Talcott Parsons）为代表的结构学派。他们以结构功能主义现代化理论为主要特征，认为现代化的实质就是由传统社会向现代社会的转变，现代社会与传统社会之间最根本的差别在于结构分化、功能专门化与社会整合。这一流派在现代化研究的早期十分流行，并对后期的现代化研究产生了重大的影响。

---

① 刘瑜．经济发展会带来民主化吗？［J］．中国人民大学学报，2011（4）．

② 李普塞特通过确定四个变量（财富、工业化程度、教育、城市化程度）与经济发展水准之间的相关性，得出经济现代化是支撑民主的必要条件，经济发展之所以促进民主，是因为它改变了阶层关系。

③ Lipset S M. Some social requisites of democracy：Economic development and political legitimacy［J］. American Political Science Review，1959，53（1）：69－105.

（2）以美国著名经济学家罗斯托（W. W. Rosto）为代表的过程学派。与结构学派重视传统社会向现代社会转变的结果相反的是，过程学派强调对传统向现代转化中过程的重视，他们认为现代化的本质就是从农业社会向工业社会的转变，而在转变的过程中，实际上又包含了一系列复杂的发展阶段，现代化理论就是对这一过程的描述、对发展阶段的研究，以及对不同阶段特征与规律的归纳与总结。

（3）以美国社会学家艾利克斯·英克尔斯[①]（Alex Inkeles）为代表的行为学派。这一学派认为在传统社会向现代社会转变的过程中，人与人的行为才是最重要的变量，现代化的过程必然涉及人的心理、观念、行为的改变，如果没有价值观念、心理素质与行为特征由传统型向现代型的转变，就算经济、制度发展得再好，人们也很难适应现代化所带来的巨大改变，因此现代化也不可能最终实现。

（4）以美国当代著名国际政治理论家塞缪尔·亨廷顿（Samuel P. Huntington）为代表的实证学派。该学派认为现代化是一段实际的而非虚构的、具有实践性的而非纯理论建构的一段过程。因此应该将现代化理论的研究基点放在世界各国实际发生的现代化进程中，在实证研究的基础上提出相关的现代化理论。例如，亨廷顿通过对第二次世界大战结束以来国际政治的实际变化研究，提出了自己的政治现代化观点，即政治秩序论或强大政府论。他在《变化社会中的政治秩序》中用大量事实说明世界各国政治的最大不同不是政府形式而是政府的有效程度，许多新兴国家经济发展了，却不能改变政治腐朽的现状，社会冲突不断，国家动荡不安。[②] 而这些现象却是政治现代化所无法容许和接受的。

（5）以普林斯顿大学历史学教授西里尔·布莱克（Cyril Black）为代表的综合学派。该学派认为现代化是一个涉及人类生活方方面面深刻变化的过

① 值得一提的是，在20世纪80年代初，他提出了可以量化的国家现代化的10条标准：人均国内生产总值（GDP）达到3000美元以上；农业产值在国内生产总值（GDP）中占12%～15%；第三产业在国内生产总值（GDP）中占45%以上；非农业就业人口占总就业人口的70%以上；适龄青年受高等教育人数占10%～15%；城市人口占总人口的50%以上；平均每个医生服务人数在1000人以下；平均预期寿命70%以上；人口自然增长率在1%以下；识字人口占80%以上。这项指标体系是以当时世界银行的《世界发展报告》中的资料为主要基础经过分析研究而制订的，尽管今天看来这个指标体系和评价标准有明显的不足之处，但应当说在很大程度上抓住了以工业化为代表的现代化的主要特征，而且由于这个指标体系比较简明，易于操作，所以对当今的现代化问题研究依然具有重要的参考价值。

② 塞缪尔·P·亨廷顿．变化社会中的政治秩序［M］．上海：上海人民出版社，2008.

程，单从政治学、经济学、社会学、心理学等单一视角研究现代化固然十分重要但却远远不够，我们需要从整体上对现代化进行综合性的把握，虽然这种尝试无疑充满了风险，但却不是我们逃避的理由，关键是找到合适的研究方法和整合路径。布莱克在其著作《现代化的动力：一个比较历史的研究》中大胆采用了比较历史研究的方法，从比较近代史入手，把民族国家和政治现代化作为研究的基本单元和中心课题，将人类活动分为知识、政治、经济、文化、心理五类，进而通过详细的比较研究求得对人类整体发展进程的一般看法，这种运用比较历史，从人类整体角度出发去看待社会发展问题的方法和思路与其他史学家有所不同。①

（6）以美国著名社会学家丹尼尔·贝尔（Danniel Bell）为代表的未来学派。该学派认为现代化不仅仅只是一个过去式的研究，也不仅仅是对发达国家过去的梳理与总结，更是对发展中国家与发达国家现在的指导与未来的预测。他在其代表作《后工业社会的来临——对社会预测的一项探索》中以其独创的中轴原理②为分析工具，从社会结构、政体和文化三方面对后工业社会进行了详细的分析，并与工业社会进行比较研究，指出后工业社会在经济发展、阶级结构和政治体制方面已经发生了明显且持续的变迁，而这些变迁能够使人类预测未来的图景成为可能。

3. 现代化理论与中国国家治理

“现代化”一词最早在中国提出是在20世纪30年代，柳克述在《新土耳其》一书中曾提到“现代化”一词，并将其与“西方化”等同。③关于中国现代化的历程，历史学界一直有着很大的争论，尤其是关于中国现代化的早期阶段的划分。《中国现代化历程》一书提出：“如果从现代化的世界性和主体目标——工业化和民主化来讲，中国的现代化起始于1840年的第一次鸦片战争后；从世界学术界比较公认的现代化发展阶段标准来讲，中国的现代

---

① 西里尔·布莱克．现代化的动力——一个比较历史的研究［M］．成都：四川人民出版社，1988.

② 贝尔于1973在《后工业社会的来临》中提出了“中轴理论”，他认为，一个社会可以分为社会结构、政体和文化三部分，每个部分都有不同的中心因素在起作用，比如在西方现代社会，社会结构的中轴是“经济化”，政体的中轴是“参与”，文化的中轴是“自我实现与加强”，同时，从历史发展进程上，贝尔将人类社会分为三个阶段：前工业社会、工业社会和后工业社会，他认为，前工业社会的中轴是“自然资源与劳动力”，工业社会的中轴是“生产和机器”，而后工业社会的中轴将是“理论知识”。

③ 柳克述．新土耳其［M］．北京：北京中献拓方科技发展有限公司，2012.

化经过了 1911 年之前的准备阶段和 1912 年中华民国成立之后的启动阶段”。[①] 本书比较赞同中国的现代化进程从 1840 年的鸦片战争开始。无论是“中学为体、西学为用”的洋务运动还是轰轰烈烈的辛亥革命，都属于早期中国被动式的现代化的实践，这些尝试没有形成系统的中国化的现代化思想与理论体系。而真正将现代化理论与中国现代化建设事业紧密联系起来是在 20 世纪 50 ~ 70 年代，例如我国曾流行的实现农业、工业、国防和科学技术“四个现代化”的说法。毫无疑问，那时我国对于现代化理论的认知仅仅只停留在简单而狭隘的层面，认为现代化就是经济与技术层面的问题。“现代化是指近代资本主义兴起后的特定国际关系格局下，经济上落后国家通过大搞技术革命，在经济和技术上赶上世界先进水平的历史过程。”[②] 随着中国经济、社会的不断发展与变化，人们对于现代化理论的认识也在逐渐深化。党的十八届三中全会所提出的“推进国家治理体系和治理能力现代化”的总目标正是新时期我国将现代化理论与中国国家治理结合起来的有力佐证，标志着新的立足于我国基本国情、具有鲜明的中国特色、富有战略眼光的中国现代化理论的诞生。

那么什么是国家治理体系与治理能力的现代化？全国政协社会和法制委员会副主任施芝鸿将“国家治理体系和治理能力现代化”视为我们党提出的继工业、农业、国防、科技这“四个现代化”之后的“第五个现代化”[③]，这就意味着我们党和国家的治理体系和治理能力，要体现时代性、把握规律性、富于创造性。总之，国家治理体系和治理能力现代化就是要使国家的治理体系和治理能力适应现代社会发展的要求。

二、国家治理现代化的指导方针

指导，即指点引导之意；方针，即指引事业前进的方向与目标，指导方

① 虞和平．中国现代化历程·绪论［M］//虞和平．中国现代化历程第 1 卷．南京：江苏人民出版社，2001：46.

② 罗荣渠．现代化新论——世界与中国的现代化进程［M］．北京：商务印书馆，2004：9.

③ 1954 年召开的第一届全国人民代表大会，第一次明确提出要实现工业、农业、交通运输业和国防的四个现代化的任务，1956 年又一次把这一任务列入党的八大所通过的党的章程中。1964 年 12 月第三届全国人大第一次会议上周恩来根据毛泽东的建议，在政府工作报告会上首次提出在 20 世纪内，要把中国建设成一个具有现代农业、现代工业、现代国防和现代科学技术的社会主义强国，因此称之为“四个现代化”。2013 年 12 月全国政协社会和法制委员会副主任施芝鸿在接受《人民日报》采访时提出可以把推进国家治理体系和治理能力现代化看成是继工业、农业、国防、科技“四个现代化”之后的“第五个现代化”。

针就是对事业的发展与前进做出方向上的指引、目标上的预期、过程上的指导。因此，这是一个很大的概念，对于国家治理体系和治理能力现代化这一重大命题而言，其所包含的内容更是丰富博大。鉴于个人能力的局限以及现实情况的考量，本书选取了最重要的三个维度：方向、目标、实现路径，对国家治理体系与治理能力现代化的指导方针加以解析。

（一）国家治理现代化的方向

国家治理体系和治理能力现代化的方向就是能够在整体上宏观地指引国家治理活动的一系列制度安排、大政方针、理念思想等，它规定了国家治理现代化的大方向，是其他一系列具体实施活动的高度概括。本书主要针对我国的国家治理来进行探讨。本书认为，目前，根据我国的具体国情和社会发展进程，针对我国目前所面临的一系列社会问题与矛盾，我国国家治理体系和治理能力的现代化应该在以下几个方向的指引下全面展开。

1. 从推动市场发展走向构建和谐社会

改革开放30年以来，我国在政治、经济、文化、军事、科技等各个方面都取得了举世瞩目的成就，完成了从破除计划经济到建立具有中国特色的社会主义市场经济体制的巨大转变，在政治发展上实现了由国家管理到国家治理的初步过渡，使社会经济和公共事务管理职能从国家化向市场化部分转移，这都为我国国家治理的进一步推进与发展创造了良好的经济环境与制度基础。未来的30年，我国国家治理将向着着力构建社会主义和谐社会的伟大目标迈进，这不仅是我国社会发展的必然趋势，也是适应现代化潮流的必然要求。在构建和谐社会的大方向之下，国家治理的主体不再仅仅是政府和其他公共组织，公民社会将扮演重要角色，国家治理的任务也不仅仅只是建立和完善市场机制、提高效率、促进经济发展，那些与社会和谐、公平、正义相关的领域将成为我国国家治理的重要对象。

2. 在市场化运动与社会自我保护运动两大方向上进行重构

匈牙利哲学家、政治经济学家卡尔·波兰尼（Karl Polanyi）在其经典著作《大转型：我们时代的经济与政治起源》中指出，现代社会的变化呈现出市场扩张与制约市场扩张的双向运动规律，现代社会的国家重构正是在这种双向运动的张力中进行的。① 国内著名学者王绍光则借中国自1980年以来改革之后所发生的一切印证了市场机制在中国的发展与完善中存在的不足，以

① Polyani K. The great transformation [M]. New York: Rinehart, 1944: 45.

及这种先天性的缺陷所引发的旨在保护人、自然以及生产组织的反向运动。① 简言之，国家所采取的一系列的政治行为如立法、干预措施，都是市场与社会的双向运动的体现，因此，我国国家治理体系与能力的现代化也应该是在不断处理、调整国家与市场、国家与社会、市场与社会的冲突和矛盾中逐渐推进的。就像简·库伊曼（Jan Kooiman）所说："治理意味着国家与社会还有市场以新方式互动，以应付日益增长的社会及其政策议题或问题的复杂性、多样性和动态性。"② 因此，未来 30 年，我国的国家治理体系与能力现代化应该在不断完善具有中国特色的社会主义市场经济体制与构建符合中国国情、体现中国特色的公民社会的双重运动中稳步推进。

3. 变革：从管理走向治理

国家治理的发展大致经历了"管制—管理—治理"三种状态，对应三个公共行政时期，即"传统公共行政—新公共管理—治理现代化"。当下，我们可以清晰地感受到，中国社会正处于一个各方面的转型时期，社会结构、社会组织、社会理念都发生着很大的变化，社会经济制度的深刻变迁需要国家管理模式做出相应的变革。国家治理体系与治理能力现代化的一个最重要的方向就是必须突出"治理"的内涵。"治理"与"管理"虽然仅是一字之差，但各自代表的却是两种完全不同的理念。关于二者的区别与联系的研究有很多，在此不做太多赘述，简而言之，两者都是以政府为主体的一种政治过程并且都需要一定的权威加以实施。但是，正如治理理论的创始人詹姆斯·N. 罗西瑙（James N. Rosenau）所指出的那样，"治理是由共同的目标所支持的，这个目标未必出自合法的以及正式规定的职责，而且它也不一定需要依靠强制力使别人服从，它所借助的机制是复合的，在这些复合机制的作用下，随着治理范围的扩大，各色人等和各类组织得以借助这些机制满足各自的需要，并实现各自的愿望。"③ 因此，未来我国的国家治理应该在主体多元化、政府职能与权力的合理分流等方面继续努力，争取构建覆盖国家治理、政府治理、社会治理的全方位的现代治理框架，释放社会主体的活力，增强治理能力。

---

① 王绍光. 波兰尼《大转型》与中国的大转型［M］. 北京：生活·读书·新知三联书店，2012：108.

② Kooiman J. Social-political governance：overview，reflections and design［J］. Public Management an International Journal of Research and Theory，1999，1（1）：67－92.

③ 詹姆斯·N. 罗西瑙. 没有政府的治理——世界政治中的秩序与变革［M］. 张胜军，刘小林，译. 南昌：江西人民出版社，2001：64.

4. 走具有中国特色的国家治理现代化道路

治理理论及实践发端于20世纪80年代末期的西方国家和一些国际性组织，现在已被广泛地应用到政治、经济、社会诸领域，起着框架性解释和指导作用，目前已然成为政治学领域最热的术语之一。但是它又不完全是一种“舶来品”，相反，在中国，治理理念有着深厚的文化底蕴和话语根基，从大禹治水到贞观之治，实际上就是国家统治者治理行为的一种体现。目前，在如何定义和衡量国家治理体系与治理能力现代化的程度方面，最流行的方法是“世界治理指数（World Governance Indicators，WGI）”。世界银行推出的这一指数由6个指标构成，分别是：公民表达与政府问责、政治稳定与低暴力、政府效能、管制质量、法治以及控制腐败，这六项指标所涉及的内容对于任何一国家或组织的治理来说，都具有极其重要的参考价值与实践意义。但是，我们在注重借鉴西方国家先进经验和理论知识的同时，必须注重构建能够与我国国情与传统文化相适应的治理体系，形成我们自己的治理语汇，体现我们自身的治理内涵，目前中国很多学者在这方面都做出了有益的贡献。中央编译局俞可平教授对中国的治理问题做了大量的研究，并于2012年主编出版了中国第一部以“治理”为主题的《中国治理评论》；北京大学的徐湘林教授多年强调“治理话语”，主张用“治理”替代“民主”作为政治学的主导话语；华中师范大学徐勇教授所率领的中国农村研究院则于21世纪初将“村民自治”扩展到“乡村治理”，并发表和出版了一系列乡村治理的论著。而在治理方式的选择、治理目标的设定、治理主体的确立等方面，同样应该充分体现中国特色。在治理方式的选择上，科学发展观无疑是我国国家治理理论方面的重大创见；在治理目标的选择上，我们要以实现人的全面发展为最根本的目标，发展和完善中国特色社会主义制度；“中国推进国家治理体系与国家治理能力现代化的目的是完善和发展中国特色社会主义制度，这就决定了中国的国家治理与西方的国家治理具有本质的不同，亦即我们应该发展中国式的国家治理，即推进社会主义公平正义以及实现最广大人民群众的福祉”①；在治理主体的确立上，与西方的多党政治不同，我们要依据具体国情来实现治理主体的多元化发展。“政党是治理国家不可缺少的工具”②，在我国，毫无疑问，中国共产党是中国国家治理最为关键的组织支撑。“中国共产党作为中国特色社会主义建设事业的领导力量，始终是中国国家治理体

---

① 郑言，李猛．推进国家治理体系与国家治理能力现代化［J］．吉林大学社会科学报，2014，54（2）：5－12.

② 罗杰·希尔斯曼．美国是如何治理的［M］．曹大鹏，译．上海：商务印书馆，1986：214.

系变革的推动力量，特别是中国共产党创建的各种政治制度和管理制度，对中国现代国家的建构起到了决定性的作用。”①

（二）国家治理现代化的目标

治理是一个内容丰富、使用灵活的概念，治理过程也是带有复杂性和综合性的，但是治理及其过程的核心要素无非三种：治理主体，即谁治理；治理方式，即如何治理；治理效果，即怎么样。国家治理体系与治理能力现代化的目标体系也与这三大核心要素紧密相关。

1. 治理主体：实现多元化的“协同共治”

在传统的国家统治和管理时期，政府是唯一合法的管理主体，但是当今世界，社会的多样化发展是不可逆转的趋势，对于国家治理与政治发展来说，如何形成能够整合各种因素的多元化社会，构建能够容纳多元利益诉求的治理体系与政治秩序，是适应现代化社会发展趋势的必然选择。因此，我们所要实现的国家治理，应该将政府作为社会公共事务管理的重要合作力量、提供公共服务的主要力量、承担治理责任的重要主体。但各类社会组织、社会公民也应该参与到国家治理中来并获得明确的合法身份，以国家治理、市场治理、社会治理的“三维”治理框架为依托，健全各种参与制度，充分释放各类社会主体的活力。最终，在治理主体方面，我们将形成这样的治理理念与文化：“更多的同意，更少的强制；更多的对话协商沟通合作，更少的独断专行；更多的激发权能，更少的排斥和歧视；更多的自治，更少的他治”。②

2. 治理方式：民主化、制度化、法治化、科学化

在如何实现现代化的国家治理体系与治理能力方面，我们应该将民主化、制度化、法治化、科学化“四化”并行推进。所谓治理的民主化，就是要求所有的治理活动必须在阳光下进行，必须处于有效的监督之中，所有的治理机制都必须以保障人民的权利为中心，人民能够通过合法的渠道直接地或通过自己选举的代表参与决策、执行和监督等国家治理的全过程，并拥有追究责任者的制度化手段。所谓治理的制度化就是切实形成现代化的国家治理体系，以制度为基础来实现对治理全过程的统合。“制度选择与制度设计，成为中国现代化发展的首要前提，而制度的有效成长，则成为中国现代化的重

① 刘建军，何俊志，杨建党．新中国根本政治制度研究［M］．上海：上海人民出版社，2009：15.

② 何增科．理解国家治理及其现代化［J］．马克思主义与现实，2014，1：5.

要保证。”[①] 在治理体系制度化中，最核心的就是要妥善处理好集权型治理制度与分权型治理制度的均衡，在维护中央统一权威的基础上实现地方政府适度的自主治理。通过制度化的分权解决中央与地方之间的利益与权力分配关系，建立和谐的层级治理机制与政府间关系，实现国家治理结构与治理体系的创新。所谓法治化，就是一切治理参与者及其治理行为，都应纳入法治化的轨道。2014 年 10 月 23 公布的中共十八届四中全会公报明确提出，法律是治国之重器，良法是善治之前提。因此，法治化将是国家治理体系和治理能力现代化的重要判定指标，同时也是国家治理体系和治理能力现代化实现的必要条件。所谓科学化就是在治理的过程中，能够实现专业化与职业化，充分利用现代科学技术，使各类治理主体的决策能力、执行能力都能得到有效提升。

3. 治理效果：创新、高效、全面、协调

治理效果就是治理的结果与质量，强调结果与过程的同等重视。在此本书选取了四大主要的指标来作为我国国家治理体系与能力现代化的目标，即创新、高效、全面、协调。这四大方面各有其侧重之处，创新侧重于在理念和方法上的不断进取与借鉴；高效侧重于在治理过程中的效率与效能；全面侧重于构建覆盖政治权力、社会组织、市场经济、宪法法律、思想文化等社会主义现代化各个方面的治理体系；协调侧重于形成中央与地方、国家与社会、社会与公民，以及各种制度相互协调的统一整体，形成治理的网络化格局。但是它们又是一个不可分割的整体，相互作用，共同影响着国家治理的成败。

创新，就是要创新国家治理的方式方法，创新国家治理的理念思想。推进国家治理体系和治理能力现代化，关键在于创新。[②] 当前创新的重点是社会治理领域，我们要通过不断地鼓励和引导多元参与以及治理机制创新，逐步形成政府负责、社会协同、公众参与的社会管理格局。同时要善于总结地方治理改革创新经验，及时将优秀的地方治理创新做法上升为国家制度。

高效，就是国家治理体系及治理能力要有效维护社会稳定和社会秩序，要有利于提高行政效率和经济效益。同时能够极大方便社会大众对于公共服务高质量地获取，提高公共管理的效率。关于国家治理的效率方面，俞可平认为国家治理要积极应对复杂多变的挑战和问题，通过决策科学化和执行的

---

① 林尚立．长江三角洲：国际大都市圈与中国现代制度成长［M］//长江边的中国：大上海国际都市圈建设与国家发展战略．上海：学林出版社，2003：345－346.

② 许耀桐，刘祺．当代中国国家治理体系分析［J］．理论探索，2014，（1）：10－14.

高效率，最大限度地实现社会经济效益，促进社会稳定和推动社会发展。[①]

全面，就是指中国的国家治理体系与能力的现代化，不应只局限于传统的政治经济领域，而是对所有领域的综合治理，要努力勾勒出具有中国特色的国家治理体系与治理能力的“立体化”特征，推行全面性目标的国家治理。例如，过去的“四个现代化”主要集中于国家的“硬实力”，现在我们也必须对社会整体教育水平、政治社会化程度、公民参与意识和能力、社会认同和凝聚力水平等一系列“软实力”因素给予足够的重视。从实践来看，恰恰是国家治理的“软能力”成为发展中国家治理成败的关键。[②]

协调，就是指现代国家治理体系是一个有机的制度系统，中央与地方、国家与社会、社会与公民之间的各种制度安排都应是一个相互协调、密不可分的整体。中国的国家治理体系与治理能力的现代化，就是要实现系统性、整体性、协同性治理，就是要通过政党、社会组织、公民上下互动、多层协调，共同创造有利于国家治理顺利推进的制度空间。

（三）国家治理现代化的实现路径

再好的方向和目标最终都需要切实可行的实现路径来将理论转化为具体的实践操作。有效的国家治理涉及三个基本问题：谁治理、如何治理、治理得怎样，实现路径主要回答的就是我们应该怎样去实现国家治理体系与治理能力现代化。在此，本书选取以下几个重要的具体措施来简要做一论述。

1. 构建具有中国特色的现代价值体系

文化是制度之母，是人类文明的结晶。一个国家的崛起归根到底是精神状态的崛起，精神崛起是一个民族崛起的真正原动力，也是支撑崛起后盛况的基础。[③] 在当代中国这样一个具有悠久的文化传统、复杂的现实国情、艰巨的时代使命的巨型社会，如何寻找一种共同的生活信仰、价值体系，来凝聚全国人民的力量，为国家治理的现代化注入最坚实的基本动力，是一个关系到社会稳定、治理有效的关键问题。因此，我们应该着力塑造一种能够容纳中国特色社会主义本质特征与时代特征、中国传统文化与全球现代文明的价值体系。目前，在我国的国家治理现代化过程中，“实现人的全面发展”

---

① 俞可平．衡量国家治理体系现代化的基本标准——关于推进“国家治理体系和治理能力的现代化”的思考［J］．党政干部参考，2014，（1）：14－16.

② Grindle M S. Good enough governance：Poverty reduction and reform in developing countries［J］. Governance，2004，17：525 － 548.

③ 倪乐雄．和平崛起与国际文化环境的思考［J］．中国社会科学，2005（5）：56－58.

是一种可以作为核心价值的治理理念，同时，科学发展观、社会主义和谐社会、“中国梦”，都可以作为构建能够形成社会共识的现代价值体系的重要组成部分。总之，我们应该努力构建与我国经济、社会发展水平，以及历史文化传统相适应的价值目标体系，为中国国家治理体系与治理能力的现代化创造良好的文化环境。

2. 发挥中国共产党的核心作用与领导力量

政党是现代国家的核心，是现代政治生活的主要组织者和发动者。现代社会分化的利益结构、多元的社会利益主体要求有一个政治中介充当民众利益的表达者与整合者。中国共产党的基本宗旨与组织性质决定了它在中国政治体系中充当着社会利益输入、表达、整合的中介与桥梁。我们应该认识到，中国共产党始终是中国国家治理体系构建与治理能力提升的主要推动力量。虽然我们的国家治理必须走向多元化、协同化，但是这并不意味着我们不需要一个国家治理的核心主轴。相反，当下的中国迫切需要培养一个政治成熟的领导阶层，建设一个具有好的政治智慧与政治判断力的理性化执政党。影响一个社会政治问题的关键不是被统治者的经济处境，而是统治阶级和上升阶级的政治素质。[①] 由此可见，我们必须加强政党的执政能力建设，不断提升党的价值引导能力、组织动员能力、制度创新能力，在继续完善国家治理体系和国家治理框架的基础上，更多地涉入具体与微观的治理活动之中，做到宏观把握，微观指导，总揽全局，协调各方。

3. 推动国家治理制度的现代化

国家治理体系和治理能力是一个国家制度和制度执行能力的集中体现，由此可见，国家治理治理体系与治理能力的现代化的本质就是国家治理制度与执行的现代化。影响国家的治理水平和效益有两个基本因素，即治理者的素质和治理的制度，这两者都不可或缺。好的制度可以激发人的内在潜能，坏的制度可以腐化人的内心。因此，制度的改革和创新是推进国家治理体系与治理能力现代化的关键。为此，一方面，我们要以促进公平正义、增进人民福祉为出发点和落脚点，坚决破除各方面的体制机制弊端，即做好制度的“破”；另一方面，我们要根据社会发展和人民群众的新要求，结合我国具体国情，创新国家治理机制。治理是一种世界性的趋势，是在不断地变化之中发展的，各国在这方面既有许多成功的经验，也有不少深刻的教训，我们应当正确地借鉴、汲取；同时，地方政府一切好的治理做法与制度，也应该被

---

① 马克斯·韦伯．民族国家与经济政策［M］．北京：生活·读书·新知三联书店，1997：78.

推广到全国，上升为国家治理，即做好制度的“立”。

4. 完善具有中国特色的国家治理评估体系

想要实现国家治理体系与治理能力的现代化，就必须要建立自己的国家治理评估体系。目前，国家治理是一个重要的问题，而治理的评估则是这个重要问题中的核心问题之一。它关系到我们对国家治理现代化的预期是什么，所秉持的标准是什么，它是一个可以用于覆盖从治理的开始到治理效果的反馈全过程的综合评估体系。国家治理的评估与评价标准，实质上体现了一定的政治价值，而国家治理指标也在相当程度上反映着政治进步的目标。[①] 目前国际上较有影响力的评估体系主要有四大类：联合国开发计划署治理评价指标体系。例如联合国人类发展中心的“人文治理指标”（Human Governance Indicators，HGI）；多边机构治理评价指标体系。例如世界银行的世界治理指标体系（Worldwide Governance Indicators，WGI）；双边机构的治理评估体系。例如美国国际发展署的民主与治理框架（Democracy and Governance Assessment Framework，DGAF）；独立机构的治理评估体系。例如自由之家的“世界自由指数”（Freedom Index in the world）。上述这些治理评估体系将不同的国家放到了一个平台加以评估比较，对于推动国家治理的发展具有重大的意义，并且这些标准很多对我国的国家治理评估体系的构建都有着很好的借鉴意义。但是，这些指标体系的不足在于基本是由西方政治学家、学者、机构所主导的，所以难免带有西方的价值观色彩，这是我们在学习的同时必须清醒地认识到的。因此，我国必须立足中国改革开放的实践，根据我国社会发展的实际要求，借鉴国外和国际组织治理评估的经验，紧紧围绕着国家的大政方针与社会发展的未来，建立一套能够充分应用于我国治理实践的评估体系。我国在2008年与联合国开发署合作，研制了我国首个中国国家治理评估框架。这一框架设立了评估中国国家治理的12个维度，它们是公民参与、人权与公民权、党内民主、法治、合法性、社会公正、社会稳定、政务公开、行政效益、政府责任、公共服务和廉洁，其中每一个维度下面又有116个关注点或具体指标，构成了一个完整的评估指标体系。[②] 其中“党内民主”与“政治稳定”是我国所特有的。这套体系的设立对于我国国家治理体系与治理能力现代化具有重要的指导价值与实践意义。目前我们所要注意的是，必须根据国家治理的发展要求，不断对这套体系加以检验、完善和补充。

---

①② 俞可平．中国治理评估框架［M］//国家治理评估——中国与世界．北京：中央编译出版社，2009：11.

三、国家治理现代化下的税收治理

任何理论与指导方针，只有对现实具有强烈的关照意义与价值，才能够获得在实践中不断发展与完善的动力。作为中共十八届三中全会确定的改革事项中首个出台的总体方案，2014 年 6 月 30 日，中共中央政治局会议审议通过的《深化财税体制改革总体方案》，确定了新一轮财税体制改革的重要方面，其中就包括深化税收制度。这就意味着，税收，这个过去一直包含在国家经济与财政框架内的重要领域，已经被提升到关乎国家治理现代化的层面。

在现代社会，税收是国家为满足社会公共需要，依据其社会职能，按照法律规定，参与社会产品的分配，强制、无偿地取得财政收入的一种规范形式，从这个概念意义上来说，税收的最终目的是为了提供公共产品和服务以满足社会公共需求。因此，税收与国家治理是密不可分的，一方面，税收是国家重要的政策工具，在政府治理过程中发挥着重要的职能作用；另一方面，治理理论虽然以多元主体为核心，政府、市场、社会都将扮演重要的角色，但是在当前的国情环境下，政府治理将仍占据主导地位，而税收则通过收入与调控两大职能积极参与国家治理事务，必将成为政府治理方式的重要一极。在政府的行政工作中，没有一个部门像征税业务那样需要了解那么多的广泛消息和充分的政治经济学原理的知识。[①] 正是基于此项重大使命，在全面深化改革的全方位、多领域的大背景之下，新一轮的税制改革不能只是停留在税收政策上的修修补补，而应是立足于原来的基础之上的一次制度创新与系统重构，即要与深化改革的总目标——“完善和发展中国特色社会主义制度，推进国家治理体系和治理能力现代化”紧密结合起来。

（一）国家治理现代化下税收治理的方向——从服务市场经济到服务国家治理现代化

改革开放以来，中国税制改革主要经历了三个阶段，第一阶段为有计划的商品经济时期的税制改革（1978—1993 年），这一时期的税制改革主要表现为涉外税制的建立、两步“利改税”方案的实施和 1984 年的工商税制改革，主要服务于构建符合改革开放所需的经济环境，同时使我国的税制逐

① 汉密尔顿，杰伊，麦迪逊，等．联邦党人文集［M］．北京：商务印书馆，2009：24.

渐转化为多税种、多层次、多环节的复合税制；第二阶段为社会主义市场经济初期的税制改革（1994—2000 年），这一时期的税制改革主要是为了适应 1992 年党的十四大提出的建立社会主义市场经济体制的目标，此次改革也是新中国成立以来规模最大、范围最广、内容最深刻、力度最强的工商税制改革；第三阶段为社会主义市场经济完善时期的税制改革（2001 年至今），这一时期的税制改革的初期是在完善社会主义市场经济的背景下进行的。

纵观近 40 年的税制改革历程，都是在市场化改革引导之下进行的，围绕的方向始终是努力构建适应社会主义市场经济发展的税收体制。不可否认，这些努力对我国经济体制改革起到了先导性、基础性、保障性的作用，有力地支撑了社会主义市场经济的发展。但是当下的深化改革是一场包括政治、经济、文化、社会、生态在内的全局性、整体性、系统性的大变革，站在新的历史起点上，税制改革的方向已经不再仅仅局限于经济层面——围绕经济的市场化而展开，新的改革总目标对税制改革提出了新形势下的新要求。与整个改革一样，税制改革也进入了“深水区”，有更多的不确定性和风险在等着我们。这就需要我们对税收有新的认识，把握好新时期税收改革的理念，找准新时期税收改革的方向。因此，新时期的税制改革必须顺应国家治理现代化这条主线，将税收置于国家治理的大框架之中，努力构建与国家治理现代化相适应的现代税收制度。一方面，税收治理的高效实施与税制改革的顺利进行取决于国家治理体系与治理能力的发展程度，也就是说一个国家的治理水平与能力决定着国家税收治理与改革的基本框架与方向，同时也会成为税收治理与改革的重要条件；另一方面，国家治理体系与治理能力的现代化也将以科学的财政税收制度为重要基础和依托。只有将税收制度的改革与发展内嵌于国家治理现代化的框架中，未来的税收治理才会具有更大的现实基础与理论依据。

（二）国家治理现代化下税收治理的目标——构建服务国家治理的现代税收制度

制度的规范与建立已经成为现代社会发展的共识。道格拉斯 · C. 诺斯（Douglass C. North）在《制度、制度变迁与经济绩效》中指出：制度是一个社会的游戏规则，更规范地说它们是为决定人们的相互关系而人为设定的一些制约，制度构造了人们在政治、社会或经济方面发生交换的激励结构，而制度变迁则决定了社会演进的方式，因此，它是理解历史变迁的关键。[①] 因此，制度建设是国家治理体系中最为核心的部分，科学合理的制度体系既是国家治理现代化的前提，又是国家治理现代化的产物，对于国家治理现代化具有决定性作用。作为国家治理现代化的先行军，税收治理在制度层面上必须有所突破，而不是在原来基础上零敲碎打。

过去的税收制度更多地体现了税收的经济属性，但是却忽略了税收的社会属性与政治属性。事实上，税收一头连接着市场，另一头连接着社会；一方面关乎着国家（群体）的利益，另一方面关乎个体（个人）的利益，由此可见，税收在社会治理、政府稳定、政治参与等方面都具有重要的作用。因此，国家治理现代化下的税收治理的最重要的目标就是构建现代税收制度，使税收真正发挥它在促进经济发展、维持政治稳定、实现社会公平正义等多重属性上的巨大作用。

现代化的税收制度至少应该具有以下特征：①合理的税制结构。纵观世界各国税制模式变迁的规律，税制结构都呈现出从间接税为主向直接税为主转化的趋势。从现代治理角度看，由于直接税能够使纳税人的义务与权利紧密联系，促使纳税人关注自己的税款的去向及配置使用效率，有助于激发民众参与国家治理、关心社会公共事务、监督预算开支的积极性，唤起和培养纳税人的现代公民意识。因此，现代税收制度，应该逐步实现税制结构由间接税为主向间接税与直接税并重，并最终向直接税为主的转变。②实现政策适应性与运行稳定性的均衡。现代税收制度必须要与国家大政方针、发展方向紧密结合起来，要随着社会的发展变化做出相应的调整以适应现实的需要。但是也要保持基本稳定，这是保持经济社会主体预期稳定的基本条件。③税收法定。党的十八届三中全会通过的《决定》明确提出“落实税收法定原则”，这是“税收法定原则”首次写入党的重要文件，这将成为我们构建现代税收制度的基础。税收法定，就是税收制度法定和税收行为法定，就是要强化制度刚性，减少执行弹性，用法治思维和法治的方式来处理政府与纳税人、立法与行政、中央与地方等多种复杂关系。④公共性导向。税收是现代国家财政收入中最重要的收入形式和最主要的收入来源，因此必须取之于民，用之于民。现代化的税收治理必须重视民生问题，以公共利益最大化为导向，增强调节收入分配、缩小贫富差距、保障基础设施建设和公共福利事业等方面的作用。

---

① 道格拉斯·C. 诺斯. 制度、制度变迁与经济绩效［M］，上海：上海人民出版社，1994：3.

（三）国家治理现代化下税收治理的实现路径

1. 转变理念——走向现代善治税收

善治，即好的治理。“善治就是公共利益最大化的公共管理过程，善治的本质特征，就在于政府与公民对公共生活的合作管理，是政治国家与市民社会的一种新颖关系，是两者的最佳状态。”[①] 它是相对于治理的失败而言的，用以表达对成功的社会治理状态的憧憬和期望。鲍勃·杰索普（Bob Jessop）指出，同样重要的是，必须探讨治理失败以及影响治理恢复元气或对付失败的可能性和能力的各种因素……治理的失败可以理解为是由于有关各方对原定目标是否仍然有效发生争议而又未能重新界定目标所致。[②]

善治税收就是要在善治所倡导的核心理念下开展税收工作，使税收在履行职能的过程中达到善治所期望的结果。善治所倡导的合法性、透明性、责任性、法治、回应、有效性等基本要素实际上是国家权力向社会的回归，既体现出一个还政于民的过程，也表示国家与社会或者说政府与公民之间的良好合作。而这些基本要素在税收作为政府的有效工具参与社会治理或者国家治理的过程中是极其重要的，在善治理念下，税收在参与社会治理的过程中，应该考虑两个导向：一是促进社会发展。这是税收制度最基本的职能，在新时期，税收应该为全面、协调、可持续的中国特色社会主义发展事业服务，最终实现经济发展和人口、资源、环境相协调，发展速度与结构、质量、效益相统一。二是为人民服务。这不是一句口号式的空话，而是要以民生为导向，建立合理的收入分配格局和维护社会公平服务，以改善民生，实现社会和谐治理。

2. 优化结构——实现现代公平税收

公平理念是善治的核心要素之一，作为政府宏观调控的有力工具，税收在实现社会公平方面发挥着重大作用。最早提出税收公平原则的是古典政治学的创始人和财政学的先驱英国学者威廉·配第，他的税收公平思想散见于其所著的《赋税论》和《政治算术》两本书中。[③] 结合我国国情，具体说来，税收公平原则就是指要发挥税收的调节收入分配功能，缩小贫富差距，在执

---

① 俞可平．治理与善治［M］．北京：社会科学文献出版社，2000：8．

② 鲍勃·杰索普．治理的兴起及其失败的风险——以经济发展为例的论述［J］．漆芜，译．国际社会科学杂志（中文版），1999（1）．

③ 威廉·配第．配第经济著作选集［M］．北京：商务印书馆，1981．

法中体现公平、平等、合理，对各种纳税主体平等对待①。不可否认，税收公平原则不仅在我国税收理论研究中占有重要地位，而且在历次税制改革中也发挥重要作用，具有重要的现实指导意义，但是存在的问题依然不容乐观。

回顾自 1994 年以来的税制改革，一个重要的目标就是通过税制改革，逐步提高税收收入占国民生产总值的比重。2013 年全国公共财政收入为 129413 亿元，比上年增加 11889 亿元，增长 10.1%，财政收入中的税收收入为 110497 亿元，比上年增长 9.8%，税收收入占财政收入的 86%。② 所以，与以往的税制改革不同的是，新一轮的税制改革的重点不再是扩大规模而是优化结构。中国现行的税制结构处于严重的失衡状态，主要表现在税收收入结构和税收来源结构两方面。在税收收入结构上，2013 年全国税收收入中，间接税收入比重达到 70%，而直接税收入比重仅占 26.2%；在收入来源上，企业来源税收收入所占比重超过 90%，居民个人来源税仅占 10%。纵观人类税制结构发展史，就是从原始的直接税到间接税再到发达的直接税的演进过程，而主导这一过程的最为重要的因素就是对税收公平和公正的追求。显然，当前我国现行的税制结构在实现公平方面还有很大的空间。

3. 创新思维——发展现代绿色税收

人类社会发展至今，在创造物质文明的同时，也带来了一系列的资源和环境问题，现代国家治理必须处理好发展与环境、人类与自然之间的关系，在发展与生态之间保持良好的平衡，在这种背景之下，作为政府宏观调控重要工具的税收自然被要求在资源节约与环境保护方面发挥作用，绿色税收便是其中最重要的手段。从内涵上看，绿色税收可以分为狭义、中义和广义三种，广义的绿色税收，是指税收体系中与环境资源利用和保护有关的各个税种和税目的总称。本书主要采用广义上的绿色税收，主要包含两部分内容：第一，以保护资源与环境为目的，针对浪费资源、破坏环境的特定行为课征的税种，一般称为资源税和环境税（或称为环境污染税）；第二，其他一般性税种中为保护资源环境而采取的各种税收调节措施，即对其他一般性税种的“绿化”。

鉴于我国环境问题的日益突出，有必要从制度与措施方面加强对于绿色税收理念的应用与发展。例如，改革现行资源类税，调动地方政府积极性。

---

① 陈鄂. 论个人所得税的公平原则 [J]. 经济师，2009，1.

② 2013 年财政收支，[EB/OL]. http://gks.mof.gov.cn/zhengfuxinxi/tongjishuju/201401/t20140123_1038541.html.

我国最初于1984年10月开征了资源税①，现行的《中华人民共和国资源税暂行条例》是在1993年国务院发布的《资源税暂行条例》基础之上，经2011年9月21日国务院第173次常务会议决议通过的《中华人民共和国资源税暂行条例》修订方案，并于2011年9月30日公布，自2011年11月1日起施行。目前国家仅对自然资源中的矿产品和盐征收资源税，并具体设置了原油、天然气、煤炭、其他非金属矿原矿、黑色金属矿原矿、有色金属矿原矿、盐7个税目，实行从量定额征收。但总体来说，我国的资源税征收还比较单薄，还有着很大的发展空间，同时，基于资源的地域性，宜将资源税纳入地方税体系，根据地域实际进行税收治理，发挥出地方治理效力。

4. 提升素质——加强税收队伍建设

税收工作涉及社会经济发展的方方面面，与人民群众的切身利益息息相关，一方面承担着为国聚财、为民收税的艰巨任务；另一方面承担着依法收税、为民服务的使命，因此，加强税收队伍建设，提升税收人员的自身素质是善治税收的必然要求。具体而言，提升素质主要从两大方面入手：业务素质和自身素养。

（1）提升业务素质——走向税收征管专业化。税收征管是税收工作的核心，也是发挥税收职能的重要保证，这要求税收工作人员必须具有过硬的业务素质。第一，加强业务素质训练与培训，积极探索和掌握税收征管工作规律，明确职责分工，优化业务流程，完善岗责体系，提高管理效能，由粗放式管理走向精细化管理；第二，实施科技与管理并行的管理方式，积极利用现代化信息技术促进税收征管工作，充分利用现代化信息技术解决征纳双方信息不对称问题，依托信息管税实现税收管理方式和手段的新突破。

（2）提升自身素养——走向税收服务人本化。税收征管的业务专业化还不足以应对现代社会人们对于公共服务的高质量需求，因此税收工作人员还必须从自身出发，努力提升自身素养。在纳税咨询、纳税宣传、办税服务、纳税人权益保护等方面，税收工作人员应该在提升服务专业化的基础之上，加强服务态度与理念的转变。

推进国家治理体系与治理能力的现代化是一项系统而任重道远的工程，

① 1984年国务院发布《中华人民共和国资源税条例（草案）》，规定在我国境内从事原油、天然气、煤炭、金属矿产品和其他非金属矿产品资源开发的单位和个人为资源税的纳税义务人，从1984年10月1日起开始试行征收资源税。资源税刚推出时，实际只对原油、天然气、煤炭、铁矿石征收，其他矿产品暂缓征收资源税。

需要我们在政治、经济、文化、社会等多个方面进行立足于我国国情、政情、社情的改革与创新，继承与发展，学习和借鉴。在方向上，我们的国家治理体系与治理能力的现代化必须在中国特色社会主义制度框架下，在市场化与社会自我保护的双重运动中，积极变革治理理念，构建具有中国特色的社会主义和谐社会，最终朝着具有中国特色的国家治理现代化道路前进。在目标上，我们的国家治理体系与治理能力的现代化应该注重治理主体、治理方式、治理效果的治理全方位、全过程的目标设立。在实现路径上，首先，我们应该积极构建具有中国特色的现代价值体系，为国家治理的现代化提供能够凝聚人心的文化力量；其次，我们要积极发挥中国共产党的核心作用和领导力量，抓好“制度”与“人”的提升与塑造，在完善制度与提升能力的相互作用下实现国家治理体系与治理能力的现代化；最后，我们必须始终保持求变的态度，积极完善具有中国特色的国家治理评估体系，使我国国家治理现代化始终紧跟时代潮流、紧贴我国国情、紧靠人民需要。而在具体的税收领域内，我们应该将税制改革与税收治理放在广泛的国家治理过程中去进行思考和探索，逐渐把握善治理念下的税收治理在参与国家、社会治理过程中的地位与作用，构建符合国家治理现代化要求的高效、法治、科学、协调的现代税收体制，使善治理念下的税收治理在当前全面深化改革的关键时期发挥更大的作用。

第三节　税收理论对善治理念的体现

善治税收的理念并不是独立存在的，它是通过一系列的税收理论来体现的，这些税收理论包括公共财政理论、纳税服务理论、税收风控理论、税收法治理论等。

一、公共财政理论

税收是国家治理的基础，国家是课征税收的主体，税收与国家之间有着密切的联系。正因为如此，国家学说必然对税收理论产生深刻的影响。对于国家的起源，历史上不同的思想家作出了不同的解释，其中具有代表性的主要有自然生成论、君权神授论、社会契约论、暴力征服论、社会分工论和阶级冲突论。

（一）自然生成论

自然生成论是亚里士多德最早提出的一种国家起源理论。亚里士多德在西方国家学说史上第一次系统地探讨了国家起源问题，他认为，国家的生成源于人类的自然天性。国家作为一种社会共同体，是从家庭、村落自然发展起来的。由于人类有共同生活的天性，自然趋向于城邦生活。人类最先结合成家庭，然后由家庭联合成村落，之后由村落联合成城邦。

（二）君权神授论

君权神授论认为，君主的权力来源于上天或上帝，国家是根据上天或上帝的意志建立的，统治阶级的权威是上天或上帝授予的。君主是根据上天或上帝的意志来行使权力治理国家的。在西方中世纪君主与教会争夺统治权的过程中，这一理论演绎出了三个版本。第一个版本认为，上帝把精神权力和世俗权力分别授予了教皇和君主，二者的地位是平等的。第二个版本认为，上帝把统治权力直接授予君主，君主是上帝在人间的代表，教会和教皇应该服从君主。第三个版本认为，上帝把统治权力直接授予了教会，教会把精神权力留给了自己，把世俗权力交给了君主，君主应该服从教会。

（三）社会契约论

社会契约论认为，国家是人民同统治者之间相互订立契约建立起来的。古希腊的伊壁鸠鲁最早提出了社会契约论。17、18 世纪的自然法学派的政治思想家格劳秀斯、斯宾诺东莎、霍布斯、洛克、卢梭等人系统地阐述了社会契约论的学说。社会契约论认为在国家产生之前，人类社会处于无政府的自然状态。在自然状态下，每个人都拥有自然权利。由于自然状态具有不安全和不方便的缺陷，人们通过订立契约，让渡自己的部分自然权利，由此产生了政治权力，形成了政治权力的掌握者——国家。社会契约论是资产阶级革命时期占据主导地位的国家起源理论，它将政府看作是人民同意的结果，认为政府的权力来源于人民的约定，从而成为资产阶级推翻封建国家的思想武器。

（四）暴力征服论

国家是通过暴力的掠夺和征服形成的。德国的杜林、奥地利的贡普洛维奇都持有这种观点。暴力征服论把暴力视为国家产生的决定性因素，甚至将暴力视为整个社会发展的决定性因素。国家是较强的原始部落对较弱的原始部落进行掠夺和征服形成的，国家是对外战争的结果。

（五）社会分工论

社会分工论是古希腊思想家柏拉图在其《理想国》中阐述的一种国家起源理论。他认为，每个人天生的才能都是单一的，只适合从事某种特定的工作，而人的需要又是多样的，这就决定了人们之间必须分工互助。理想国的人们按照天性被分成三个等级，第一等级天性是理智，美德是智慧，人数最少，适合当统治者；第二等级天性是意志，美德是勇敢，人数较少，适合当保卫者；第三等级天性是欲望，美德是节制，人数最多，适合当生产者。三个等级各司其职，和谐一致，便可实现正义。社会分工使得政治过程专门化、自主化和制度化，最后使专门化的政治组织发展成为国家，它具有自己独立的政治职能，其作用是调整和减缓社会各部门之间的紧张冲突关系，维持整个社会的存在。

（六）阶级矛盾论

阶级矛盾论认为，国家是一个历史范畴，它不是从来就有的，而是与一定的历史发展阶段相联系的，是社会发展到一定历史阶段的产物。只有当经济发展到一定阶段，出现了阶级，才产生了国家。因为当阶级出现后，为了缓和阶级冲突，把阶级冲突控制在秩序的范围内，就需要有国家作为表面上凌驾于社会之上的第三种力量来压制阶级之间的公开冲突。

在这六种国家起源学说中，对税收理论产生重大影响的是阶级矛盾论和社会契约论。因为在阶级矛盾论和社会契约论的基础上，分别形成了国家分配论和公共需要论。国家分配论认为，税收随着国家的产生而产生，随着国家的存在而存在，随着国家的消亡而消亡。国家作为凌驾于社会之上的力量出现以后，需要建立军队、警察、法庭、监狱及其他国家机构，履行其阶级统治职能和社会管理的职能。国家本身并不创造物质财富，但为了维护其自身存在和履行职能的需要，又必须消耗一定的物质财富。因而国家只能凭借政治权力，以征税的方式取得财政收入。公共需要论认为，国家为纳税人提供公共产品和公共服务，纳税人向国家缴纳税收，税收是纳税人为获得公共产品和公共服务而向国家支付的费用。

国家分配论下不存在税收善治生长的土壤。因为在国家分配论的逻辑下，税收的课征取决于国家的意志。国家为了维持自身生存和履行职能的需要，可以根据自己的意志来决定课征哪些税、课征多少税。征税人与纳税人之间的地位是不平等的，是一种自上而下的管理与服从的关系。正是由于这种管理与服从关系的存在，税收被看作是国家为了满足其履行职能的需要而取得财政收入的一种手段，税收才具有了强制性、无偿性、固定性的形式特征。公共需要论下存在着税收善治生长的土壤。因为在公共需要论的逻辑下，税收的课征取决于公众的意志。征税人与纳税人之间是一种利益交换的平等关系，国家向纳税人提供公共产品和公共服务，纳税人向国家缴纳税款支付费用。税收不再是国家单方面的意志所能决定的，而必须是征纳双方协商的结果。在公共需要论下，税收具有了自愿性、有偿性和有限性的形式特征，税收的强制性只是为了避免"顺便搭车"现象的发生。

二、纳税服务理论

《中华人民共和国税收征收管理法》（以下简称《税收征管法》）及其实施细则之所以要求税务部门和税务人员为纳税人提供必要的纳税服务，其理论依据在于社会主义市场经济条件下政府职能的转变和财政体系的转型。在计划经济体制下，政府不仅要管理社会，而且要管理经济。政府不仅要向社会成员提供公共产品，而且还要向社会成员提供私人产品。在这种体制下，政府用行政命令的办法管理着社会经济的运转，政府在社会经济生活中主要扮演管理者的角色。与计划经济体制相适应，实行的是国家财政，作为国家财政重要组成部分的税收也带有浓厚的计划经济色彩，税收征管主要依据国家的政治权力来进行，税务部门也主要以管理者的身份出现。与计划经济不同，在市场经济体制下，私人产品或服务主要由市场来提供，政府主要履行"经济调控、市场监管、社会管理、公共服务"四个方面的职能，政府既是一个公共管理者，更是一个公共服务者，与政府职能转变相适应，财政体系由国家财政转向公共财政。财政的转型必然带来税务部门身份的转换和职能的转变。在公共财政体系下，税务部门不仅要为政府其他部门履行提供公共产品或公共服务的职能筹集资金，扮演着"征税人"的角色，而且在征税的过程中它还扮演着"用税人"的角色，因为税务部门征税过程中的各项费用开支来源于公共财政的支出。过去我们只强调了税务部门"征税人"的身份，却忽视了税务部门"用税人"的身份。税务部门作为政府的重要职能部门之一，它既是"征税人"，又是"用税人"；既是管理者，又是服务者。既然是"用税人"，就必须为纳税人提供纳税过程中所必需的公共服务。按照现代公共政府理念，税收作为取得财政收入的主要形式，纳税人缴纳的税款就是享受政府服务而应当支付的费用，政府应当是为纳税人服务的政府。纳税人在缴税时既然已经支付了纳税过程中所需公共服务的费用，那么作为政府职能部门之一的税务部门理应为纳税人提供纳税过程中所必需的公共服务。所以，税务部门为纳税人提供的纳税服务，从本质上讲只能是纳税人在纳税过程中所必需的公共服务项目，而不是其他服务项目，这就是公共财政理论对税务部门纳税服务做出的准确定位。

长期以来，我们一直把税务部门作为执法管理部门看待。其实，随着社会主义市场经济体制的确立、政府职能的转变和财政体系的转型，税收部门的职能已经发生了深刻的变化，已由原来国家财政体系下的单纯管理职能转变为公共财政体系下的管理与服务的双重职能，税务部门职能的变化引起了工作对象的变化，税务部门管理的是“税源”，服务的是“纳税”，把纳税人作为税务部门管理的对象是对税务工作对象的一种错位。

把税务部门的纳税服务定位在“为纳税人提供纳税过程中所需的公共服务”是否意味着税务部门不能提供个性化的服务呢？答案是否定的，因为税务部门为纳税人提供纳税方面的公共服务与税务部门为纳税人提供个性化的服务并不矛盾，不同的纳税人在纳税过程中所需的纳税公共服务在形式和内容上是有所不同的，税务部门和税务人员根据纳税人的不同情况为其提供不同形式或不同内容的公共服务，才能更好地满足纳税人对纳税公共服务的需求，才能更好地把纳税服务落到实处，让纳税人得到真正需要的纳税服务。

明确税务部门纳税服务的对象有利于正确地开展纳税服务工作。回顾税收征管改革的历史，可以说税收服务工作一直没有间断过，但对服务对象的认识却一直是模糊的。在“一员进厂，管查合一，各税统管”的专管员管户制下，税务部门把纳税人的全部纳税事宜作为服务对象，在纳税上搞包办代替。不仅如此，还把纳税人的生产经营活动作为税务部门的服务对象，开展“促产增收”工作，并且当作一条经验加以宣传和推广。取消了专管员管户制后，在一段时间内税务部门又把税务代理作为税收服务的主要内容。实践证明，包办代替和税务代理都不是税务部门纳税服务工作的方向，因为它们都是在无偿地或有偿地替纳税人履行其应尽的纳税义务，只有为纳税人提供纳税过程中所需的公共服务才是税务部门纳税服务工作的准确定位。

在公共财政体系下，纳税服务成为税务部门的一个重要职能，但在重视税务部门的服务职能的同时，却不应忽视税务部门的管理职能。这种管理主要是对税收资金运动全过程的管理，其目的是保证潜在的税源最大限度地转化为税收。税收资金的运动过程实质上就是潜在的税源变成现实的税收的过程，是一个将分散在纳税人手中的税源归集到国库的过程。为了确保潜在的税源能够最大限度地转化为现实的税收，必须对税收资金运动的各个不同环节进行有效的监控。在纳税人自行申报纳税的前提下，在税收征管信息化的条件下，表现为对税收资金运动过程中不同环节所产生的涉税信息进行收集和处理，从而实现对税收资金运动过程的全程监控。税收管理的职能依据其管理部位的不同又可细划为税源监控的职能、税款征收的职能和税务稽查的职能。税源监控职能主要是对应收税款的信息进行归集和处理；税款征收职能主要是对实收税款的信息进行归集和处理；税务稽查职能主要是对应收未收税款的信息进行归集和处理。

面对新的形势，有人提出了“管理就是服务”的口号。“管理就是服务”作为一句口号提出来是可以的，但从严格意义上讲，“管理加服务”似乎应该更合适、更严密，因为管理和服务两者在对象上不同，管理强调的是对潜在税源到现实税收这一税收资金的运动过程进行监督和控制，目的是防止税源的流失，建立起依法纳税的良好秩序；服务强调的是对依法纳税的纳税人在纳税程序上提供应有的公共服务。所以，管理讲的是公共管理，服务讲的是公共服务，两者都是社会主义市场经济条件下，特别是公共财政体系下所不可缺少的。

管理和服务之间，既不能相互代替，更不能偏废。因为服务是针对诚信纳税的纳税人而言的，试想一下，纳税人都不来自觉纳税，税务部门又如何为其提供服务呢？所以，纳税服务是以有效的管理为基础，以纳税人愿意纳税为前提的，失去了这个基础和前提，纳税服务也就失去了意义。同时，纳税服务能够提高纳税人的税法遵从度，反过来又能减轻税务部门的管理难度，促进管理水平的提高。

纳税服务之所以被看作是我国税收征管体制转轨的重要标志，是因为它改变了征管对象的错位现象，对征纳关系进行了重新定位，征纳关系由原来的管理者与被管理者的关系改变为服务者与被服务者的关系。既然是一种服务者与被服务者的关系，征纳双方也就处于一种平等的地位。纳税人是税收的创造者和提供者，税务部门是税收的筹集者，两者只是社会分工的不同，在地位上没有高低贵贱之分。一种观点认为，税务部门应把商业理念运用到税务管理中来，把纳税人当作“客户”，作为消费者，当作“上帝”一样对待。我们认为，税务部门提供的纳税服务，不同于商业服务，商业部门之所以把顾客当成“上帝”对待，是为了迎合消费者，目的是为了让消费者消费它的产品或服务，是一种商业促销行为。税务部门的纳税服务是政府部门为纳税人提供的公共服务，征纳双方的地位是平等的，税务部门不能把纳税人作为被管理者而居高临下，也用不着去“迎合”和“讨好”纳税人，征纳双方是一种平等合作的关系。

纳税服务是服务于“纳税”需求而不是服务于“纳税人”本身。从税务部门的角度看，纳税服务是要求税务部门在纳税人自行申报纳税的过程中，为纳税人提供方便和帮助，降低纳税成本，税务部门满足的是纳税人在办税过程中的公共需求，而不是纳税人纳税事宜的本身，更不是纳税人其他方面的需求。从纳税人的角度看，纳税人到税务机关来，不是来喝茶休息的，也不是来办别的事的，而是来办税的，他需要的是纳税方面的服务，而不是其他方面的服务。所以，税务部门的纳税服务必须紧扣“纳税”这个主题。税务部门为纳税人提供纳税服务不能停留在文明办税等表层上，而应该向纵深拓展，为纳税人提供实质性的服务。

纳税服务是满足纳税人在纳税过程中的各种需求的一种活动，税务部门提供的纳税服务就是要满足纳税人在纳税过程中产生的公共需求。需求与可能是一对矛盾体，需求是无限的，而满足需求的可能却是有限的。纳税人在纳税过程中所需要的公共服务其内容是十分丰富的，这决定了税务部门为纳税人提供纳税服务这项事业的发展前景是广阔的，但税务部门的人力、物力和财力又是极其有限的，不可能将纳税人在纳税过程中所产生的公共需求一下子全部加以满足。解决问题的办法只有一个，那就是将纳税人在纳税过程中所需要的公共需求划分出不同的层次，区分出轻重缓急，再根据税务部门的客观条件，选择纳税人最急需的纳税服务项目加以满足。

纳税服务质量的好坏，不能单纯以纳税人的满意度为标准，也不能以税务部门自身的感觉为尺度。衡量纳税服务质量好坏的标准应该是多方面的、全方位的，因为不同的服务项目有不同的考核标准，我们应该将这些不同的标准有机地结合在一起，形成一个纳税服务质量考核指标体系，客观、全面地反映税务部门纳税服务质量的真实水平。衡量纳税服务工作质量的总体标准应该是看纳税人在办税过程中是否省钱、省时、省力、省心。

三、税收风控理论

研究税收风险管理必须把握三个前提条件，一是厘清税收风险的相关概念；二是明确税收风险的各种分类；三是掌握税收风险的突出特点。

（一）税收风险相关概念

1. 风险

1895 年，美国学者海斯从经济学的角度对风险下了一个定义。他认为，风险就是“损失发生的可能性”。1921 年，芝加哥学派的代表人物奈特提出了风险与不确定性的关系问题。他认为，风险就是由于不确定性而可能带来的损失。所以，风险是一件事情结果的不确定性，这种不确定性包括好的结果可能没有实现或坏的结果可能发生。

2. 税收风险

税收风险是指影响税收职能作用发挥的不利因素。税收工作的终极目标是要发挥税收的职能作用，任何影响税收职能作用发挥的不利因素都可视为税收风险。在实际工作中，我们经常会遇到税收风险、税务风险和纳税风险三种不同的提法，那么，税收风险、税务风险和纳税风险三者之间是一种什么样的关系呢？从理论上讲，税收是一个较大的概念，是征纳活动的统称。税务是指国家授权专门行使税收征收权力的税务机关开展的税收征管活动，纳税是纳税人为履行纳税义务而开展的税收缴纳活动。所以，税收风险应该包括税务风险和纳税风险两个方面，税收风险是一个大概念，税务风险和纳税风险是包含在税收风险中的两个小概念。

3. 风险管理

风险管理理论兴起于 20 世纪初，它是研究风险发生规律和风险控制技术的一门管理科学。风险管理就是对风险要素进行识别、分析、评估、排序和管理的一套系统的程序和方法。

4. 税收风险管理

税收风险管理是对税收征纳活动中的不确定性进行识别、分析、评估、排序和管理的一套系统的程序和方法。早在 1997 年，经济合作与发展组织（OECD）税收政策与管理中心就发布了关于税收风险管理的一般指导原则，首次将风险管理理论引入税收征管实践。2004 年，OECD 又发布了纳税风险管理指导解释，对税收征管风险管理的程序进行作了更加详细的说明。OECD 的指导原则及其解释论述了两类税收征管风险，即收入风险和纳税风险。欧盟从 2004 年开始着手制定税收征管中的风险管理指导原则，并于 2006 年 2 月正式发布。OECD 和欧盟的这两大指导原则在对风险管理理论的引用上大致相同，所不同的是两者的立足点不同。OECD 主要是从纳税人的角度研究税收风险，而欧盟则是从税务机关的角度研究税收风险。

国家税务总局在《2002—2006 年中国税收征收管理战略规划纲要》中明确提出“引进风险意识可以使各级税务机关更加深刻地从战略管理的角度认识自身工作的本质及其规律，防范征管风险的举措又可以使税收征管工作获得更多的主动性”。为此，国家税务总局在 2006 年 3 月，邀请 OECD 和国际四大会计师事务所的专家举办了第一期税收风险管理培训班。这标志着国家税务总局开始有意识地在我国税收征管中引入风险管理的理论和技术。

根据 OECD 和欧盟的研究，税收风险可以分为收入风险、执法风险和纳税风险。收入风险是指在税收活动中各种风险要素导致的税收收入的波动、下降、流失等。这类风险的受损主体是政府，风险管理的目标是政府收入的最大化。执法风险是指在税收执法过程中风险要素导致税务机关和税务人员的利益受损，这类风险的受损主体是税务机关和税务人员，风险管理的目标是依法征税。纳税风险是指在税款缴纳过程中风险要素导致纳税人的利益受损，纳税风险的受损主体是纳税人，风险管理的目标是依法纳税。

OECD 在其 2004 年发表的《纳税风险管理：提高和改进纳税遵从》指导解释中认为：“税务机关的主要目标就是按照税法筹集纳税人应当支付的税款，以这样的方式征管可以维持乘法体系或税务管理机关的权威。纳税人的行为，无论是由于无知、疏忽、鲁莽或者精心设计的避税——由于税收征管的薄弱，这些情况都不可避免地导致不能遵从税法。因此，税务机关应当采取战略措施和管理框架来确保不遵从税法行为的最小化。”

（二）税收风险的各种分类

税收风险的分类，应该从宏观、中观和微观三个不同层次进行。

1. 税收风险的宏观分类

税收具有组织收入、调控经济和调节收入三大职能。组织收入是税收的政治职能，调控经济是税收的经济职能，调节收入是税收的社会职能。税收领域存在的宏观风险，莫过于税收职能作用发挥得不好，给整个社会经济的运行带来了影响和损失。所以，税收的宏观风险表现为税收收入风险、税收调控风险和税收调节风险三个方面。

2. 税收风险的中观分类

税收法治包括税收立法、税收执法、税收守法三个环节。税收立法是税收法治的基础，税收执法是税收法治的关键，税收守法是税收法治的保障。税收领域的中观风险存在于税收立法、税收执法和税收守法三个环节之中。税收立法环节的风险表现为税收制度风险，税收执法环节的风险表现为税收管理风险，税收守法环节的风险表现为纳税遵从风险。

首先，税收制度风险。税收制度是国家各项税收法律和征管制度的总称，是国家向纳税人征税的法律依据和纳税人向国家缴税的法定准则。税收制度有广义和狭义之分。广义的税收制度是指国家以法律形式规定的税种设置和征管制度，一般包括税法通则，各税种的基本法律、法规、条例、实施细则、具体规定和征收管理办法。狭义的税收制度是指某一具体税种的课征制度，包括纳税人、征税对象、税目、税率、纳税环节、纳税期限、税收优惠、违章处理等基本要素。税收制度的核心是税收法律，税收制度风险表现为税收法律制定方面的风险，即税收法律制定的不完善给税务部门执法和纳税人守法带来的风险。

其次，税收管理风险。税收管理包括税收征收管理和税收行政管理两个方面。税收征收管理是代表国家行使征税权力的税务机关依照税收法律法规的规定进行税款征收，并对日常的税收征纳活动进行管理、检查、监督等一系列工作的总称。税收征收管理包括税务登记管理、账簿票证管理、纳税申报管理、税款征收管理、纳税评估管理、税务检查管理等内容。税收行政管理是税务机关为了提高行政效率，依照国家法律法规行使职权，对内部事务进行有序管理的一系列活动。税收行政管理的主体是代表国家行使职权的税务机关和税务人员，税收行政管理的依据是税收法律法规，包括税收实体法、税收程序法、税收管理权限、从事法规、财务法规等，税收行政管理的客体是管理国家税收事务的行政行为，税收行政管理的目的是提高行政效率。

最后，纳税遵从风险。纳税遵从是指纳税人遵照税收法律法规正确计算缴纳税收，并服从税务部门及税务人员合法管理的行为。纳税遵从风险是指纳税人由于不能很好地遵照税收法律法规的规定计算缴纳税款或不能遵守税收管理的有关规定而可能遭受的损失。

3. 税收风险的微观分类

税收风险微观分类是把税收风险细化到各个工作岗位，对每个工作岗位的风险进行分析评估，划分出低风险岗位、中风险岗位和高风险岗位，对高风险岗位进行重点防范。

（三）税收风险的特点

1. 从属性

税收风险是财政风险的一个重要方面，具有明显的从属性。由于国家财政是各种社会经济矛盾的最终承担者。社会动荡、自然灾害、国企亏损、银行呆账、外交损失等，都会通过各种途径转嫁到国家财政身上。而国家财政要弥补这些损失，就会增加税收。这样，税收就成为整个社会运行过程中各种风险的最终承担者。

2. 隐蔽性

税收促进经济增长的正面作用难以直接量化，税收阻碍经济发展的负面作用也难以直接计算。当政府税收收入不足时，就会采取收取费用、举借债务、发行货币、削减支出的手段。这样就等于把税收风险扩散到整个国民经济，对整个经济系统的资源配置产生不利影响。而当这种负面作用超出了整个国民经济的承受能力，税收风险就演化为财政风险。

3. 累积性

税收收入出现暂时困难时，税务部门可以通过寅吃卯粮、税收空转等手段渡过难关。但当这些矛盾累积到一定程度，超过其临界点时，就会爆发财政危机，进而引发经济风险，进一步演化为社会风险，造成社会动荡。

4. 危害性

由于税收风险具有隐蔽性，平时并不被人们所关注，其危害性往往被低估。而税收风险一旦爆发，就会造成极大的损失。

根据以上特点，强化税收风险管理必须把握三个关键环节，一是搞好源头排查；二是争取重点突破；三是注重条件控制。

首先，源头排查。税收风险从中观的角度分类，可分为税收制度风险、税收管理风险和纳税遵从风险。目前，我们在研究税收风险管理时，把注意力都放在了税收管理风险和纳税遵从风险上。其实，税收管理和纳税遵从环节发生的很多风险都源于税收制度风险，研究税收管理风险和纳税遵从风险不能抛开税收制度风险。我国现行税法数量庞大，不断变化，复杂难懂，不易执行。特别是很多税收法律规定在制定时并未考虑到具体执行时可能带来的税收执法风险和纳税遵从风险。比如国家为了照顾中小企业和个体工商业户的生产经营，出台了增值税和营业税的起征点的规定，起征点这种做法本身就给税收执法和纳税遵从带来很大的风险。因为起征点这种做法有一个临界点的问题，在临界点的上下是一个征与不征的界限。在这个临界点上，收入只差一元钱，税负却是征与不征的差别，这就人为地为税收执法带来了风险，特别是把增值税和营业税的起征点提高到 5000 ~ 20000 元后，这种风险更大。如果在税收立法时能够考虑到这种税收制度风险所带来的税收执法风险和纳税遵从风险，把规定起征点的做法改为规定免征额，这样就能缓解税收执法和纳税遵从环节的风险。因为免征额就不存在征与不征的临界点问题，它只是一个征多征少的问题，征纳之间的情绪对立就减轻了很多，税收执法也就相对容易得多。

其次，重点突破。税收管理包括税收征收管理和税收行政管理两个方面。税收管理风险的防范也应该从税收征收管理和税收行政管理两个方面入手。

税收征收管理风险防范的重点在于：①税务稽查方面的该立案的不立案、该查处的不查处、该处罚的不处罚、该移送的不移送、该执行的不执行，从中进行权钱交易的行为。②减免审批过程中不按规定进行严格审批，拿了好处乱办事的行为。③企业所得税税前列支审批过程中不按规定的列支条件和标准进行严格审批，从中以权谋私、索贿受贿的行为。④纳税评估过程中“以评代查”“人情评估”，甚至帮助违法企业出谋划策，对有偷税行为的企业只采取评估补税，不移交稽查部门从严查处，从中谋取利益的行为。⑤增值税一般纳税人认定过程中对不符合认定条件的乱认定，或者对达到认定标准的设卡拖延认定，以及索贿受贿、不给好处不办事、给了好处乱办事的行为。⑥发票管理特别是增值税专用发票核定和销售过程中没有严格执行有关规定，不按纳税人实际生产经营情况核准发票用量，从中以“票”谋私、权钱交易的行为。⑦税额核定过程中不按纳税人实际生产经营情况进行严格核定，从中“吃、拿、卡、要、报”的行为。⑧缓缴税审批过程中的“人情缓税”“关系缓税”，不按规定的缓缴条件进行严格审批，从中权力寻租的行为。⑨着重惩治和预防企业注销过程中不严格执行相关规定，甚至通过企业注销审批帮助违法企业逃避法律责任，从中谋取非法利益的行为。⑩税务代理过程中强行指定税务代理机构，参与税务代理中介活动收取费用，损害税务机关形象的行为。⑪自由裁量权行使过程中随意定夺、畸轻畸重、以权谋取私利的行为。⑫出口退税审批过程中不按规定进行严格审批，和以退税指标作为“寻租”手段，从中谋取非法利益的行为。

税收行政管理风险防范的重点在于：①人事管理方面的干部选拔任用、人员录用调配过程中跑官要官、买官卖官，从中进行权钱交易的行为。②财务管理的经费审批使用过程中违反财经纪律擅自改变经费使用性质、挪用公款，从中谋取私利的行为。③基本建设管理过程中不严格执行基建预算，盲目攀比超标准豪华装修、扩大建设规模，从中索贿受贿的行为。④大宗物品采购过程中应纳入集中采购目录的项目不执行集中采购，违反采购程序、不按规定选择采购方式，从中谋取私利的行为。⑤公务接待过程中不严格执行公务接待标准、假公济私的行为。

最后，条件控制。税收风险是一种潜在的危险，这种潜在的危险要变成现实的危险需要一定的条件，而税收风险防范的实质就是要控制税收风险发生的条件。目前，我们在税收风险识别上已经做了大量工作，税收工作中的风险大部分已经被排查出来，但对这些风险发生的条件认识的还不够充分，也就是说税收风险的防范对策准备得还不够充分，还应该在税收风险防范的对策上下功夫。

四、税收法治理论

税收与法律的关系是研究税收法律必须首先解决的问题。对于税收与法律的关系，学术界存在着不同的观点。一种观点认为税收与法律之间存在着必然的联系。法律是税收的存在形式，自从税收产生以来，税收与法律就没有分离过，税收必须采用法律的形式才能存在；另一种观点认为税收与法律之间并不存在必然的联系。持这种观点的人认为，税与法的关系的基础是国家强制力，税收通过法律的形式获得国家强制力。但是，国家强制力并不必然和唯一地表现为法律。在人类历史的相当长的时期中，国家的政治权力是通过“君权神授”背景下君主和帝王的个人意志实现的，这种个人意志并不一定获得法律的形式。在这种情况下，税收完全可以依靠自上而下的行政命令而不是法律推行。只要税收可以通过法律之外的途径获得国家的强制力的支持，税收就可以不以法律的形式存在，至少可以不完全以法律的形式存在，这样税与法之间就没有必然的联系。只有当国家的强制力受到法律的有效制约，只能以法律的形式存在时，税与法之间才有必然联系，法律才成为税收的唯一表现形式。因此，税收与法律并不是必然联系在一起的，税与法的关系取决于国家强制力的来源与实现形式。在正常情况下，国家是社会中唯一能够合法使用暴力的组织，国家对暴力的垄断保证了国家对社会的有效管理和对社会成员的统治，也正是这种强制力使得国家可以以税收的形式无偿地剥夺社会成员的财富。国家强制力体现为政治权力，表现为国家对社会成员的统治权。在人类社会的各个历史时期，国家强制力的来源与实现形式是不同的，税与法的关系也存在着一个历史演变的过程。只有在一切国家权力来源于公民权利的现代法治社会，法律才成为税收存在的唯一形式和根本保障。

人治社会不是没有法律的社会，在中国存在了几千年的封建社会是一个人治社会，但在封建社会下的中国也存在着较为完备的刑法体系，以致在世界法律之林中存在着独树一帜的中华法系。问题是法律在一个社会中的地位问题。一个社会是人治社会还是法治社会，要看法律的地位。在中国的封建社会，法律的地位在权力之下，法律的范围很窄，法律基本上等于刑律，社会生活的很多方面没有纳入到法律的调整范围之内，法律只是阶级镇压的工具，权力不受法律的制约，所以，我们说中国的封建社会基本上是人治的社会。

税收从自由贡纳发展到依法征收，其意义不在于税收通过法律获得征税所需的强制力，而在于通过法律对国家的征税强制权进行必要的限制，使公民在税收上的权利与义务达到统一，实现国家对公民权利的保护。

税收法治体现在税收立法、税收执法和税收司法三个方面，因为税收立法、税收执法和税收司法共同构成了税收法律体系。税收立法是国家通过立法机关制定税收法律规范，规定征纳双方的权利义务关系，并使之规范化、制度化的过程；税收执法是税法执行机关执行税收法律规范，落实征纳双方权利和义务的过程；税收司法是国家司法机关重新确认被破坏、被模糊了的税收权利义务法律关系的过程。税收立法是税收执法和税收司法的基础，税收执法是税收立法的落实，税收司法是税收执法的保障，税收立法、税收执法和税收司法共同体现了税收法治的目标，那就是"立法有理、执法有据、司法有力"。

税收法定原则是指所有的税收问题都必须由法律来决定。如果没有相应的法律规定，征税主体就没有征税的权力，纳税主体也没有纳税的义务。税收法定要求税收种类法定、税收要素法定、税收程序法定。

税收法定原则起源于中世纪的英国，它是英国资产阶级同封建贵族斗争的产物。税收法定原则在 1215 年的英国《大宪章》中就有体现，但直到 1689 年的《权利法案》才得以正式确立，中间相隔了 4 个多世纪。这说明税收法定不仅是要写在字面上，而且要落实在行动上。在这 400 多年的时间里，英国国王时而承认税收法定原则，时而违背甚至践踏税收法定原则。与之相伴随的是时不时发生的议会与国王之间的斗争甚至是战争。其实，与"税收法定"相伴随的还有另外 4 个字："王在法下"。"王在法下"是"税收法定"得以落实的前提，"税收法定"是实现"王在法下"的手段。"王在法下"的实质就是要实现"法律面前人人平等"，"法律面前人人平等"的实质就是法治。

税收法定只是从立法的角度解决了有法可依的问题，而无法解决有法必依、执法必严、违法必究的问题。税收法治要求从税收立法、税收执法、税收守法三个方面全方位地树立税法的权威。

善治税收的理念并不是独立存在的，它是通过一系列的税收理论体现出来。这些税收理论包括公共财政理论、纳税服务理论、税收风控理论、税收法治理论等。

税收是国家治理的基础，国家是税收课征的主体，税收与国家之间有着密切的联系。正因为如此，国家学说必然对税收理论产生深刻的影响。国家分配论下不存在税收善治生长的土壤。因为在国家分配论的逻辑下，税收的课征取决于国家的意志。国家为了维持自身生存和履行职能的需要，可以根据自己的意志来决定课征哪些税，决定课征多少税。征税人与纳税人之间的地位是不平等的，是一种自上而下的管理与服从的关系。正是由于这种管理与服从关系的存在，税收被看作是国家为了满足其履行职能的需要而取得财政收入的一种手段，税收才具有了强制性、无偿性、固定性的形式特征。公共需要论下存在着税收善治生长的土壤。因为在公共需要论的逻辑下，税收的课征取决于公众的意志。征税人与纳税人之间是一种利益交换的平等关系，国家向纳税人提供公共产品和公共服务，纳税人向国家缴纳税款支付费用。税收不再是国家单方面的意志所能决定的，而必须是征纳双方协商的结果。在公共需要论下，税收具有了自愿性、有偿性和有限性的形式特征，税收的强制性只是为了避免“顺便搭车”现象的发生。

按照现代公共政府理念，税收作为取得财政收入的主要形式，纳税人缴纳的税款就是享受政府服务而应当支付的费用，政府应当是为纳税人服务的政府。纳税人在缴税时既然已经支付了纳税过程中所需公共服务的费用，那么作为政府职能部门之一的税务部门理应为纳税人提供纳税过程中所必需的公共服务。

税收风险是指影响税收职能作用发挥的不利因素。税收风险管理是对税收征纳活动中的不确定性进行识别、分析、评估、排序和管理的一套系统的程序和方法。

税收与法律的关系是研究税收法律必须首先解决的问题。只有当国家的强制力受到法律的有效制约，只能以法律的形式存在时，税与法之间才有必然联系，法律才成为税收的唯一表现形式。因此，税收与法律并不是必然联系在一起的，税与法的关系取决于国家强制力的来源与实现形式。税收法治体现在税收立法、税收执法和税收司法三个方面。

第四节 善治理念在税收领域的应用

在经济全球化、政治民主化和文化多样化的今天，善治已经成为人类政治发展的理想目标。将善治的思想直接应用于实际的最初机构，是诸如世界银行、国际货币基金组织之类的国际金融组织。在20世纪90年代，这些国际组织不仅对善治进行了专门的理论研究，而且把善治作为其评估受援国现状的主要标准之一。

“善治”是公共利益最大化的管理过程，善治表示国家与社会或者说政府与公民之间的良好合作。作为政府与公民对社会公共事务的合作管理，善治需要政府机关与公民的共同努力，而且随着社会的发展和政治的进步，公民在公共事务管理中的作用将变得日益重要。然而，我们必须清楚地看到，尽管经济全球化确实已经对传统的政治模式和公共管理产生了巨大的冲击，但是，在人类政治发展的今天和我们可以预见的将来，国家及其政府机关仍然是最重要的政治权力主体。善政是通向善治的关键；欲达善治，必先善政。善政的内容一般包括以下几个要素：严明的法度、清廉的官员、很高的行政效率、良好的行政服务。

不同政治制度下的政府都希望有更高的行政效率、更低的行政成本、更好的公共服务、更多的公民支持。换言之，政府都希望有更好的治理，即实现善治。近年来，我国中央领导人反复强调要转变政府职能，要从管制政府转变为服务政府。政府只有通过不断地进行自身的改革和创新才能实现善治。我国税收事业同样需要引入善治理论作支撑。一直以来，各级税务机关始终严格按照中央部署，进一步转变职能，提高服务水平，以有效促进征纳关系的和谐发展。而善治的实质就在于政府与公民之间的良好合作，完全与“聚财为国，执法为民”的税收宗旨相协调；同时，对提高纳税服务，为纳税人服好务有着指导性作用。

我们必须指出，在现实的税收征纳关系中，税务机关仍然是税收事业前进的火车头，税务干部依然是税收征管列车的驾驶员，善治对税收事业的发展有着关键性的作用。

借鉴“以民为本”的现代善治政府理念，从依法行政、服务为民、信息透明、专业化人才入手，积极推进法治型、服务型、回应型、专业型的善治税收建设，全面发挥国税的职能作用。善治税收离不开这些老旧而常新的基本命题。

一、善治税收需要依法行政——法治型

税收工作的哪个环节脱离了法治，哪个环节就要出现问题，就会影响税

收生命。依法行政是税收的根源，是多年来税务系统工作经验的总结，也是税收工作要始终坚持的根本原则，是检验税收工作好坏的最低标准，是贯彻中央关于建设法治政府和服务型政府要求的重要举措。依法行政不仅是“治外”，更重要的是“治内”。对税务机关而言，依法行政实际上是一场自我约束、自我规范、自我完善的“自我革命”。

基层税务机关深化推进依法行政，必须要有所为有所不为，才能保证税收各项职能的正常发挥，才能促进税收工作的健康发展。

第一，严格按照税收法律法规办事。要严格执行国家税收法律政策，将税收政策落实到位。针对税务法律法规的变化性和复杂性，税务机关可定期组织专人对新下发实行的法规文件进行整理，发放给业务部门的税务干部学习巩固，提高干部执法的准确性和严谨性。落实到实际征收管理中，要正确认识依法治税与组织税收收入的关系，坚持组织收入原则，坚决不收过头税，坚决防止和制止越权减免税。要及时清理和废止相关规范性文件，根据实际工作情况及时调整征管系统的表证单书和业务流程，加强对备案资料的管理。

第二，建立有效的监督制约机制。失去监督的权力就会产生滥用职权甚至导致腐败。目前，在税务系统内部对税收执法权的监督是一个薄弱环节，多是事后监督，这种游离于税收执法过程之外的监督从机制上讲很不健全，从实践中看也不十分有效，而且面对日益强化的外部监督，税务干部还没有真正认识到其责任性和严峻后果。建立税收执法责任制和评议考核制，进行事前监督，执法责任是落实的基础，评议考核是落实的关键。其一，明确执法责任和岗位风险，做到分工到岗、责任到人；其二，建立科学、完善的评议考核体系，在制定考核目标上要做到必要性与可行性相结合，选取那些能够突出重点、体现纲目、看得见、摸得着、抓得住、量得准的指标，且具有直接性、具体性、可量化与可操作性；在考核内容上要做到定性与定量相结合，定性指标力求体现全局性、宏观性和普遍性，定量指标力求体现合理性、严格性和绩效性；在考核方法上要做到日常考核与年终考核相结合，内部考核与纳税人评议相结合，主管部门与相关部门评价相结合。实现考核重点由税收计划完成情况向税收征管质量的转变，同时加强对税源管理、纳税评估等组织收入基础工作的考核，从机制上促进依法行政思想的贯彻和落实。

二、善治税收需要服务于民——服务型

“取之于民，用之于民”是我国税收的本质，也是税收工作的宗旨。纳

税服务，是我国税收本质对税务机关及其工作人员的要求。应全力打造服务型税务机关，促进征纳双方良性互动，纳税人的权利保障得越好，纳税人对税法的遵从度才会越高，征纳关系才会越和谐。

第一，加强为纳税人服务的意识，牢固树立大服务理念。要想进一步提高纳税服务的质量和水平，必须牢固树立纳税服务是税务机关义务和基本职责的意识，转变“纳税服务只是办税服务厅或纳税服务部门的事情”的片面认识，把纳税服务融入各自的工作职责，在各项工作中体现为纳税人服务的理念。以纳税人的需求为导向，把纳税服务贯穿于税收征管工作的全过程。充分认识到搞好服务是提高征管水平的重要手段，始终把尊重纳税人、理解纳税人、关心纳税人贯穿在税收征管中，积极、主动、及时地为纳税人提供优质高效、便捷经济的服务。

第二，不断创新纳税服务方式，突破传统形式。其一，推广实现网上申报、自助办税、同城同办等一系列方便、快捷、高效的服务，充分利用现代化手段改善税收管理，从繁杂的办税事务中将纳税人和税务机关解放出来。其二，建立激励机制，纳税大厅工作人员的工作性津贴要与其服务绩效和工作纪律挂钩，惩治与奖励并重。其三，通过多种渠道为纳税人排忧解难。如设立“便民办税公示板”，将组织结构图、办公场所平面图、主要负责人联系电话等信息向纳税人公布，从最基本上为纳税人提供便利。

三、善治税收需要信息透明——回应型

政治透明是善治的重要内容，其主要内容是政治信息的公开化，它是纳税人的政治知情权和监督权的基础。没有信息透明，就没有廉洁，甚至也会没有效率。要认真贯彻落实国务院颁布的信息公开条例，保障纳税人合法的知情权。

第一，保障传统信息公开模式，通过设立公示板，建立一事一公示制度，对新实行的税收法律法规文件、重大决策、重要人事任免等文件及时向社会公开。

第二，利用好现代新媒介，完善发布平台建设。政府上网工程是近几年出现的新生事物。中央政府各部委和一些地方政府利用互联网的便利条件，建立自己的公共主页，将相关信息上网公布。一些政府部门甚至上网办公，公民可以通过互联网向政府申办某些事务。基层税务机关要做好网站建设，以门户网站作为归集和发布政务信息公开的主要平台，开辟税收政策专栏，

及时更新宣传税法，设立民声连线专栏，听取纳税人意见、建议，加强公众参与力度，更好地了解纳税人的所需所想。同时，可利用微信平台，建立服务号，通过微信公共主页发布税收政策等信息，多渠道做到信息公开化。

四、善治税收需要专业化人才——专业型

人才是兴业之本，是发展之源。没有人才，任何事业只能是无源之水，无本之木。知识经济时代对税务工作提出的要求可以概括为税收体制的合理化、征收手段的科技化、税务管理的规范化和税务规则的国际化。面对新形势的要求，都要靠具有强烈的现代化观念、超前的战略眼光、广博的专业知识和丰富的实践经验的人才来完成，都与税务系统所拥有人才的数量、质量和能否发挥好人才的作用紧密相连。各级税务机关及其领导干部应牢固树立人才资源是第一资源的观念，要充分认识人才开发的重要性和紧迫性，切实将人才开发置于战略地位，确立专业化人才在税收工作中的主体地位；实现由单一税务专业人才开发向综合型管理人才、专业性技术人才等多元化人才开发的转变。

第一，要实现对人才认识上的三个转变。一是把全面提高干部的素质从作为服务税收工作的一种手段向税收工作本身转变；二是把人才队伍建设从附属于干部队伍建设向干部队伍建设最核心的组成部分转变；三是从低层次多重复的一般性人才培养向高水平人才培养转变。

第二，在管理模式和机制上激励干部向人才和高层次人才发展。一是创新人才调节机制，目前人才管理模式比较简单，缺少分类管理，对人才的评价标准过于统一，忽略层次区别的个性差异，用同样的模式和标准管理不同类型的人才。二是建立内部激励机制，真正促进优秀人才脱颖而出，对特殊人才的特殊贡献，真正从政治上、经济上、荣誉上给予与其贡献相适应的待遇，调动人才开发自我潜能的积极性。尤其是要注意和发挥考核制度的功能，把考核结果与职务升降、人事聘用、工资晋升和奖金发放有机地结合起来，通过制度建设和创新，促进每一名税务干部奋力作出成绩。三是对现有干部队伍进行全方位、多层次的教育培训，制定科学的干部培育规划。抓好能力提升工程，对本单位干部的素质进行细致的分析划类，按照不同目标所需要的人才种类、层次对不同基础、特长和发展方向的干部进行培育。在人才的培育方向和具体使用上，要科学设计发展轨迹，使每一类，甚至单个人才的成长经历环环相扣，拾级而上。人才开发核心是现有人才的能力提升，要紧

紧围绕提高干部研究和解决实际问题的能力，提高依法行政和工作创新的能力，采用不同的教育培训方式，长期与短期相结合，在岗与脱产并举，积极探索和建立适应市场经济发展要求的税务人才培养新路子。

第三，加强干部人才之间的沟通交流。一是通过理论研讨、业务座谈等形式，促使税务干部勤思考、深调研，把丰富的税务实践经验和思想政治心得通过多种形式与大家探究交流。二是要做好科室之间的交流，业务科室与后勤科室之间的交流，业务科室之间的交流，提升业务水平，了解税务干部的需求，并且定期轮换岗位，使得税务干部能够胜任各项工作，向综合型人才发展。三是做好新老同志之间的交流。当前，税务干部队伍趋于老龄化，税务部门正处在新老交替的关键时期，税务机关尤其是基层部门需要有活力的青年人才，同样也需要经验丰富的中年砥柱。年轻同志与老同志多交流业务知识、工作经验，老同志从年轻同志身上感染工作的热情与积极性，可促进机关干部队伍建设同步发展。

“善治”即好的治理，是政治发展的理想状态。面对新形势下的税收工作，我们要在改革创新中谋发展，借鉴“以民为本”的现代善治政府理念，牢固树立“善治税收、法治国税”的治税理念，以纳税人为中心，善治理论为依托，从基层税务机关的工作实际出发，从依法行政、服务为民、信息透明、专业化人才入手，积极推进法治型、服务型、回应型、专业型的善治税收建设，全面发挥基层国税的职能作用。

第二章 国外税收治理经验的借鉴

第一节 美国税收治理经验的借鉴

20世纪70年代以来，西方社会乃至整个世界开始发生根本性变化，信息技术的发展和应用正在深刻地改变着人类社会，经济全球化趋势越来越强，世界政治经济形势更趋复杂，一个新的时代正在来临。时代的变化对政府提出了新的要求，但与工业社会相适应的官僚制比较僵化、迟钝。时代的变迁与社会经济的发展呼唤新的政府管理模式，于是“治理”理论应运而生，并对世界各国政府产生了重要的影响。在治理理论中，“善治”理论最具影响力，善治就是为使治理富有成就感，通过政府与社会的良性互动，借助公共部门和私人部门之间的合作管理和伙伴关系，达到公共利益最大化的社会治理过程。按照学者俞可平的概括，善治的本质特征在于它是政府与公民对公共生活的合作管理，是政治国家与公民社会的一种新颖关系，是两者的最佳状态。善治包括合法性、透明性、责任性、法治性、回应性以及有效等基本要素。应当说，作为善治的治理，强调的是效率、法治、责任的公共服务和治理体系。它实际上是国家的权力向社会的回归，既体现出一个还政于民的过程，也表示国家与社会或者说政府与公民之间的良好合作。公民社会是善治的现实基础，而善治这种良性的社会治理效果，一直是包括社会性管制在内的多元治理所不断追求的。

税收是国家的经济命脉，是政府宏观调控经济的重要杠杆，其在奠定国家经济基础、保障政治稳定、维护社会公平正义等方面具有重要的作用。税务部门作为政府的重要职能部门，必须以善治为基本理念，把税收工作融入经济社会发展大局，让经济发展成果通过税收载体惠及广大人民。税收迈向“善治”目标必须考虑两个导向：一为发展导向，促进社会发展，即税收政策为全面、协调、可持续发展服务，以实现经济发展和人口、资源、环境相协调，发展速度与结构、质量、效益相统一。为此提倡税收政策向节能环保产业倾斜，促进“绿色税制”和“循环经济”的建设；向高新技术产业倾斜，提高企业的自主创新能力和国际竞争能力。二为民生导向，实现人民满意，即税收为建立合理的收入分配格局和维护社会公平服务，以改善民生，实现社会和谐治理。为此要注重结合国际减税大趋势，促进税收成本以及税收负担率的合理调整。① 随着国内外政治经济格局的变化，美国税制与经济不相适应的问题日益突出。为此，美国启动全方位税制改革。以开放、发展视角推动的美国税改，顺应国际经济格局的调整，适应国内社会发展、经济复苏的需要，配合国家长期发展战略的推进，其思路与方案可为当前面临巨大调整压力的中国税制改革提供一些有益的借鉴与启示。

一、美国税收治理兴起的背景

（一）政治背景

美国的国家组织是依据三权分立与联邦制度这两大政治思想而制定的，但是随着时代的变迁，美国在政治方面出现的问题越来越多，导致民众不信任政府，大多数美国人不愿增加缴税，因为他们担心政府会把税收肆意挥霍掉。虽说财力并不是导致政府效率低下的唯一根源——甚至连主要根源都不是，但如果没有资金，政府也就无望正常运作了。当初在起草宪法时因为害怕权力过分集中于个人或某一部门将危害人民的自由，因而将立法、司法、行政三种权力分别独立，互相制衡，以避免政府滥权，然而相对于其他自由民主国家而言，司法和立法部门（也包括两大政党所发挥的作用）在美国政府中的影响力过大，而受损的是行政部门。美国人一贯信不过政府，由此就催生了立法部门解决行政问题的局面。久而久之，这种处理行政需求的方式变得成本极高且效率低下；利益集团和游说团体的影响力在增加，这不仅扭曲了民主进程，也侵蚀了政府有效运作的能力。由于联邦政府管理结构在意识形态上出现两极分化，美国的制衡制度也就变成了否决制。简而言之，决策机制变得过于松懈，换言之就是太过民主，有太多的行为方由此得以阻止政府去调整公共政策。这就需要更强大的机制，以力促实现集体决策。但由于政府的司法化以及利益集团影响力过大，在不发生系统性危机的情况下，不太可能建成此类机制，美国在政治上出现的问题越来越多。

① 周旻．税收与社会治理：理论与实践［D］．复旦大学，2009.

（二）经济背景

税收作为一项国家用以调控的财政政策，对整个国民经济起着重要的作用。美国是一个发育完善的市场经济国家，经济的快速发展为美国人相信自身能力，愿意结成组织自我管理的文化习俗提供了物质基础。21 世纪以来，经济持续强劲的增长趋势，使得美国经济结构与环境获得极大改观，财政盈余的稳步增长进一步加大了美国经济持续向上的空间与氛围，使得经济发展质量得到很大提高。但是在经济自然周期与经济结构调整正常规律下美国经济于 2001 年 3 月重陷低迷，2001 年发生的“9·11”事件对低迷的美国国内投资与消费产生了较为明显的消极影响。为促进投资与消费增长，减税再次成为重要的经济调整方案。通过对企业投资者减税，鼓励和刺激更多资金流入企业，使企业有更多的机会向社会提供就业，能够令富人和穷人共同受益：相反，简单的劫富济贫的“均富”政策不利于经济发展。经济大萧条及其后遗症使美国财政状况面临困境，虽然疲软的经济可以从短期刺激中受益，但会造成中长期的预算缺口，即使在经济恢复之后也是一样。过去十年的税收减少和支出增加、“大萧条”和应对当期下滑的经济政策等导致了 2012 年和 2013 年预算赤字。在未来 10 年，或者说更长的时期，美国将面临更大的中央财政赤字，这一点令人担忧。如何解决中长期财政问题已迫在眉睫，而解决这些问题需要缩减开支和增加收入两种手段。① 基于这种现实情况，美国的税收征管改革势在必行。

（三）文化背景

美国人的税收理念与其所处的文化背景有内在的联系。美国等西方宪政制度国家主张纳税人自己的财产权利，从而要求限制国王的征税权力，这样就形成了一种权利本位的税收文化。在治税思想上，西方国家确立以税法定义主义为普遍原则，税收的征收和缴纳必须基于法律的规定进行。西方文化中的道德精神是知识型和宗教型的，西方人的精神依赖于宗教，行为约束依赖于法律。不懂税法，甚至违法偷税是一种不道德或无知的表现。因此，偷税行为在美国等西方社会中普遍遭到谴责和蔑视。在现代美国成长与壮大的过程中，美国公民对税收的酸甜苦辣可谓体会透彻，并由此形成了他们对税收的无奈、幽默、依赖与尊重。像许多西方人一样，美国人的人生主要目标

---

① 宋棋．美国税收改革及其影响研究对我国的启示［J］．金融经济，2013（10）．

与价值观是对经济利益的追求。他们注重效率，重视成本，在经济领域对商品价格及附加其上的税收很敏感，而且斤斤计较。在人际关系方面，他们讲求社会性——距离、信用与诚实。为了自己的利益，不讲情面，没有“哥们儿义气”和“肝胆相照”之说，由于讲求法律面前人人平等，所以税收征纳双方的纠纷不会通过协商或领导干预求得解决。而是通过法律解决。另外，由于违反税法的预期成本很高（偷税可能被罚得倾家荡产或名誉扫地），导致美国人对法律处罚的恐惧与对法律的遵守。

（四）历史背景

美国是以所得税为主体的国家，美国税收征管体系变革是与美国税收管理思想同步的。自 1998 年以来，美国以税法的遵从为最终目标，确立了“服务 + 执法 = 遵从”的治税思想，实行执法服务型的征管模式，即以相信大部分纳税人会自觉守法为前提，对绝大部分纳税人适用通过最优质的服务、方便纳税人遵从为主的策略，对部分不愿主动遵从税法的人适用事前预防为主的策略，对恶意违法的纳税人，实行强制遵从为主的策略，在逐步强化执法力度的过程中也始终贯穿纳税服务精神。2000 年，为了提高税收征管效率和纳税人满意度，美国按纳税人类别重构国内收入局，分设工薪和个人投资管理局、小型和自雇企业管理局、大中型企业管理局、免税组织和政府机构管理局四个管理机构。大中型企业管理局按行业设立分局，对资产超过 1000 万美元的大中型企业实施管理。2010 年国内收入局将其他三个管理局的国际税收业务统一归入到大中型企业管理局，并于同年 10 月 1 日将大中型企业管理局更名为大企业和国际税务局，进一步将行业管理与区域管理相结合，实施“行业 + 地域分布”的管理模式，推出品种多样的纳税服务产品。按行业进行服务与管理，并兼顾各个行业在地理上的分布设定行业分局的管理范围和业务边界。这样，各行业分局一方面按照行业管理规范和要求，在全国范围内实施行业管理，对辖区外本行业的工作提供业务指导和技术帮助；另一方面，又全权负责辖区内 6 大行业的大企业纳税服务与税收管理工作。美国的税收征管改革，经历了较为漫长的过程，也取得了较好的成效。

二、美国税收概况

（一）美国的税收制度

美国是以直接税为主体的国家。目前，美国税收实行的是由联邦、州和地方（县、市）分别立法和征管，联邦以所得税、州以销售税、地方以财产税为主体的税收制度。三级政府各自行使属于本级政府的税收立法权和征收权；联邦与州各有独立的税收立法权，地方税收立法权在州，州的税收立法权不得有悖于联邦利益和联邦税法。

美国的联邦税法由国会制定，并写入《国内收入法典》，财政部代表联邦政府解释《国内收入法典》并颁布所得税法，国内收入局负责管理和执行联邦税法，为纳税人提供纳税方面的指导服务。美国的州和地方政府执行州和地方税法，且可以在其管理权限内作适当变动，多数州和地方政府通过颁布法规的形式来解释税法。

美国实行彻底的分税制。税收管理体制分为联邦、州及地方政府三级。联邦政府主要征收所得税、社会保险税、特别货物税、遗产与赠与税，大多数州及地方政府征收专营权税、所得税、销售税、财产税等。纵观美国税制，有以下几个特点：一是以个人和公司所得税为主体，它们占了政府全部收入（包括来自社会保险税收入）的42%，在联邦总收入中占55%；二是社会保险税处于重要地位，这种税目前在美国已经跃居联邦收入的第三位和政府总收入的第五位；三是税收制度具有明显的联邦制属性，国家和州政府拥有独立的征税权，同时地方政府从州政府中获得它们的征税权。在这三级政府层次上有一部分税源是共享的，特别是在联邦政府和州政府之间，但是其收入结构显著不同。①

（二）税收稽查地位突出

据美国联邦国家税务局西区总部的税务专家介绍，美国重视税务稽查，特别是在中下层税务机关中稽查工作占有特别重要的地位。为了保证征税的公平与合理，美国规定税务稽查面大约为5%。稽查对象大致有以下几种：人机结合选案，计算机系统根据众多参数进行分类筛选，最终选定10%的纳税人，然后人工挑选其中的10%正式发放通知进行稽查；国内收入局每年挑选特定行业、特定目标进行稽查。对以前年度稽查有问题的检查其本年度是否存在同类问题经济犯罪活动；税收法规修改后的相关涉税业务举报案件随机抽样；大公司一般每年都会安排稽查。在美国，如果查出偷税，偷税数目较小的必须缴纳补税罚款，偷税数额大的要承担刑事责任，可判处5～10年监禁。

---

① 胡孝伦．考察美国税收制度的几点启示［J］．扬州大学税务学院学报，2007（1）．

参加稽查工作的工作人员需持证上岗，并实行等级制，查账人员分为普通查账人员和国际查账人员。税务稽查广泛使用计算机选案，稽查选案的针对性较强。税务稽查主要通过审计来进行。税务审计的形式通常有一般审计和特别审计：一般审计主要是对一般税收违章行为进审计，基本采用抽查形式。特别审计的对象为高收入人群、现金交易行业、房地产买卖、遗产转让等，收入申报信息表出入较大的也常常被列入特别审计的对象。税务审计一般包括纳税申报表的选择与分类、纳税申报表的审计、税务审计结果处理三个阶段。税务审计一般通过办公室审计、信函审计、现场审计、“一揽子”审计、大纳税户的小组审计等具体进行。美国税务稽查成效显著，近几年稽查查补税款每年都在 500 亿美元左右。

（三）税源控管措施实在

美国税收征管以纳税人自觉申报为基础，但在实践中，也有以下确保纳税人难以偷税的税源控管机制：①纳税人识别号制度。联邦政府对每个美国个人都确定一个终生不变的 9 位数社会保障识别号；公司开业也需领取识别号，纳税人只有领取了注册税号后才能获得银行账号，而且美国 1 万美元以上的交易均需用支票结算，因此可以依托各种金融机构提供涉税信息。②所得双向申报和预扣预缴制度。个人所得税是美国的主体税种，不仅个人自己要在每年 4 月 15 日前申报缴税，而且公司雇主也要申报雇员工资所得，并从雇员工资中代扣代缴税款。如果个人申报数少于公司申报数，则将收到税务局要求其重新报税的信件。③税务代理制度。在美国，中小企业一般借助中介代理机构办税。注册会计师、税务律师、美国联邦税务局的报税代理人可以代办报税事项。税务代理人员业务熟悉，职业道德好，一般能够做到公正准确。④护税协税制度。据美国阿灵顿郡税务局介绍，税务部门可以向政府汽车管理部门查询个人买车登记情况，然后向车主发信要求缴纳汽车财产税。对于一些不缴税的汽车，税务局往往会组织检查小组实地查询，有时甚至邀请警察一起检查，有关部门一般都会积极配合。⑤税收协调措施。针对各州之间货物流动、特别是网上购物导致销售与使用税流失问题，美国不少州已经重视与其他州的税收管理协调。目前已有 34 个州达成协议，对销售与使用税进行统一管理，要求统一注册、统一税目界定、统一报税。[①]

---

① 邱慈孙．美国税收管理的特点及启示［J］．涉外税务，2006（7）．

（四）税收代理管理规范

由于美国税收法律制度十分复杂，一般非专业纳税人很难掌握，必须依赖税务中介机构完成复杂的报税程序，为此，美国建立了发达的税务代理业，普遍实行由注册会计师、税务代理人等专门技术人员和机构负责的代理制，注册会计师不仅可以为公司或个人代理报税，而且可以辅导公司或个人进行税收筹划。在美国，税务代理的管理主要通过完善立法、加强政府监管以及行业自律等措施来对税务代理人的行为进行规范。通过立法的完善，逐步对税务代理的管理进行规范。和其他许多国家一样，美国国内的税务代理行为的逐步完善也是随着国内相关的代理法律、法规逐步完善而进行的。美国的税法种类繁多、更新速度很快，频繁且条目明细，对一些诸如处罚标准等的明细事项规定很是详尽；通过行业协会加强自律管理。行业自律在美国是通过行业协会等组织来实现的，行业协会等行业自律组织会在税务代理相关的各个方面开展对国内各个税务代理机构的监督。除了协会规定的一些最基本的职业行为准则外，注册会计师协会还公布了9条涉税业务责任公告，对代理涉税行为的注册会计师提供咨询指导服务。注册会计师受到注册会计师协会的执业道德标准约束，并在9条涉税业务责任公告指导下开展其工作。做出行为不当或者失职行为的代理人，将会面临美国注册会计师协会等自律组织的警告、罚款、停业整顿等严厉的处罚，甚至可能终生失去执业资格。事实上，这种自律制度对行业内的从业人员特别是注册会计师有着非常强烈的约束作用。

三、美国税收治理经验的基本内容

（一）理念与思维

1. 纳税服务注重实效，体现用户导向

美国率先引进和应用了客户管理理念，把纳税人当客户看待，强调服务与执法并重。美国国内收入局（Internal Revenue Service，IRS）在2009—2013年五年战略规划中列出两大目标：一是提高服务水平促进主动遵从；二是加强执法确保纳税人履行应尽义务。可见，美国税务部门扮演着服务和执法的双重角色。IRS致力于了解纳税人的需求，提高办税效率，加强纳税指导，强化中介服务，为纳税人提供便利，保障纳税人权益。主要措施：第一，提供各种纳税便利。美国税务部门为纳税人提供的服务都是纳税人需要的：快速准确的电话答疑，指导纳税人填写涉税表格，或者接受纳税人的税收咨询；纳税人通过网络查询税收信息和下载税收表格；纳税申报表的设计简便，通俗易懂，充分考虑到了报表的适用性和计算机录入的正确性、快速性；申报表的发放采用税务局向纳税人邮寄或纳税人到各地邮局、银行和税务局领取的形式。第二，全面开展宣传教育。美国公民依法纳税意识很强，三方面值得关注：一是美国公民的国家观念强。美国政府大楼前普遍悬挂国旗，甚至不少商场及居民别墅门前也悬挂国旗。公民的国家意识浓，自然就能重视国家利益，偷逃国家税款的动机就小。二是美国税制有利于培养公民纳税意识。联邦个人所得税、地方财产税都是直接向个人征收。销售税实行价外税，商品所标价格都是不含税价，个人日常购物就能感受到缴税。三是美国重视纳税意识的培育。美国对小学生灌输依法纳税意识，多数美国人长大后不会有意想方设法少缴税。美国还非常重视对打击偷逃税的宣传，联邦司法部对一些判处监禁的案例，全部向社会公开，警示不诚信纳税的后果。

2. 构建税收信用体系，重视纳税人信用

美国是税收信用体系最发达的国家之一。美国前总统克林顿在 2000 年国情咨文报告中，把“税收信用”作为扶持私人企业发展的重要措施。小布什在竞选总统时为吸引选民的目光，曾推出了详尽的减税政策，措施之一就是使公司所得税的信用永久化。戈尔在竞选当中所提出的经济政策之一即税收信用，包括为中低收入的人提供退休税收信用，为医疗保险提供信用等。税收信用在美国经济中的重要地位，由此可见一斑。美国税收信用体系的主要特点有：一是依靠完善的信用法律保障为基础，如《公共信用报告法》《信用修复机构法》等诸多信用法律，构建了一个完善的信用立法体系；二是信用监督体系完善，各个监督部门联合监督，构建了一个严密的信用监督体系，以联邦贸易委员会、财政货币监理署、国家信用联盟办公室为主要监督部门，还包括司法部等；三是信用中介发挥了重要作用，美国信用中介的职业道德较高，严格恪守法律法规，在纳税人和征税机关间架起一座桥梁，如税务代理机构信誉较高；四是美国税收在消费领域和投资领域发挥了重要作用，例如以税收信用的方式鼓励中小企业贷款或低收入者贷款，以税收信用的方式鼓励绿色能源，以税收信用作为个人信用评估体系的重要指标等。此外，美国的税收信用作为个人信用评估体系的重要指标，也间接地影响着个人信贷、教育、日常消费、领取失业救济金及租房，等等。

（二）法治与公正

1. 注重税收征管法制化，突出税收法治性

随着市场经济制度在世界各国的推进，税收征管的法制化受到各国政府的普遍重视。税收征管的法制化，就是指与税收征管有关的一切活动，包括税收征管立法、执法、处罚，以及税收司法等都由法律规范来进行规范和调节。在一定程度上，法制化是整个税收征管的基础。美国是一个崇尚法制、法制比较健全的国家，法治精神深入人心，也渗透到社会的每一个角落，税收征管是美国人社会生活的一个重要方面，美国税法及其法规对税收征管中征纳双方的权利和义务、具体征管程序、申报、征收、代扣代缴、税务代理、违法处理、复议、起诉仲裁、免税等都作了具体明确，真正做到了有法可依。更重要的是税法规定能够得到切实有效的执行，任何当事人都必须遵守法律，依法办事。征税人和纳税人、中介机构及其他有关部门等都一视同仁，都必须严格遵守法律，并享有法律规定的权利，且同时一定能履行法律规定的义务。任何一方违法都将受到法律的制裁，上至总统下至一般公民都不例外，其税收征管的法制刚的公共管理环节，必须始终坚持法制化方向。否则，肯定会偏离税收本身内涵，难免也会带来一系列有害于社会政治经济体制和公共利益的现象。因而，必须牢牢坚持法制化这面旗帜。

2. 重视纳税人权益的保护，确保法律公正

美国注重对纳税人权益的保护，集中体现在立法保护、行政执法保护、司法保护三个方面：第一，立法保护。虽然美国有着悠久的判例法传统，但在纳税人权益保护的立法上，美国却已经全面实现了法典化，既有专门的纳税人权利法案，又在《联邦税收法典》及各专项税收法案中予以较为详尽的规定。前者有 1996 年修订的《纳税人权利法案Ⅱ》，后者主要体现在《联邦税收法典》中。1998 年 7 月 22 日，美国总统克林顿签署颁布了《联邦税务局重建与改革法案》，对《联邦税收法典》的有关内容进行了修正和增补，其中主要就是关于纳税人权利保护的问题。第二，行政执法保护。联邦税务局在工作中力求保证所有纳税人的申诉都能得到妥善的处理。在争议的解决过程中，联邦税务局最重视的就是纳税人权益的保护，为保证《纳税人权利法案》的各项规定在税收活动中得到全面准确的贯彻，切实保护好纳税人权益，联邦税务局制定了完备的规章、制度，并采取了一系列有效措施。提高了纳税人的税法遵从意识和税收征管的效率，促使税务人员在执法中必须切实依法保障纳税人权益，积极为纳税人服务。尤其是设立的全国纳税人权益

保护委员会和税务行政复议部，在保护纳税人权益方面发挥了非常重要的作用，也是美国联邦税务局对纳税人权益行政保护的重要特色。第三，司法保护。美国除了普通法院（包括地方法院、索赔法院）可以审理涉税纠纷外，还单独成立了专门的联邦税务法院。如果纳税人和税务机关不能就涉税争议通过复议达成解决方案的话，可以在上述三个法院中选择一个起诉。不同的法院有不同的管辖权，同时也就形成不同的诉因，不同的程序要求。纳税人需要综合考虑多种因素，选择对自己最有利的法院。①

（三）责任与有效

1. 加强税收队伍建设，明确岗位责任性

联邦税务局将其员工视为最重要的资产，因为没有一支高素质、敬业的员工队伍，IRS 将无法应对日益复杂的外部环境所带来的挑战。为了吸引和留住 IRS 里优秀的、多样化的人才，保持人员合理的进出动态均衡，联邦税务局系统地研究和改进了不同任期和职位的员工的招募、培训、评估和奖励的方法，通过学费资助计划已经帮助了很多员工得以参加会计、信息技术的课程或是获得其他的职业和个人发展机会；在制定相关政策时，注意增强员工的参与性，培养和奖励优秀的管理人才；加强文化多样性和机会平等，关注其高管以及一线员工，在他们的日常工作中加强团队和领导的协作，建立一个强大的协作团队，传播应对挑战的创新思想。为了确保问责制，联邦税务局设 1 位局长，2 位副局长。局长由总统提名，征得参议院的批准后任命，直接向财政部长报告工作，任期为 5 年，任期届满后可以连任。2 位副局长由局长任命，分管纳税服务与税收执法部门、业务支持部门。其中，分管纳税服务与税收执法部门的副局长主要监督四大业务管理部门，而分管业务支持的副局长主要监督联邦税务局整体运营情况，促进经济的规模效益，并提出更好的业务做法。两个副局长都直接向局长报告，这样的分工有助于内部运转的协调。

2. 精简税务机构，加强税收的有效性

美国实行彻底的分税制，税收管理体制分为联邦、州及地方政府三级，各自行使属于本级政府的税收立法权和征收权。1998 年，美国通过《重组及改革法案》，对 IRS 进行了全面机构重组，改变了按地区和服务中心设立组织

① 周智平，刘宇，杨松柏，等．美国纳税人权益保护的借鉴与启示［J］．湖南税务高等专科学校学报，2011（1）．

机构的做法。改革后的组织机构围绕纳税人类型、遵从风险建立。改革后，IRS 设立了 4 个主要执行部门，其中工薪和个人投资管理局负责仅有工薪收入和简单投资收益的纳税人的税收管理；小型和自雇企业管理局负责自营事业、出租房地产等个人纳税人及资产在 1000 万美元以下的小企业的税收管理；大企业和国际税收管理局负责总资产 1000 万美元以上的企业及国际纳税人的税收管理；免税机构和政府组织管理局负责非营利性免税组织及州与地方政府机构的税收管理，以及员工的退休计划及基金等报税业务。[①] 美国联邦税务局的机构设置有如下特点：①减少税务机构的层级。从目前情况看，美国联邦税务局层级少、人员扁平化，工作任务都与税收事务密切相关，很少安排大量的人力物力用于上下级内部管理或承担过多的社会活动，人力资源主要用于纳税服务和税收执法。并非州、郡、市层层设局，辅助服务机构按纳税人的不同特点在全国设置四个业务部，负责税款的征收工作，并在全国设立两个。②专业化机构分工，美国联邦税务局的内设机构既精简又实用，针对性强，税收管理理目标明确，人力资源主要用于纳税服务和税务稽查。

（四）回应与透明

1. 运用计算机技术，推进税收信息化建设

税收信息化建设是一项整体性、系统性极强的工作，必须科学地进行总体规划，按照税收业务发展战略统一软件开发、统一工作流程、统一技术标准，形成一个统一协调、运转高效的整体。美国税收信息化建设十分重视战略与战术、远期与近期的关系。美国从 20 世纪 60 年代起逐步在全国范围内兴起税收信息化建设，国内收入局制定了耗资 100 亿美元的信息化建设 15 年规划，从近期目标电子申报系统的建设，到远期战略目标综合电子服务系统的建设都进行整体规划，旨在建立一个面向纳税人高效服务、税收征管高效公平的综合信息管理系统。同时，信息化建设实现了从税收预测、税务登记、纳税申报、税款征收、税务稽查、税源控制到纳税资料的收集、存储、检索等一系列工作环节的信息化。美国的税收信息化可描述为建立在统一计算机网络之上的集中式管理。美国全国设立了 3 个征税服务中心和 1 个总部税务信息处理中心，所有涉税信息集中存放在这几个数据中心，税务管理人员可以通过网络掌握所需纳税人的信息；纳税人也可以通过计算机在任何地方、任何时候实现申报缴税工作。计算机的应用使美国税收征管流程更加简便、

① 陈日生，沈黎亮，吴慧．美国税务管理的特点及启示［J］．涉外税务，2012（10）．

易操作、严密；通过与银行、保险公司、各企业的计算机联网，能获得非常丰富的信息来源，从而充分掌握纳税人的生产经营状况以及各种涉税情况，有利于税务当局更好地对税收进行监控和管理；通过强大的社会信息网络，税务部门能为纳税人提供优质的服务。数据高度集中和共享后的强大效能已经得到充分的发挥。在税收信息化建设过程中，重视先进技术的运用是美国的一大特色。

2. 搭建沟通网络平台，建立反馈回应机制

善治理念要求公共管理人员和管理机构必须对公民的要求作出及时和负责的反映。美国的税收法律条款非常细致和复杂，美国税法及其法规对税收征管中征纳双方的权利和义务、具体征管程序、申报、征收、代扣代缴、税务代理、违法处理、复议、起诉仲裁、免税等都作了具体明确的规定，真正做到了有法可依。同时，他们又按照税法的要求设计了一整套先进的软件。美国的计算机征管网络贯穿于纳税申报、税款征收、税源监控、税收违法处罚等税收征管的全过程，并与光电技术、自动化技术结合起来。通过计算机技术实现了“人机对话”，极大地方便了纳税人。美国税务机关有大量的信息处理人员，负责纳税人纳税申报信息的处理。他们通过一个自动数据处理系统来核对纳税申报表的准确性、要求退税的正确性以及信息表上的收入情况。纳税申报信息经过3道处理程序后，完成税款征收工作，并自动生成处理结果。对于欠缴税款税务部门还可以通过与银行联网查询存款账户，追缴税款。纳税人违反税法受到处罚，税务机关将通过电子档案记录在案，这对个人信用的影响相当大，这样的网络平台在税务机关和纳税人之间搭建了良好的桥梁，建立起了及时有效的反馈回应机制。

（五）公正与参与

1. 推进税收征管社会化，提升社会参与度

美国税务机关虽未明确提出综合治税这一术语，但其治税思想与实践却凸显了综合治税理论。《美国IRS2005年至2009年战略规划》指出，IRS的“战略合作伙伴”和“利益相关者”是其完成战略目标的重要保证。多年来，IRS在纳税人服务、犯罪调查、资料配比、数据共享等方面不断强化与金融机构、社会有关阶层、有关职能部门的战略合作关系。金融机构的配合。每年的3月底、4月初银行或融资机构都要为客户开列清单，按纳税人的报税号码列出每年的利息、股息等收入明细表。一方面邮递给纳税人，另一方面通过微型计算机联网，传递给税务部门，从而使税务部门能够对纳税人的收入和支出

情况实施有效监控。社会有关阶层的配合。美国法律规定，公司、企业不论大小，都有代扣代缴个人所得税的义务，都是税务部门的代办机构。有关职能部门的配合。在美国各有关职能部门对税收工作的配合非常认真，形成了社会化的监控体系。如交通管理部门会在纳税人购车或办理车辆通行的有关手续时进行监控，因为欠税而被停办车辆通行证；市税务机关在征收房产税时，需要纳税人的房产信息，房产部门会准确提供。通过多层次、全方位的协税护税，达到社会资源运用的最大化。通过成立专门的机构，明确负责综合治税协调职责；通过加强与国会合作，争取立法支持；通过采取多种形式加强与政府及银行等金融部门的合作与配合，掌控资金往来；通过在税法宣传和纳税人教育方面的努力，提高纳税人的税法遵从度以达到其社会综合治税的目的。

2. 倡导社会监督，实现税收信息透明化

在美国，整个社会具有引导公民关心、参与税收问题的良好的氛围。第一，是议会，美国每一项税法的通过都要经过参、众两院的公开激烈辩论，而国会辩论的情况又通过固定电视频道向社会直播。第二，总统和州长的选举从一定意义上就是税收大宣传。特别是总统竞选，消除预算赤字、增加民众福利、减少政府开支、调整税收政策等都是施政纲领的重要内容。第三，在初中阶段，学校会有意识地将一些与税收相关的趣味性读物推荐给学生阅读。在高中阶段，纳税义务教育是公民素质教育的重要组成部分。因此，绝大多数美国高中生在步入社会之前，关于纳税的概念已经形成。第四，电视、报纸等新闻媒体对公众关心的税收政策调整、涉税违法案例都会作详细报道。第五，美国每年都有大量的税法、税收机构介绍、税务统计资料、税收专题分析报告以及税务案例出版发行。近年来，随着计算机在家庭的普及，汇编税法、涉税案例用于指导纳税的光盘也已经在市场上大量出现。公民纳税意识的增强，有利于他们参与税收监督，促进纳税信息透明化建设。①

四、美国税收治理的经验借鉴

（一）加强体系化建设，合理发挥服务作用

1. 强调服务与征管并重

真正的管理是建立在平等、尊重、理解与信任基础之上的。服务促进管

① 王蕙．美国税收给我们的启迪［J］．经济问题探索，2002（7）．

理，服务加强管理，服务就是管理。然而，受传统的思想影响，我国的税收管理一直是管理者对纳税人的管理，管理意识超强，而纳税服务意识淡薄，没有真正从纳税人的角度去思考和理解问题，纳税人权益没有得到很好的理解与保护，忽视甚至侵犯纳税人权益的事件时有发生，严重影响了税收管理效率。根据美国税收征管的特点，结合我国目前税收征管实际，我国的税收征管应该朝着管理服务型方向发展，可以考虑在税务系统内成立相应的纳税服务机构，专司纳税服务管理工作，保证纳税服务工作通畅运行，有效地引导纳税人对税法的遵从和国家税收政策的落实。纳税服务工作贴近纳税人需求，美国税务部门把纳税人当作“顾客”，将纳税服务和保护纳税人权益作为做好税收工作的前提和基础。我们要更加注重纳税服务的实际效果，切实为纳税人节约办税的资金成本和时间成本，服务重点应放在为纳税人缴税提供各种便利上，做到只要纳税人想缴税，就能顺利方便地完成缴税。同时，要深入开展税法宣传普及教育，美国公民依法纳税的良好意识并不是一朝一夕形成的，我们要加大公民爱国纳税的意识教育，认识到“有国才有我，我就该纳税”的道理。税收宣传应该是各级政府的共同责任，不能只靠税务机关单枪匹马进行，税收宣传还应强调不遵守税法带来的后果。

2. 打造税收信用体系

我国的税收信用体系相对薄弱。从纳税信用来看，体现在纳税人和中介机构诚信缺失。纳税人纳税意识淡薄，往往采取多种手段偷逃税款，或者恶意抗税。税款应该是取之于民用之于民，从用税信用来看，我国用税信用缺失，税款的用途没有实现完全透明化、税款的使用没有达到最优化。基于这样的现状，我国必须借鉴美国的经验积极构建税收信用体系。首先，完善信用立法体系。不仅是完善税收信用立法，还包括社会信用的立法。因为社会信用是税收信用的基础。要推进立法工作，不是一蹴而就的，一方面，借鉴发达国家信用管理的立法经验，首先考虑法律法规形式，再以行政管理规定等形式加以完善。至于税收信用立法，就是在《税收征管法》等相关法律法规或一些行政规章中加以规范，以促进税收信用行业的规范化。立法要对税收活动中的违法违规行为作出惩处措施的规定，在执法中，要严格遵循这些规定，以提高法律法规等的权威性，这也是构建税收信用的必须举措。另一方面，美国的税务代理业发达，这是我国可以借鉴的成功经验之一。税收信用中介服务机构的管理和监督必须严格，从立法上来实施税务代理法制化，同时必须细化税务代理的规定和措施，提高税务代理行为规范的操作性，提高税务代理人的职业道德，引导该行业规范和健康发展，为纳税人提供优质的税务中介服务。

（二）加强法制化建设，依法构建税收体系

1. 完善税收法律制度

完善的税收法律制度是实现税收征管法制化的重要前提。我国目前的税收法律制度还存在着很多需要完善的地方：一是单行税法多为暂行条例或行政法规，还没有成为人大通过的正式法律，使税收法律的效力受到很大影响；二是一些单行税法交叉重叠，互相配套，且修补频繁，稳定性差；三是单行税法与宪法等其他法律的衔接性较差，如宪法只笼统规定了公民有纳税义务，但对税收法律原则等重大问题没有表述，造成法律间的相互脱节。① 我们应借鉴美国的经验，尽快完善我国的税收法律体系：一是研究制定《税收基本法》，把纳税人的权利义务、税收的立法原则等以基本法的形式固定下来；二是在完善现有税法的基础上，将各单行税收法规上升为法律；三是做好与工商、财政、银行、公检法等相关部门的立法衔接问题，从立法的角度加强相关部门的协调合作。加快法制建设步伐，大力推进“依法治税”，依法治税、依法纳税是一项长期而艰巨的工作，正确的税法观念、良好的社会诚信度，是当前税收征管工作的迫切需要，政府部门的工作重点应放在制定、调整和维护市场规则上，要坚持内外并举、重在治内、以内促外的原则，要加强对税务人员执法过程的监督，切实落实执法责任制和执法过错追究制，规范执法程序，增加工作透明度；同时，加强对税法和税收政策的宣传，公布税务案件查处情况等，优化依法治税的社会环境，利用新技术手段为纳税人提供全方位的办税服务，改善征纳关系，提高纳税人依法纳税的自觉性。此外，还要加强对打击偷、逃、抗、骗税和反避税问题的研究，加大惩罚力度，确保税法的统一性和严肃性，最终创造出一个“有法可依，有法必依，执法必严，违法必究”的公平的纳税环境。

2. 促进执法水平提高

提高税收工作执法水平，提升税务稽查的针对性和威慑力。尽管近年来我国税务稽查工作得到了很大发展，但仍不能适应形势要求。借鉴美国的做法，稽查工作的重点应是提高选案水平和选案准确率，在人力资源有限的情况下，尽可能解决该查而漏查的问题；加大对纳税人“疑似税收违法”的检

① 孙承．美国现行税务管理体制特点及启示［J］．税务与经济，2008（2）．

查力度，及时纠正纳税人税收违法苗头，加强稽查队伍建设，通过强化培训，提升稽查人员整体素质；实行纳税评估与稽查选案互动，解决稽查审理和执行以补代罚、以罚代刑等问题，有效提高税务稽查的威慑力；建立健全税务司法保障体系。在司法系统设立税务法庭。我国法院系统缺少精通税法的法官，税法解释权基本被税务部门垄断，使税务机关在行政诉讼中处于有利地位，纳税人权利则难以得到有效保障。设立税务法庭可提高法院对税务部门的司法审查能力，更好地维护纳税人权益。在税务部门内设立税务刑事调查机构。目前税务刑事案件调查，税务局必须协同公安部门一起调查，两个部门的人、财、物等资源配置与协同配合受到诸多限制，显然不如在税务部门内部直接设立刑事调查机构效率高。

（三）加强系统化建设，打造过硬的税收队伍

1. 建立征管新体系

建立适应新的征管机制的组织体系。在机构设置上，要坚持按经济区分设机构，精简和调整各级税务机关的内设机构，撤销部分地方重叠的征收单位，也可以考虑国税、地税合二为一，统一征税、统一管理、先征收而后分配。明确“征、管、查”3个环节的职责，理顺征管各环节的关系，做到征管各环节有机结合、相互配合。新公共管理理论认为，政府部门应广泛采用私营部门成功的管理经验和手段，特别是成本—效率分析、全面质量管理等举措，来提升政府效能。因此，税务部门在撤并基层税务机构时要以成本—效率分析为基点，通过合理布局来达到成本降低、效率提升的目的。一方面，要考虑降低税务机关征税成本。税务机构撤并不能一哄而上，必须要对保留下来的新税务所进行科学合理的布局和规划。基层原先的机构撤并后，新的税务所管辖范围扩大，不可避免地要增加新的行政开支，因此，一定要在保证机构撤并后的征税成本低于原征税成本的情况下才能考虑机构撤并。另一方面，考虑降低纳税人纳税成本。基层税务机构的撤并，意味着在空间上拉长了纳税者与税务机关之间的距离，纳税者为此要付出更多的时间、金钱和精力，纳税成本大大增加。因此，从纳税人角度出发，在机构改革过程中也要考虑找寻一个纳税总成本最低的地点去设置基层税务所。

2. 强化内部队伍建设

税收征管任务的完成和征管目标的实现离不开税务人员的努力，因此，建立一支具有高素质、业务精、品德好、创新强的税务人员队伍，对于促进税收征管质量的提高有着根本性的影响。对此，税务机关可以通过采取一系

列措施，为税务工作的顺利进行提供强有力的人才支撑。要加大税务人才的开发培养力度。税务人才的开发要根据税务机关现实状况和需求，提升现有人才素质，引进一批高水平的专业税务人才。要进一步完善进人模式，规范进人渠道，不断引入急需的财政、税收、法律、计算机等方面的专业人才。要特别注重开发高层次的税务领军人才。税务人才开发培养要以高层次人才为重点，这是由高层次人才在税务征管中的作用导致的。在重点保障高层次人才队伍的基础上，要统筹兼顾，全面促进各层次、各类人才的开发和利用。要坚持全面综合提高税务人员的素质和能力。借鉴相关标准，知识方面不仅有税务、财会等经济管理知识，还应该包括法律、计算机、心理学等多学科的知识，从而能够适应纳税人的各个层面的需要。技能也涉及多个方面，包括业务技能、信息化管理技能、驾驶技能等各个方面，从而锻炼税务人员的学习能力、创新能力、组织能力等工作能力，提高税务人员的专业素质和技能素质，加强其思想道德建设。能力素质建设是税务人才队伍建设的核心内容。

（四）加强信息化建设，开展多元协作治理

1. 加快税收信息化建设

1994 年我国税制改革以来，税收信息化建设工作得到了快速发展，促进了税收收入的稳步增长，但是我国税收信息化起步晚、起点不高的问题依然存在。在信息化建设过程中，一方面，由于各地经济发展不平衡造成税收征管水平参差不齐、税收征管模式存在地域差异；另一方面，国家缺乏统一、规范的规划与管理，造成我国税收信息化建设从开始启动的时候就陷入了规划不统一、管理不平衡、系统不兼容，导致运行效率低下、管理漏洞大量存在，产生了许多突出问题。鉴于美国在税收信息化建设方面取得的巨大成功，为我国提供的借鉴，要加快我国税收信息化建设首先在于提高税务部门对数据分析的应用能力，需要进行专业化分工，拓展原有的信息中心职能，设立数据分析岗位。其次，要以需求为导向，在进行数据分析选题时，要从税收征、管、查一线工作对管理信息的需要出发，围绕当前税收管理工作中的重点、难点、热点问题，从理论、实践、技术层面上全面提高数据处理分析的水平，使税务数据的深加工真正符合税收管理的工作要求。再次，开发必要的分析软件，采用数据挖掘技术，利用现有信息资源，对税务数据资源进行深加工。最后，应逐步拓宽基础数据采集面，加强与其他社会经济管理部门的信息交流，广泛利用第三方信息。不但要真正实现部门内部信息共享，对

源于纳税人的信息应做到集中采集，分享使用；还要实行部门之间的信息共享，充分利用其他社会公共或私营部门的信息资源，如与海关、工商、银行等部门进行联网，更方便、快速、有效地获取外界信息，并加以综合利用。

2. 构建信息共享网络

提高纳税服务质量，降低税收征纳成本一直是西方发达国家非常重视的税收征管信息化管理目标。其重点在于解决征纳双方矛盾、降低税收管理成本，在提高税收收入的同时促进地区经济和谐发展。因此作为税务管理部门，在推行新的纳税服务时，必须遵循优化纳税服务这一要点，在征管信息化建设时要以优化管理、提高征管效率为先，从经济社会的实际情况出发，提升纳税服务效率，减轻纳税人负担。加强各部门之间协调，将以税务计算机网络为媒体的信息公路，延伸到纳税人和社会各部门中去，实施社会相关部门的动态信息共享，实现与相关机构横向和纵向的信息交流、协作。通过与工商联网共同建好纳税人的个人台账；通过财政、海关、银行横向联网，使纳税人足不出户，方便、快捷、高效地完成纳税申报，逐步建立包括税务机关、政府各部门和全部纳税人在内的网络体系，实现信息的全面共享。同时，要多为纳税人考虑，多方位构建简单、便捷的“一站式”纳税服务系统，以互联网站群和强大的信息数据为支撑，拓展互联网网上办税、银行办税、手机钱包等多样化申报缴税平台，实现跨地域通办通缴和24小时自助办税服务，积极拓展征纳双方的互动模式和沟通方式，提供便捷、高效的纳税服务，形成征纳双方和谐的征纳局面。

（五）加强社会化建设，社会参与良性互动

1. 推进社会参与协作

加强部门协作，完善协税护税网络。健全税务机关同其他执法机关及社会组织之间协同配合的机制，尽快建立起由公检法、银行等部门构成的协税护税网络。积极拓宽与工商、银行、海关、公安、外汇管理等部门之间的数据交换与互联互通的共享渠道，制定与有关部门的信息交换与数据共享制度。强化对纳税人动态监控和跟踪管理制度，加强税源控制，随时掌握税源变化情况，做到“开源堵漏”。坚持政府主导地位，构建协税护税网络。打造协税护税网络、建立良好税收秩序是一项系统工程，必须在政府的统领和支持下，统筹兼顾、整合资源，才能做到步调一致、行动统一，从而形成税源监控多元化的新格局；建立科学的协作机制，强化协税护税能力。各相关单位各有不同的分工，没有健全的协作制度作保证，就难免在合作中造成与对方

的工作计划发生冲突，或超越职能范围。要保证协作机制的有效开展和合作效能的充分发挥，可通过建立联席会议机制、涉税应急机制、考核表彰激励制度、经费保障办法等相关机制，构建信息共享平台。协税护税需要各部门实现信息共享和数据交换的网络化管理，建立科学、有效、快捷的信息传输，进一步提高涉税信息处理的精准度与时效性，加大信息增值利用程度，做到动态监控与静态监控的有机结合。

2. 推行税源社会化监控

推行税源社会化监控与管理，是市场经济发展的客观必然要求。税源社会化监控与管理涉及范围广、政策性强，可以说是一项复杂而艰巨的系统工程。在建立健全税源社会化监控与管理系统工程的进程中，必须始终坚持以税收法律、法规为依据，以税源信息监控为主要内容，以税收管理社会化网络为手段，由税务机关牵头，利用政府各部门资源，凝聚社会各方面力量，合力构建既符合依法治税的法治要求，又适应税收征管现实需要的税源社会化监控与管理方式，坚持直接与间接相结合，静态与动态相结合，实现多层次管理网络。首先，动员社会力量，强化税务部门同银行、海关、工商、财政、保险、审计等部门间的联系与合作，建立税源管理机构，特别是与政府各部门建立协税护税组织，实现综合治税。建立税源信息传递或者共享制度，形成全面、实时、动态的税源监控网络，强化对纳税人动态监控和跟踪管理制度，加强税源监控，随时掌握税源变化情况和发展趋势，做到“开源堵漏”，同时要建立健全岗位责任制，形成权责分明、相互制约的科学的税源管理网络体系。其次，在有条件的地区，还可积极开展税务代理人制度，提高税收征管效益，为充分发挥税收信息化的效用提供良好的外部环境，并在此基础上，通过全面、有效地汇集由各相关部门掌握的涉税信息，加以综合分析和利用，为纳税评估、信誉等级评定和稽查选案等提供基础信息来源，实现税源社会化监控与管理与税务机关税源管理工作的有机结合，使税源社会化监控与管理成为整个税收征管业务流程中不可或缺的一个重要环节。

美国作为当今世界头号经济大国，在国际经济中起着举足轻重的作用。1986 年美国所进行的大规模税制改革，不仅对发达的资本主义国家经济产生了重要影响，而且对发展中国家其中包括对中国经济也产生了影响。在美国税制改革的影响下，其他国家纷纷仿效美国进行不同程度的改革，世界性的税制改革浪潮正在兴起。我国税制改革虽然取得了很大进步，但也存在不少问题，例如：税务机关重管理轻服务、税收法律法规不完善、税务队伍素质不高、税收信息化建设成效不明显等问题。我们应当针对这一新情况，借鉴美国的成功经验，及时进行善治理念下的税收治理建设，这对于迎接世界性税制改革的挑战是十分必要的。

第二节　澳大利亚税收治理经验的借鉴

20 世纪末期以来，随着经济社会发展环境的变化，政府公共管理理念与实践也在不断升华和完善，“善治”理论得以出现。“善治”是公共利益最大化的管理过程，它表示国家与社会或者说政府与公民之间的良好合作。[①] 作为政府与公民对社会事务的合作管理，善治需要政府机关与公民的共同努力，而且随着社会的发展和进步，公民在公共事务管理中的作用将变得日益重要。然而，我们必须清楚地看到，尽管经济全球化已经对传统的政治模式和公共管理产生了巨大的冲击，但是，在人类政治文明发展的今天和我们可预见的将来，国家及其政府机关仍然是最重要的政治权利主体。不同政治制度下的政府均希望其政治权利主体能提高行政效率、降低行政成本、获得更多的公民支持，进而达到“善治”这一政治发展的理想状态。而各国政府正通过不断地进行自身的改革和创新探索更好的治理路径，以最终实现这一终极价值追求。

具体到税收领域来看，税收征纳关系的影响要素主要包括价值观念、税法公正性、人员素质、征管流程等。而“善治”理念的运用，对于用户导向思维的形成、税法公正性的考量、税收征管流程的再造、征纳关系的和谐等均可发挥关键作用。自 20 世纪 80 年代起，“善治”理念指导下的改革浪潮在世界范围内方兴未艾。澳大利亚等发达国家进行的税制改革也揭开了世界税制改革浪潮的序幕，税制改革是税收制度的重大结构调整，其目标不仅仅局限于改善收入状况，还同时兼有其他目标，如改善税制的横向公平与纵向公平，提高经济效率，简化交易管理等。在其后的 20 余年中，全球性的税制改革走向已经成为全球经济发展与体制改革的一个重要方面。长期以来，国内税收理论界与实践部门一直致力于学习国际上先进的税收治理经验，而澳大利亚在税收治理方面的一些创新举措是对善治理念的良好实践，我们有必要立足实际，加以学习借鉴，为我国在“善治”理念下推行税制改革提供有益的方法论支持。

---

① 俞可平．治理与善治［M］．北京：社会科学文献出版社，2000.

一、澳大利亚税收治理兴起的背景

（一）政治背景

澳大利亚的政府体制以自由民主传统为基础，保证其公民的宗教自由和结社自由。其政府机构和实践反映了英国和北美的模式，但又体现出澳大利亚自身的特点。澳大利亚联邦政府建立在由普选产生的议会基础上。议会实行两院制——众议院和参议院。由在众议院中获得多数席位的政党组成联邦政府，内阁部长从参、众两院产生。在澳大利亚各级议会，议员可以“突袭”提问。在议会质询时间，政府与反对党之间有严格的轮流提问安排。这种做法使澳大利亚赢得了公众辩论机制健全之美誉。澳大利亚有一部成文宪法，该法明确规定了联邦政府的职能，其中包括外交、贸易、国防和移民。州与地区政府则负责联邦政府职责范围以外的事宜。实际上，两级政府在许多领域开展合作。所得税由联邦政府征收，而各级政府围绕税收收入的获取以及支出职能的重复等问题发生的辩论是澳大利亚政治的一大特征。这种由机构冗杂、政出多门造成的现象，在澳大利亚政治体制中已经旷日持久，成为制约其税收现代化水平的一大障碍。这种现象在某种程度上对澳大利亚的税收治理提出了新的要求，使其迫切需要在一种更加精致的顶层设计下开展税收实践，其新一轮——即在“善治”理念指导下的税收治理应运而生。

（二）经济背景

近年来，澳大利亚已建立综合全面的经济政策框架。其经济具有全球竞争力，并继续成为有吸引力的投资目的地。在经济体制方面，健全、稳定和现代的体制结构为澳大利亚企业带来了商业判断的确定性。在外贸方面，澳大利亚的出口基础坚实多样。这在很大程度上归功于澳大利亚企业突出的国际竞争力，以及低关税和最低市场准入壁垒所带来的诸多国际商机。在打造国际竞争力方面，澳大利亚日益依赖技能、知识、创新、事业心以及国内国际信息网络。在促进经济开放方面，澳大利亚创造了一种有利于发展事业和开展创新活动的绝佳气候，以信息和通信技术作为其经济增长的关键驱动因素。澳大利亚财政收入包括税收收入、收费收入等，其中税收收入是其财政的主要来源。澳大利亚作为一个高税收国家，其财政收入主要来源于个人所得税和公司所得税。而税收管理则由联邦政府税务局负责。政府每年通过年度预算公布财政开支，各级政府相对独立地拥有自己的税收来源。在当今激烈竞争的国际形势下，澳大利亚致力于探索一种更加高效、科学的经济发展路径，而税收领域作为其经济体制不可或缺的组成部分，是其重要实践领地。

（三）社会与文化背景

澳大利亚的文化反映了多种因素和体系的相互融合，在建立兼容并包、文化多元的社会方面是最成功的国家之一。其多元文化政策以三个原则为基础：各种文化享有一律平等的权利；社会正义的价值观；高效益的经济利益。土著人的文化传统、不列颠的殖民历史、来自世界各地移民的价值观，再加上这个国家在变化的国际大环境下不断形成的开放政策，以及在文化艺术领域提倡竞争和抒发不同看法的做法，形成了当今世界上具有特色、丰富的多元文化。其中也包括植根澳大利亚传统文化的税收文化。随着时代的发展，澳大利亚税收文化的内容也不断得到充实和完善，处在信息时代的今天，信息在澳大利亚税制中占有越来越重要的地位，税收信息逐渐融合到税收文化中，成为其税收文化中最有特色的部分。税收作为调节经济的重要手段参与国民收入的再分配，它与文化有着密切的联系。税收要实现其职能，不仅要有完善的税收法律制度，而且要有良好的税收文化氛围。因而，澳大利亚税务部门在税收治理的过程中正积极研究税收文化理论，并使之成为科学体系，为加强税收管理提供科学依据。通过捕捉社会各类信息，分析并预测对税收的影响程度，将其反馈到税收决策机构，作为调整税制改革、修改税收计划的重要依据。

（四）历史背景

17 世纪以前，土著民族分布在整个澳大利亚大陆，约有 30 万人口。17 世纪 70 年代英国人首次登陆澳大利亚东部海岸，宣布澳大利亚为英国殖民地。80 年代初，首批移民抵达悉尼附近，此后，英国陆续在澳各地建立了一些殖民地。19 世纪下半叶，各殖民区先后成立了自治政府。1931 年英国议会通过威斯敏斯特法案，给予自治领内政和外交上的独立自主权，澳大利亚成为英联邦内的独立国。历史上澳大利亚州政府的成立早于联邦政府。而在联邦政府成立后，为了加强中央集权，削弱各州过去日益放大的权力，先后制定了一系列的法律，借以保障联邦政府的权威。尽管如此，联邦政府与州政府之间，也因税收问题曾经发生争端，使得联邦财政政策中的税收部分变得非常复杂。澳大利亚政府从 20 世纪 80 年代中期开始对其税收制度进行改革。从 1996 年后，进入全面税制改革阶段。为了提高政府收入水平，缓解所得税税负过重给纳税人造成的压力，澳大利亚于2000年7月对原有税制进行了结构性改革，改善了国库收入状况。近年来，受国际范围内“善治税收”思潮的影响，基于进一步推进税收的横向公平与纵向公平的考量。澳大利亚致力于通过提高经济效率、简化交易管理等手段，达到改善征纳关系、全面提高税收现代化水平的目标。

（五）外交背景

澳大利亚政府重视在外交政策中体现本国的社会价值观，即强有力的自由民主传统，这一传统已深深扎根于澳大利亚独特而宽容的社会之中。① 第一，在人权方面。澳大利亚拒绝种族歧视，提倡对人权和可持续发展的重视与承诺。澳大利亚一直积极参与联合国及其他有关妇女地位的发展的国际论坛，一贯支持联合国宪章和联合国各专门机构的工作。第二，在人类安全与发展方面。澳大利亚是反对核扩张条约的缔约国。它对国际社会建立防止扩散核武器、生物武器、导弹、禁止核试验的国际机制所取得的长足进展及维护区域性和平作出了相当有益的工作。第三，在经济发展方面。澳大利亚近几届政府的外交政策最优先考虑的是与亚太地区建立长期稳定的合作关系。澳大利亚需要巩固它与亚太地区在地理位置上的贴近以及在经济方面的互补性所带来的优势。但在经济全球化趋势不断强化的大背景下，澳大利亚的眼光现已不只限于亚太地区，它视澳大利亚经济为全球经济的组成部分。在这种全球性的视域下，澳大利亚更加关注将一种回应式的外交理念渗透到其内政外交之中，而税收作为澳大利亚财政收入的重要来源，无疑也会受到相关外交政策的影响。这种与“善治”理念高度契合的政策导向，为澳大利亚税收治理的开展提供了理论指导和政策支持。

二、澳大利亚税收制度概况

澳大利亚是一个高税收国家，经过长期的演变与发展，一个完善科学的税收制度已在澳大利亚确立起来。其税收制度在诸多方面形成了自己的特色，不仅有一个合理的税制模式，还存在系统全面的税收管理制度以及严密有效的税收审计机制，从而强有力地保障了澳大利亚税制的顺利实施。这里将从以下三个主要方面对澳大利亚的若干税收制度加以介绍。

① 高强．澳大利亚税制［M］．北京：中国财政经济出版社，2002.

（一）税制模式：实行分税制

澳大利亚是一个实行分税制的国家，其税收收入与其他分税制国家一样分为中央税收收入和地方税收收入。其中：联邦税收由个人所得税、公司所得税、销售税、福利保险税、关税、消费税、培养保证金等税种以及联邦国有企业上交的利润组成。州政府税收由工资税、印花税、金融机构税、土地税、债务税等税种组成。在税收收入方面，中国与澳大利亚一样分为中央税收收入和地方税收收入，所不同的是主体税种不同。澳大利亚的主体税种是直接税，而中国的主体税种是间接税。如在1998年澳大利亚中央税收收入中：直接税（即个人所得税、公司所得税、福利保险税等）占74%，消费税占11%，特殊行业税（烟、酒、汽油）占12%，海关关税占3%；在州政府税收收入中：工资税（即雇主付给雇员工资的同时应向州政府缴纳的一种税，也属直接税）占25%，金融机构税占17%，印花税占9%，土地税占12%，博彩税占8%，其他税收占29%。由此可见，直接税是澳大利亚的主体税种，而直接税中的个人所得税又是澳大利亚税收中的重中之重。个人所得税占整个联邦税收收入约60%。在税负与福利方面，澳大利亚是个高税负、高福利的国家，其个人所得税负担明显高于中国。与此同时，纳税人还必须按照个人所得税应纳税所得额的1.5%缴纳福利保险税。①

（二）税务管理：建立税务档案号码

澳大利亚在税收管理上的显著特点是建立税务档案号码（简称：税号）。“税号”对于澳大利亚的公民来说是非常重要的，它是税务当局颁发给澳大利亚公民的一个特别号码。它与公民的名字和地址一起使用，是在纳税方面区别各公民的税务标识。澳大利亚本国公民一旦在澳大利亚申请纳税，则最近一次的申请纳税通知书上会赋予其这个号码。如果公民没有“税号”，可向任何一个税务署申请，但须出示有关身份证明。有工薪或领取养老金的公民，雇主或退休金机构会要求其在《就业声明》表格中注明“税号”，这份表格能确保税金按正确比例扣除。如该公民没有在《就业声明》表格中提供“税号”，则将以47%的最高税率从该公民的收入中扣除税金，外加1.5%福利保险税。当公民申请某些福利金时（如失业金或伤残人员补助金），同样需要向社会福利部门提供“税号”，否则该公民将无法领取到这些福利金。

① 高强．澳大利亚税制［M］．北京：中国财政经济出版社，2002.

澳大利亚税收福利部门对纳税人的“税号”实行保密制度，任何泄漏他人“税号”的行为都将受到严厉的处罚。由此可见，“税号”不仅对澳大利亚的纳税人重要，也同样关系到其他公民的切身利益。在该制度的影响下，每一个澳大利亚公民都自觉地向税务当局申请“税号”，所有的纳税人都纳入了税务当局的管理之中，有效地避免了“漏征”与“漏管”的现象。

（三）税务审计：设置多样审计途径

澳大利亚的税务审计类似于中国的税务稽查，其审计方式灵活多样，有效地提高了审计现代化水平。澳大利亚税务审计主要分为基础审计和完全审计，基础审计主要有桌面审计、数据对照审计和税务代理审计三种方法：桌面审计即面对面商谈，主要针对个人，如果税务局对纳税人的报表持怀疑态度，会通知该纳税人到税务局谈话，这种审计的目的是通过教育，让纳税人进一步了解税收法规，并责成其补税。数据对照审计即对纳税人的收入数据进行审核，纳税人的收入数据，如银行付给的利息、公司付给的工资和红利等，都会通过银行、公司和其他部门的电子信息传送到税务局，由审计机关进行逐笔审计，如发现漏报行为，税务局将予以追究。税务代理审计即审查税务代理人是否帮助纳税人逃税、税务代理是否真实等事宜。

完全审计则是针对公司的一种审计方法。一方面是有选择的审计，审计面一般每年为1% ~2%，由计算机随机选择审计对象；另一方面，运用工业标准选择审计对象。澳大利亚为各行业确定了一个基本利润率，即工业标准，并且每年根据经济的发展变化情况进行调整。如果纳税人的申报内容与标准相差太远，则会对该纳税人进行审计。税务审计的程序是：先由税务当局通知纳税人，再由纳税人通知税务代理人。审计的主要内容是：一是存货，二是收入报告表。审计的方法是对三年来任何一年中的三个月数据进行抽查。审计结束后，审计人员会提供税收调整报告给纳税人，如无异议，则补税。对审计结果纳税人有权进行申辩，将其理由反映到仲裁委员会进行裁决，对裁决不服的，也可向法院申诉。

三、澳大利亚税收治理经验的基本内容

（一）理念与思维

现代国家的发展历程是向租税国家①转变的过程。作为税收缴纳者的纳

① 高军．租税国理论及意义初探［J］．河南社会科学，2010（5）．

税人是国家财政收入的主要创造者，尊重纳税人的合法权益，有助于实现国家财力的可持续发展。据此，尊重纳税人并为纳税人提供良好的纳税服务是一个国家经济社会管理制度日趋完善的重要标志，也是一个追求“善治”目标的政府应尽的责任。澳大利亚的纳税服务及保护理念可具体阐释为以下两点。

1. “以人为本”的纳税服务理念

澳大利亚税务局强调“以人为本”的纳税服务理念，这一理念以“让纳税人遵从更容易”为目标，在税收制度的制定上充分考虑纳税人的利益，在实际办税过程中切实为纳税人着想，有针对性地提供纳税服务，致力于使纳税人的合理需求得到满足，进而使纳税人内心遵从并依法履行纳税义务。澳大利亚“以人为本”的纳税服务理念较好地体现在以下三个层面：

首先是法律制定层面。澳大利亚税务局把依法保障和维护纳税人的合法权益作为纳税服务的基本要求，在相关的税收法律法规中予以明确规定。澳大利亚从 1997 年开始实施的《纳税人宪章——阁下须知》，就是为纳税人提供指导和服务的法律文本。该文本明确规定了税务机关和纳税人的权利和义务，既为纳税人依法纳税提供了相应的法律指南，也为税务机关实施规范的纳税服务提供了法律依据。

其次是组织架构设计层面。澳大利亚税务局的主要组织架构为税收类型标准结构、功能型标准结构与纳税人标准结构相结合的架构体系。该组织架构对纳税人实行分类管理，其目的一方面在于提高税收征收率，加强税收征收管理工作的科学性和规范性；另一方面则在于为不同类型的纳税人提供更加便捷且针对性强的纳税服务，使纳税人在享受规范优质的纳税服务中积极主动地履行纳税义务。

最后是税收发展战略规划层面。澳大利亚税务局本着以纳税人为中心的原则，制定了《2006—2010 年税收战略规划》，其目标是减少对税收遵从度高的纳税人管理的关注度，为其提供更加个性化的优质服务；强化对纳税遵从度低的纳税人的关注，提高税收技术分析能力和风险识别能力。

2. 法律与制度并举的纳税人保护思维

澳大利亚是一个联邦制的国家，实行分税制的财政管理体制。联邦、州和地方政府根据宪法和法律赋予的职权，各自征税。澳大利亚十分重视纳税人权利的保护，这不仅体现在有关法律制度以及联邦税务局与各州地方税务局的税收征收管理上，还体现在纳税人的自我保护上。其特点主要体现在以下几个方面。

第一，颁布严格的法律法规，保护纳税人的基本权利

为了切实保护纳税人的权利，澳大利亚颁布了《纳税人宪章》，从1997年7月开始实施。这部宪章以列举的方式规定了纳税人拥有的13项权利。这些权利分别是：获得公平合理的对待、推定纳税人诚实报税、获得税务局提供的专业服务及帮助、投诉权以及以最低成本方法执行税收制度等。《1988年隐私法案》和《1992年税务档案号指引》也提出了一系列的保护纳税人个人资料的措施。[①] 为了保证税务人员等国家公职人员依法履行职责，政府还颁布了政府机关工作人员职业道德规范，对包括税务人员在内的国家公务人员的行为进行严格的约束。

第二，规范税收征管流程，突出强调纳税人的隐私权

根据澳大利亚的《1988年隐私法案》和《1992年税务档案号指引》两个法律文件，纳税人有权要求税务机关以公正合理的态度收集资料并排除不合理的侵扰，有权要求税务人员告知收集该资料的原因和法律依据并使这些资料处于安全状态。没有法律的明确授权，税务机关不得披露纳税人的资料给任何组织或个人。非履行职责需要，税务人员不得查阅和使用纳税人的信息资料。如税务人员越权进入计算机系统查阅纳税人信息，将会受到内部审计人员的质询与责任追究。

第三，提供有效的法律与行政救济，杜绝机关内部侵权行为

在澳大利亚的税收体制中，当纳税人对税务机关的处理决定不认同时，除了可以向税务机关申请内部审查或者直接向法院起诉外，还可以向独立于税务机关之外的税收仲裁所或行政仲裁所申请仲裁。如发生争议的税款较少，纳税人可以向税收仲裁所申请仲裁。税收仲裁所可以改变税务机关的决定。而法院则不能这样做，仲裁决定一旦作出，税务机关与纳税人都必须执行。正因为税收仲裁的上述特点，在澳大利亚，大部分纳税人倾向于选择税收仲裁所解决争议。如发生争议的税款金额较大，纳税人可以选择行政仲裁所进行仲裁。对纳税人的诉讼，税务机关还提供法律援助。如提请诉讼的纳税人是残疾人、监狱服刑人员等基本生活有障碍的人，税务机关可免费为其雇请律师。

第四，成立纳税人保护协会，打造公民信赖的喉舌

澳大利亚纳税人保护协会是一个颇具影响力的社会团体，是亚太地区重要的纳税人组织之一。该协会约有会员1万人，涵盖面宽，具有广泛的代表

① 杨杨．澳大利亚纳税人权益保护经验介绍［J］．财会研究，2013（5）．

性。其主要职能分为以下几点：一是向会员提供服务项目，打造吸引力。协会通过出版《纳税人》杂志向纳税人普及税收领域相关知识，同时通过设立免费咨询电话以及开办税收讲座等方式增强纳税人对税法的理解。二是参与税法制定、修改的研讨，增强话语权。纳税人协会是政府与纳税人之间的桥梁和纽带，在提高纳税人税法遵从度方面发挥了独特的作用。三是提供政策法令修改意见，提升实效性。协会致力于提出有效的税法修改意见和税收政策建议，现已成为政府的“智囊”和纳税人的代言人。

（二）公正与合理

什么样的税收制度体系才能算得上是“良好”的？无疑是同时兼具了制度公正性以及现实合理性的制度体系。而要制定出这样的税收制度，它的首要条件便是人们需对于何为制度公正性以及何为现实合理性有正确的认识。澳大利亚主要从以下几个方面出发，对其复杂的税收制度及规定的公正性及合理性进行考量。

1. 税务稽查：科学严格的稽查体系

澳大利亚把税务稽查作为确保自核自缴纳税申报制度顺利实施、促进纳税人如实申报、最大限度地减少税款流失的重要手段。在现代化信息管理系统的支持下，澳大利亚现已建立起计算机稽核和人工审计相结合的、科学严格的税务稽查体系。计算机稽核是由联邦税务局各纳税人管理部门按其管辖范围分别负责的，在稽核过程中，一般不直接与纳税人接触，而是通过全国统一的各税种计算机稽核软件和计算机所掌握的纳税人纳税信息，对其所受理的纳税申报表进行全面稽核。主要包括：一是检查纳税申报表项目填写是否准确、完整；二是对纳税申报表中相关联的数据进行核对；三是对退税额较大的纳税申报表的真实性进行审核。澳大利亚把纳税人分为：个人及非商业、小业户、大业户、间接税等几类，同时根据上述纳税人的不同类型相应地设置税务审计机构，对本部门管辖的纳税人的税务案件进行审计。审计流程结束后，由审计人员草拟稽查结论，经稽查质量保障小组审核，再交由稽查主管审批，最后以联邦税务局各纳税人管理部门主管负责人的名义签发。

2. 税务行政复议：完整的行政复议程序

在澳大利亚，如果纳税人对税务机关所做的税务稽查结论有异议，可以采取行政复议和司法诉讼加以解决。纳税人一般会选择行政复议，澳大利亚的行政复议有两种形式：一是向税务机关请求复审。这种形式的程序是，先向负责受理本案件的税务官员反映对税务稽查结论有异议的具体原因；如果得不到满意的答复，可以向其主管反映；若还得不到满意答复，联邦税务机关设有专司纳税人行政复议问题的"解决问题服务部"，可请求联邦税务局"解决问题服务部"予以解决。一般情况下，大多数的税务行政复议在纳税人与税务机关交涉后，可基本得到解决。二是向联邦政府行政复议委员会申请复议。澳大利亚联邦政府行政复议委员会除了受理税务案件外，还受理社会保障等政府部门作出的有争议的行政处罚案件。为了保证案件复议的独立性和公正性，联邦行政复议委员会的组成无联邦税务官员参加。

3. 税务处罚：系统的税务处罚制度

澳大利亚的税务处罚分为两种，即欠税处罚和少缴税款处罚。欠税处罚是指对税款计算准确并按照规定的流程及时间申报，但没有按时缴纳税款的处罚；少缴税款处罚是指对纳税人申报的税款少于税务机关核实的应缴税款的处罚。对于欠税处罚，澳大利亚实行的是滞纳金和罚款相结合的处罚制度，滞纳金的征收率相当于同期国债利率加上 4 个百分点，欠税处罚的罚款最高不超过所欠税额的 8%。对于少缴税款的处罚方式由两部分组成：一是与欠税的处罚方式一样征收滞纳金，二是处以少缴税款总额 20% 以下的罚款。在税务稽查的过程中，难免会遇到一些暴力拒稽的行为。对于一些情节较为严重的，如伪造或隐瞒身份证等有效证件、刻意妨碍税务人员工作、拒绝回答或不接受税务部门稽查等行为，税务机关可要求法院对违反税法的个人实行法律制裁，一经查实，将处以 10 万元以下罚款或 10 个月监禁，两罚并用。[①] 通过根据不同的情况进行税务处罚等级量化、细化和施以轻重程度不同的处罚措施，澳大利亚旨在建立一个科学的税务处罚标准以提升税收制度的合理性。

（三）科学与有效

建立科学有效的税收代理制度是实现税收治理体系和治理能力现代化的重要内容。税务代理在澳大利亚的税收征管中占有十分重要的地位，是税务机关与纳税人之间不可缺少的重要桥梁和纽带。税务代理制度的成功运用与广泛推行，有效地提高了澳大利亚的税收征管质量和效率，增强了其税收治理的科学性与有效性。其显著特点体现为以下几点。

1. 目标明确、征纳认同

首先，从征税方的角度来看，澳大利亚税务局认为：税务代理作为社会

① 文照明，董莉．澳大利亚税收制度及对我国税收制度建设的启示［J］．商业会计，2013（9）．

服务的一个重要方面，是以征纳双方之外的第三者的身份，受纳税人之托，为纳税人办理税收事宜。而税务局应该做的事情，还应由税务局自己承担，由于税务机关是代表国家履行征税职能，这就决定了税务代理超然独立于征纳双方之外的社会中介性质。澳大利亚欲确保税法的及时有效执行，有必要寻求一个可以收集和发布信息的中介组织，通过该组织来影响广大纳税人，形成税务机关影响代理人，代理人影响纳税人的链条，变税务机关有限的专业化管理为网络状的社会化管理，从而达到提高征管质效和全民纳税水平的效果。

其次，从纳税人的角度来看，他们认为：澳大利亚的税法比较复杂，纳税人难以全面了解，由纳税人自身来计税申报有一定困难，请人代理则简便易行；即使纳税人对税法有一定了解，也难以避免错误情况的发生，纳税人不愿自己承担法律责任，而税务代理制度可帮助其将责任转嫁给第三方。同时代理人员对税法相对熟悉，可以做到准确、及时申报，减少产生法律纠纷的可能。基于这种现实情况，征纳双方目标聚焦到一个共同点，使得税务代理的推行和发展有了广阔的空间和良好的基础。

2. 集中统一、规范管理

澳大利亚税务代理制度的健康快速发展，与其高度集中、统一管理的体制是分不开的。首先，各代理机构的税务代理执业证照，由联邦政府统一制发、集中管理，各州无权印制，体现了它的规范性与权威性。其次，在资格认定、注册管理方面，以州为单位统一管理，每个州都有一个税务代理委员会。该委员会由 4 人组成：一名是财政部的官员（一般是具有律师资格的退休人员），一名税务人员，一名注册会计师或律师，均为某一个方面的权威或专家，最后一人则为税务人员兼任委员会的秘书长，负责日常事务工作。委员会的基本职责是负责代理机构或个人的审批注册、培训、考试、发证、复审验证、日常监督检查等。委员会对设置它的部门负责，不受其他部门干扰独立地行使职权，同时接受有关部门的监督制约。

3. 手段先进、方便快捷

澳大利亚的税务代理商为了赢得市场和客户，投资利用先进的申报手段，目前已从以邮寄申报、电话申报为主转向以计算机为基础的电子申报为主，受到税务局和客户的双重支持。税务代理的电子软件，由税务局提出规范条件，各软件开发商必须按要求开发软件，并交税务局认可后由各代理人自行向开发商购买使用。同时由于先进电子设备的引入，纳税人可以跨地区选择全国任何地方的代理人代理申报，反过来推动了代理的市场化、社会化，促进了代理事业的发展。据澳方介绍，自 1998 年 7 月 1 日起，纳税人可直接向税务局进行电子申报，但专家预测，这种直接申报方式并不会冲击税务代理，因为税务代理的优越性已被广大纳税人普遍认同，代理申报仍将是纳税人首选的主要申报方式。

4. 责任明确、赏罚分明

在澳大利亚，对税务代理有比较明确的职业服务标准，违规即被追究责任。一是采用代理申报，代理人和纳税人都要在纳税申报表上签字，以明确责任。二是因服务达不到标准造成疏忽而被税务机关追究，处以罚款并责令其补税的情况，虽然责任仍在纳税人，但纳税人仍然可以控告代理人，让其代为补税和交纳罚款，也就是可以从代理人处获得补偿。三是税务局如果发现代理人员徇私舞弊，可以对其代理的客户进行重点稽查，施加压力，同时可以提请代理委员会注销其代理资格，情节严重的可以向法院提出控告。

（四）信息与透明

目前，澳大利亚税务局已经形成了一整套科学、严密而又人性化的个人所得税信息化管理体系。以合法且有效的收集涉税信息为基础，通过广泛应用现代信息技术手段进行纳税服务与税源监控，澳大利亚税务局节约了大量的征管成本，提升了税收管理的回应性和透明性。其创新举措可归纳为以下几点。

1. 合法性、有效性并重收集涉税信息

澳大利亚税收征管的主要手段是有效地采集和应用涉税信息。澳大利亚税务机关与政府的有关部门如财政、海关及大企业实现了互联，可随时调阅所需资料，为全面评估和有针对性地开展审计打下了坚实基础。税务机关会将纳税人的申报资料输入特定的信息系统，对纳税人申报的收入、抵免额等进行评估，并与往年的申报情况进行比对，筛选出高风险纳税人。澳大利亚国内所得税法等法规明确规定了各机构向税务机关提供涉税信息的责任义务，如果相关机构没有依法及时提供信息，税务机关将予以警告、罚款以确保相关法律规定的有效性。

澳大利亚的发票管理体制也为税收征管提供了有力支持。税务机关要求纳税人自行保管发票信息，并且在每卷卷式发票打印完后，要在最后一页打印汇总数，以备税务机关调取检查。澳大利亚信用体系覆盖广泛，完善的社会信用体系是保障澳大利亚高效率征管的有利条件之一。因此，澳大利亚税务机关不仅采集应用外部涉税信息，还与社会信用机构进行协作，将风险管理特征库中纳税人违反税法的不良记录提供给社会征信机构，借助社会信用体系的影响力实施有效征管。

2. 重点监控与随机抽查相结合进行个人所得税管理

利用庞大的信息系统，澳大利亚税务局可以随时对公司或个人的纳税情况进行评估、审计，并进行案头分析以及初步的税务稽查。在个人所得税税源监控方面，澳大利亚税务局采取重点监控与随机抽查相结合的方式对申报资料进行监督，并重点跟踪监控社会政要等高收入群体，对于普通纳税人则进行随机抽查。税务局收到个人所得税纳税申报表后，会将纳税人的申报资料录入计算机系统，对纳税人申报的收入、抵免额等进行书面审计并和往年的申报情况进行比对，运用软件筛选出高风险人群。如果税务局认为纳税人的申报有问题，就会对其进行约谈。接受约谈的纳税人必须带齐有关资料和证据对申报内容进行解释说明。如果纳税人不能证明其纳税申报无误，就会被认定为不实申报，税务局将会根据具体情况进行追缴或给予相应惩罚。与此同时，纳税人也有权利调阅税务局持有的关于本人的资料，如果对税务局的审计结果有异议，也可进行申诉。澳大利亚税务局运用信息化手段进行重点监控与随机抽查相结合的个人所得税管理，降低了征税成本，提高了征管效率，有效保障了个人所得税的税收收入。

3. 运用信息技术手段将服务融入税收管理全过程

现代信息技术手段在税收征管中的广泛应用是澳大利亚税务管理现代化、信息化的重要标志，无论是纳税人还是税务机关都充分体验到了先进的计算机信息网络带来的便利。为了更好地进行纳税服务，实现以电子化申报为主的纳税申报管理模式，澳大利亚于2000 年7 月1 日通过了《电子签名法案》，该法案的核心内容在于赋予数据电文、电子签名、电子认证相应的法律地位，其中数据电文的概念非常广泛，可以理解为信息时代所有电子形式的信息的基本存在形式。为了便于该法案在全国范围内的推广，澳大利亚税务局专门开发了 E－TAX 电子报税系统，以替代原有的传统邮寄申报方式。作为疏通纳税人缴税途径并减轻纳税负担战略的一部分，澳大利亚税务局从 2006 年开始进行电子报税服务方面的改革，摆脱了原有的痼疾，取得了良好的成效。在 2007 年完成对 E－TAX 系统的升级改进后，纳税人可以根据自身需求随时通过 E－TAX 系统从银行、证券公司以及其他政府机构下载有关数据。① 通过相互联通的网络，方便、快捷地办理相关涉税事宜，税务部门也可以通过

① 周优．澳大利亚个人所得税信息化管理的经验及借鉴［J］．涉外税务，2009（1）．

网络进行个人所得税税源监控以及税款征收等税收征管活动。

（五）责任与参与

澳大利亚在其税收治理的过程中，非常重视政府责任的履行与公民权益的保障，其中税收代理制与税务援助以及税务部门为纳税人提供服务的相关举措体现了澳大利亚税收治理的责任取向。而澳大利亚的税务监督方式以多元监督主体参与为特点，体现了其在税收治理的过程中对参与性的重视。其具体措施如下。

1. 保障纳税人权益，增强征税机关的责任感

一是代理与援助并举，扫除纳税服务盲区。澳大利亚税务部门许多新的政策规定，通常是通过税务代理人的率先理解、接受得以贯彻落实。同时，部分代理人、协会还主动编印通俗易懂的税法宣传册供纳税人学习。为帮助那些低收入且亟须税务帮助的纳税人群体摆脱困境，澳大利亚税务局实施了税务援助，即把学生、退休的税务职员、金融人士、退休会计师等志愿者组织起来，由税务局进行专业培训，在税务申报高峰期到各社区提供免费的税务援助服务。

二是提供免费税法资料，夯实纳税人税务知识基础。澳大利亚税务部门每年都为纳税人印发大量的、精美的免费税法宣传资料，如“纳税指南”“申报说明”以及针对有关行业的具体税务要求等。这些资料的内容很广泛，如纳税人如何与税务局联系、如何简化税务事宜以及如何保管纳税资料等。为方便纳税人，有些资料以多种文字印制。为细化对纳税人的服务，税务部门还在申报期以前，根据税务登记号按期寄出申报单和申报用的免费邮寄信封。

三是固定咨询与网络咨询相结合，创新咨询答疑形式。澳大利亚税务局采取固定咨询与网络咨询并举的方法为纳税人排难解惑。税务局一般设有十多个位置的咨询台，直接为纳税人解答问题；对专业性较强的问题则通过柜员请专业人士解答；税务局设立了电话咨询网，在互联网上以多种文字输入税务法规，方便纳税人直接在网上查询资料。澳大利亚税务部门向纳税人承诺：电话咨询在 2 分钟内完成解答，柜台服务在 10 分钟内完成，书面答复在 28 天内完成。

2. 形成多元监督主体，提高税务监督的参与性

一是行政监督。行政监督是澳大利亚税务监督体系的基础，它是落实税收政策，建立正常的税收秩序，制止偷、漏、拖欠税款，保证完成税收任务

的必要措施。在行政监督体系中，税务部门的执法行为要受到两方面的监督，即独立监督员和监察总局。这两种监督方式的差异主要在其着眼点，独立监督员着眼于微观层面，负责对税务局和其他政府部门的个性事件进行督察；而监察总局从全局出发，负责对税务局执法整体上的公正性和工作效率进行督察。

二是司法监督。司法监督是澳大利亚税务监督体系的核心，司法监督通过检查、制裁等方式对生产经营者的经济活动及履行纳税义务的情况进行核查与督导，同时也对税务机关和税务人员执行政策、法规情况进行监督与检查。在税务局与纳税人发生争议时，税务局可以就此争议调查并做出决定。如果纳税人对此决定不满，可以向联邦政府复议委员会提出复议。为保持复议的独立及公正性，联邦复议委员会的组成没有联邦税务官员。如果双方不满意复议决定，还可以向最高法院上诉。

三是纳税人监督。纳税人监督是澳大利亚税务监督体系的特色，澳大利亚的纳税人监督分为两种方式。一是通过专门的纳税人协会进行监督。该协会由税务、会计、管理等方面的专业人士自发组成，代表纳税人监督税务方面的立法和税务部门的执法，在新闻媒体上对政府税收制度发表评论。二是纳税人针对特定问题进行举报。完善的信访举报制度是澳大利亚纳税人监督制度的重要组成部分，如纳税人发现了税务部门在管理过程中的违法或不公正行为，可直接向特定机关举报，处理迅速，解决问题针对性强。

四、澳大利亚税收治理的经验借鉴

现阶段澳大利亚所开展的税收治理，在理念上与“善治税收”思想高度契合，在价值追求上体现了信息化、科学化、透明化等取向，其创新举措兼有人本性、法治性、回应性等特点。澳大利亚税收治理的成功推进受到了世界各国的广泛关注，研究分析澳大利亚税收治理的经验和做法，其目的除了在于了解经济全球化下世界税制改革动向与澳大利亚经济发展走势之外，更在于希望能借“他山之石”对我国在善治视域下开展税收治理提供启示和借鉴。

（一）形成纳税人维权导向，推进税收治理人本化

1. 制定颁布《纳税人权利法案》，进一步明确纳税人权利

《纳税人权利法案》应是我国纳税人权利的集中体现，其内容除了包括现行《宪法》及相关法律中规定的纳税人权利外，还应添加如下方面内容：

参政议政权，即让纳税人在税收立法过程中有知情权和参与权，使税收政策在制定过程中能听取到公众的意见和建议；监督质询权，即纳税人有权对职能部门的工作和服务质量进行监督，对税款支出的合理性进行质询；广泛的信息权，即纳税人有权知道现行税收政策运行情况，保持其对税收政策的正确预见；受尊重权，即在税收征纳过程及与纳税人日常联系中，税务部门应对纳税人提供周到服务和礼貌待遇。此外，纳税人在履行纳税义务的不同环节还应享受如下权利：有权记录与税务机关的接触情况；有权了解计税方法及作出行政司法决定的理由；有权决定在适当的时间、地点及限度内进行查账；有权根据法律及降低税收负担的需要来处理事务等。

2. 组织成立纳税人协会，调动纳税人自我维权的积极性

纳税人协会是一种民间组织，其宗旨是代表纳税人利益，通过合法的方式，保证纳税人各项权利的实现。其主要职能是：帮助纳税人了解和掌握国家税收法律及政策规定，依照国家税法，帮助并督促纳税人履行纳税义务；监督政府部门财税政策是否合理，包括税制设计是否科学、税收负担是否合理、政府部门是否合理地管理使用税金、政府公共服务水平是否有所提升等；代表纳税人与政府部门和其他单位协调公共关系和经济利益关系等。针对我国目前的税收情况，打造纳税人协会可采取“以点代面”的方式，首先选一两个法治环境较好的地方试点，待取得一定经验后，再在全国逐步推开，最终成立一个全国统一、上下结合、运作有效的纳税人组织网络。

3. 增强税务部门服务意识，建立健全纳税人服务体系

税务机关作为执法部门，在维护纳税人权利的过程中发挥着主力军的作用。税务部门维护纳税人权利，就是在依法行使征税权的过程中，认真履行自身所担负的义务，其中最主要的方面就是为纳税人提供细致、周到、热情的服务。当前，税务部门提高纳税服务水平的途径可概括为两种。一是转变观念、树立强烈的服务意识；二是建立健全纳税人服务体系，包括：尽快建立完善的税法公告制度，畅通纳税人了解掌握税法的渠道；建立纳税申报大厅，完善申报大厅的相关配套设施，方便纳税人办税；简化办税手续，规范办税程序，推行服务承诺制度；制订纳税人教育帮助计划，不断加大税法宣传力度。

4. 加快税务代理发展进程，发挥社会服务组织的维权作用

税务代理作为社会中介服务组织在维护纳税人权利过程中起着关键的作用。主要体现为：作为专业人士，他们精通税法，可以帮助纳税人正确履行纳税义务，避免各种不必要的税收损失；同时，在执业过程中，其地位比较

超脱，可以站在公正立场上，对税务人员的执法行为进行有效监督，从而促使税务人员不断提高执法水平，确保纳税人权利不受侵害。而加快发展我国的税务代理，关键是要做好如下工作：加快税务代理立法，健全行业管理机构；加强税务代理宣传，提高全社会对税务代理的认识；采取有效措施，造就高素质的税务代理队伍；正确处理好税务部门与税务代理机构、代理业务与税收征管之间的关系，促进税务代理走规范发展的道路。

（二）公正性与合理性兼顾，推进税收治理现代化

1. 健全制度，提高税务稽查规范性

近年来，我国的税务稽查取得了长足的发展和显著的进步，从选案到稽查、从审理到执行都有了一套比较规范的程序和制度，稽查手段和水平也有了明显的提高，为推进依法治税提供了动力和支持。但较之澳大利亚，还存在许多有待改进的地方，可概括为以下几点：一是执法的独立性差，来自各方面的干预严重影响了税务稽查的权威性；二是选案欠规范，罚款弹性太大，两者都容易导致执法的随意性；三是稽查面太广，质量不高、效果不好，存在走过场现象，有些稽查人员甚至把税务稽查视为组织收入的手段，使用税务稽查的作用难以有效发挥。因此，在税务稽查方面，我国应进一步规范和发展选案、稽查、审理、执行的规章制度和程序，明确界定税务稽查的目标，尽量减少税收执法的随意性，体现税收的刚性原则。

2. 减少干预，树立税务执法的权威性

在我国税务领域现阶段的实践中，各方面特别是政府部门领导对税务执法的干预是一个普遍存在的问题，也是税收收入发生“跑、冒、滴、漏”现象的一个重要原因，更是产生贪污、腐败现象滋长的温床，败坏了党和政府在人民心中的形象，对我国财政收入产生了严重的冲击。要减少税务执法中的干预，必须通过法律途径。可以从立法和惩处两方面推进，首先政府须加快相关法律建立进程，并细化法律条款，对各种形式以及来自于各个方面的税务干预做出明确的规定。同时必须加大惩处力度，对税务执法干预行为予以严厉打击，从而树立税务执法的权威性。

3. 人事与技术并重，加强税源监控有效性

为了有效地实施税源监控，为进一步有针对性地开展税务稽查奠定坚实的基础。我国应从两方面出发提高监控与稽查能力。一方面，为了进一步提高税收征管和稽查的执法质量，税务部门应引进高素质的人才，同时对现有税务人员进行培训，从整体上提高税务人员素质，夯实其基础知识、专业知

识及辅助知识，突出强调法律知识，使他们知法、守法，更重要的是严格执法。另一方面，在继续推广使用计算机的基础上，引进先进的信息技术，打造税源监控与税务稽查升级版。计算机的推广使用为税收征收管理提供了极大的便利，同时也提出了严峻的挑战，即出现了一些技术盲区。因此，我们必须继续加大力度开发税收管理的应用软件，做好与有关部门计算机联网的工作，同时注意计算机应用的安全保密性。

（三）完善纳税评估机制，推进税收治理科学化

1. 推行个人税号制度，提高纳税评估规范性

我国国家税务总局应仿效澳大利亚，统一制定个人税号，也可用个人身份证号兼作纳税人的终身税号，由税务机关联网管理。纳税人的各种收入、支出、纳税情况、社会保险费等个人信息都与该税号挂钩。纳税人如有逾期不缴税款或蓄意偷逃税的，一经查实，税务机关将依其情节严重程度重新定级其纳税信用，纳税人无论是贷款还是享受社会保障，都将受到影响。推行税号制度与推进我国税收治理科学化是高度契合的，该制度的优点在于税务机关通过税号就可以完全了解纳税人的收支状况，同时将所有纳税人与纳税相关的资料都列入其中，健全了个人税务档案。由于该项工程统一实行工作量大、要求高、涉及面广，可先由地方税务局试行，待其取得良好社会成效后，再向全国推广。

2. 加强税源管理力度，增强纳税评估可控性

我国应继续推广计算机在个人所得税管理中的应用，开发全国统一的个人所得税征收管理平台。税务部门应通过整合现有资源，加强内外协作。对内，做好国税、地税的纵向联网，充分利用共享信息；对外，做好与海关、外汇管理、财政、工商、银行等有关部门的横向联网，在切实加强计算机应用安全的基础上真正做到信息共享。只有这样才能真正控制住税源，切实加强税收征管力度。为进一步提高税收征管和稽查的执法质量，应引进精通计算机技术的高素质人才，同时对现有税务干部进行培训，从整体上提高税务干部的信息化办公能力。

3. 统一管理与自我评估并举，探索纳税评估多元性

为充分发挥税收信息化在纳税评估中的重要作用，我国税务部门应不断提高纳税评估的信息采集范围和质量，并根据纳税评估工作的新要求，尽快统一研发全国性的纳税评估软件系统。为了进一步开发该系统，使其功能更加强大，可以整合现有的“CTALS”“金税工程”等系统，并自动读取数据、

选定评估对象、进行数据测算，使整个纳税评估工作在严密的规范化、程序化控制下进行，有效地监控纳税人的经济活动。① 而对普通纳税人则要建立自我评估机制，帮助其实行自我管理，税务机关仅进行简单的监督和检查；对从事金融、演艺等高收入职业的纳税人实行重点监督、重点审计。税务机关通过让广大纳税人自核自缴、自我管理，便可把工作重点转移到纳税辅导和重点审计以及提高纳税人的税法遵从度上。

（四）加快征管改革进程，推进税收治理信息化

1. 税制改革与征管改革双轮驱动

征管改革绝不是简单地调整部门职能和把现在的业务流程开发成软件，必须立足于创新和更高层次的发展需要，否则就会陷入机构职能“合久必分、分久必合”、技术加固和放大现有弊端的死循环。因此我国的征管改革应注重顶层设计与改革举措相呼应。一是注重税制改革的设计、实施与征管体制改革方向的结合，同步配套推进。二是在改革完善地方税体系的同时，按税种划分国税、地税征管职责分工，改变同一税种以及税基相同，相关税种由国地税交叉征管的现状。三是加快修订征管法，进一步明确税收征管程序、纳税评估定位、涉税信息获取、电子商务税收征管等内容。四是提高目前适用的暂行条例、补充规定的法律级次，由全国人大以法律形式颁布，强化税法的严肃性、权威性。

2. 深化行政审批改革，提升税源管理专业性

深化行政审批制度改革是政府职能转变的关键。征管改革首先从行政审批制度改革切入，才能彻底改变“以审代管”的传统管理方式。实行行政审批制度改革，不仅要关注减改了多少项，更要关注减改以后基层实际是如何运行的，其运行效率是否得到了提高。特别要防止已经取消或转为备案的行政审批事项以年度审核、后续管理等名义重新形成事后的实质性审批。只有跳出既得利益的窠臼，行政审批改革到位，现代化的征管程序才能确立起来。在统一征管基本程序的基础上，还需要规范税源管理的专业化岗位设置，改革固定管户、各事统管、高度集权的税收管理制度，加大对税务干部职业精神的培育力度，建设专业化的税务干部队伍。

3. 贯彻落实政策法规，增强风险管理的主动性

《中共中央关于全面深化改革若干重大问题的决定》关于建立健全全社

① 邵凌云. 纳税评估的国内外比较［J］. 涉外税务，2011（2）.

会房产和信用等基础数据统一平台、个人收入和财产信息系统、社会征信体系的举措为从根本上解决征纳双方信息不对称问题、提高纳税遵从度、提升征管质效提供了有利契机和可靠保障。我们应当积极跟进，创造条件推动上述措施的落实，使税收征管方式从“以审代管”“管理员固定管户”向风险管理的历史性转变成为现实，使信息、信用成为现代化税收征管的主要手段。

4. 创新服务方式，提高“三个服务”的渗透性

贯彻中央提出的“三个服务”理念①，将服务渗透到税收管理全过程，善于运用服务手段开展风险管理和促进遵从，提高税收工作的社会识别度、认同度，融入经济社会发展的大局。一是提高税收政策的公平性、确定性，强化宣传、咨询的实效性，加强与社会各界的沟通，鼓励纳税人参与和监督。二是改革审批制度、征管体制和流程，简化申报和发票管理，减少交叉管理、重复检查，大幅度减轻纳税人的程序性负担。三是提升信息化服务水平，完善社会化服务。四是提高执法透明度，强化对执法行为的监督。

（五）完善纳税服务体系，推进税收治理社会化

与澳大利亚税务局相比较，我国税务机关的纳税服务措施无论是形式、途径，还是内容、效果，都有许多相似之处，对照澳大利亚的做法，我国的相关纳税服务措施有待进一步完善。因此，应该运用辩证思维的方法研究和思考我国纳税服务措施中的问题，切实做到统筹兼顾，着力抓好以下“三个结合”。

1. 坚持创新与规范相结合

多年来，我国各级税务机关不断探索，创新推出了许多纳税服务的办法和措施，积累下许多宝贵的经验。但是在各级税务机关各显其能、不断推陈出新的情况下，却忽略了统一规范的问题。澳大利亚税务局在服务规范统一方面颇有所长，绝大多数的纳税服务措施是全国统一的。因此，我国在完善纳税服务体系的过程中，要处理好创新和规范的辩证关系，在创新中兼顾规范，在规范中寻找创新点。有创新才会有活力，而规范程度不够则会带来不便，造成事倍功半。

2. 坚持形式与效果相结合

现阶段，我国税务机关应着力克服重纳税服务措施形式、轻实际效果的倾向，形式和效果是辩证统一的，既要注意充分运用各种形式的纳税服务措

① 唐合斌，史玮. 关于做好“三个服务”的实践与思考［J］. 山东社会科学，2013（12）.

施，为纳税人提供优质的纳税服务，又要关注纳税服务措施实施的效果。要把是否符合纳税人的合理需求、是否提高纳税人的税收遵从度作为衡量和评判纳税服务措施好坏的标准，真正实现“始于纳税人需求、基于纳税人满意、终于纳税人遵从”的最终目标。

3. 坚持普遍与重点相结合

纳税服务的对象应该包括所有的纳税人，应该在同一平台上为纳税人提供相同的纳税服务，但同时还应该为不同类型的纳税人提供有针对性的个性化服务。如澳大利亚税务局把大企业作为纳税服务的重点，提供专业化服务，实行分类管理，减少管理层级，建立联络员制度，强化风险管理，从而提升了大企业的税收遵从度。因此，根据我国的实际国情，税务机关应对依法纳税意识淡薄、财务管理混乱的纳税人采取针对性措施，有计划、分步骤地开展税法宣传，并加大法律知识辅导力度，促使其自觉地依法履行纳税义务。

第三节　英国税收治理经验的借鉴

20 世纪 90 年代以来，世界政治经济状况发生了深刻变化，全球化成为时代特征之一，西方学者在社会资源的配置中既看到了市场的失效，又看到了国家的失效，越来越多的人热衷于引入非政府组织作为新公共行政主体，以多元化协同治理对付市场和国家协调的失败，“治理”与“善治”的思想应运而生。善治理念融合了不同利益主体的多元化需求，将满足公共需要和实现公共利益放在首位，体现了民主、法治、公平、公正等社会价值的追求。它通过引入多种力量，志在建立一个政府公共部门、私营部门、公民自组织共同参与、上下互动的公共责任机制。政府扮演“有限政府”角色，政府职能由亲自“划桨”转变为主要负责“掌舵”，私营部门、公民组织等不同程度分担管理公共事务、提供公共物品和公共服务的职责。善治理论认为“善治的本质在于实现公民的利益、权利和价值，公民不仅是公共物品和服务的“消费者”，更是公共物品和服务的监督者，只有吸收公民参与决策和管理，才能保证社会管理过程的相对公正，在公正的基础上提高治理的质量。[①]

治理与善治理论作为人类在寻求解决社会一致性和有效性问题上做出的一次深刻的认识转折与制度突破，被广泛运用于行政管理中。税收作为政府

① 俞月琴．善治视野下的中国税制改革研究［D］．东南大学，2007.

治理的特定形式，是推进政府治理与善治的重要工具。税收在构建和谐社会、改善民生方面的作用，主要体现在资源配置、收入分配和经济稳定三个方面，通过提供公共物品和公共服务的方式，调整利益、重新分配价值或社会资源、控制社会总需求、总供给，调节经济运行速度，弥补市场失灵，使整个社会的利益分配维持在均衡状态，这种状态既能激励市场竞争又能保障社会正常生活，实现市场效率和社会公平的有机结合。英国是老牌经济发达国家，属于高收入国家，英国税负属于中上等，英国税收征管制度经过了 200 多年的不断调整与完善，是世界上比较成功的，而近年来英国在善治理念的指导下，开展了新一轮的税制改革，使得英国税收呈现出税制适合本国国情、税收征管体系日渐完善、各项税收工作讲求实效等特点。我国目前正处于税制改革的关键时期，认真借鉴英国税收制度和税收征管中积累的先进理念和经验，无疑是十分有益的。

一、英国税收兴起的背景

（一）政治背景

英国作为一个君主立宪制国家，高度集权的政体决定了税收管理体制的高度集中。英国政府机构是最早按照“三权分立”学说建立起来的，即议会行使立法权，内阁行使行政权，法院等司法机构行使司法权。英国的政治制度由君主专制到君主立宪经历了一个漫长的演变过程。1689 年，光荣革命确立的君主立宪制至今也有 300 多年之久。君主立宪政体产生后随着资产阶级议会的建立和发展，选举制度、内阁制度、政党制度也在英国逐步确立。19 世纪末和 20 世纪初，随着英国和世界形势的变化，英国的政治制度也相应作出了调整和改变，突出表现在议会的权力不断削弱，内阁的权力不断加强。①英国权力分配体系的特点集中体现为，国家的中央集权程度较高，地方政府权力有限，对中央的依赖程度较高。中央政府集中税收管理权限，地方政府在不违反统一规定的前提下，可结合本地的实际情况确定部分地方税种的税率和减免税。英国全国由四个地区和大伦敦市组成。国家实行典型的集中型财政体制。税收管理体制只分中央和地方两级，税权高度集中。英国的税收立法权几乎完全掌握在中央政府手中，包括税目、税率的调整，减税、免税

① 财政部《税收制度国际比较》课题组．英国税制［M］．北京：中国财政经济出版社，2000：9.

等。地方政府无权设置、开征地方税种；地方税占全国税收总额的比重较小。英国地方税收入在全国税收收入中所占比例不到15%。

（二）经济背景

英国的税收政策与本国的经济情况密切相关。第二次世界大战后英国的经济走过了一个曲折的发展过程。战后，英国国内生产总值一路下滑，从世界第2位一度跌到了第6位，落后于美、日、德、法、意等国家。1997年英国的经济规模重新超过了意大利，排在世界第5位，这在近20年来还是第一次，反映出英国近年来经济发展的上升势头。

从总体上看，第二次世界大战后英国经历了多次经济衰退。20世纪四五十年代是经济恢复和重建时期，英国在世界经济特别是西方经济发展中保持了较好的势头，到1947年英国的工业生产已基本恢复到战前水平。但到50年代中期开始，英国的经济发展逐渐为其他发达资本主义国家赶上并超过，形成特有的“英国病”。到了50年代末60年代初，财政收入占财政支出的比重是97.07%，70年代前6年降为83.5%。由于政府支出不断膨胀，财政日益困难，加上各种税收优惠措施造成经济严重扭曲；边际税率的提高对工作、投资和消费的影响日益扩大，抑制了经济增长，使失业问题愈加严重。对此，英国政府一直采取紧缩的经济政策：控制公共开支维持良好的财政状况，保持通货膨胀率低水平发展，降低利率以促进经济发展。英国的税收改革大体以1979年、1984年、1988年为界，分为三个阶段。1979年保守党撒切尔夫人一上台便着手改革税制，中心是直接税减税和间接税增税。第二阶段是以公司所得税大幅度变革为中心。第三阶段是大型减税并实行所得税率彻底规范化。①

（三）文化背景

要了解英国的税文化，可先看英国的一句谚语，“税收是代议制之母”，因为它透视着这样的文化内涵：英国是一个宪政国家，其税收的实质是“议会中心主义”，体现了“纳税人至上、王在法下的宪政精神”。英国是税收宪政精神的发源地。1215年《大宪章》颁布，其中有一条最为经典的条款：除国家法律规定的赋税外，“王国内不可征收任何兵役免除税或捐助，除非得到本王国一致的同意”。17世纪以后，英国税收的宪政精神进一步成熟。

① 萧琛．西方各国税制改革评介［J］．世界经济与政治，1992（1）．

1689 年，英国国会制定《权利法案》，其中第 4 条规定："凡未经议会允许，借口国王特权，或供国王使用而任意征税，超出议会准许的时间或方式皆为非法。"征税要依法，同样，当政府使用人民所纳赋税时，也要遵照国家的法律，无论数额多少，必须有国会法案为法律依据。因此，在国家法律上正式确立了近代意义上的税收宪政制度安排，欧洲议会开始承担起推行国家宪政制度与公共财政制度的历史责任。宪政制度下的税收是人民依法向征税机关缴纳一定数量的财产而使国家具备满足人民对公共服务需求的能力的一种活动。从形式上说，税收表现为人民将自身创造的财富和享有的财产权利的一部分无偿地转让给国家和政府，实质上是人民因这一转让而获得要求国家和政府提供公共产品和公共服务的权利。

（四）历史背景

英国的税收制度，经历过相当长的历史发展阶段。英国近代税制的第一块奠基石是土地税。这是一种直接税，是汉诺威王朝从斯图亚特王朝继承下来的。1692 年，英国国会授权征收土地税。这种简单的直接税在当时是带有"革命"意味的。因为这表示国王此后不再只"靠自己养活"。此前，在西欧式的封建体系中，大大小小的贵族就是他们自己领地上的"国王"，英国王室和宫廷的日常开支只能依赖于王室领地的收入，只有战事来临，王室需要额外支出时，才召集国会，商量战争费用的解决办法，临时征收某项特别税收。从英国税制史的角度来看，18 世纪是一个筚路蓝缕的开创时期。从税制结构的演进来看，则浓缩了人类社会税制结构演进的一般过程，从简单直接税的开征到间接税大量推行的复合税制，而 19 世纪初所得税——现代直接税的正式确定，则使英国的税制结构基本定型，一个适应并能促进现代市场经济发展的税收体系逐渐形成并日臻完善了。近些年来，英国一直保持着低税制的商务环境，以利于商业发展和吸引外国投资。英国目前的公司税标准税率是 24%，增值税为 20%，在欧洲属较低水平。英国还有更多的减免税条款，如对商业利润不征收地方税，高级管理人员享受优惠的个人所得税和社会保险税。英国具有世界上最广泛的避免双重征税协议网络。对公司内部选择购买股权的灵活税收政策使英国成为欧洲最支持企业发展的国家之一。[①]

① 杨会军．英国的税收体制［N］．中国财经报．2012－03－30.

二、英国税收概况

（一）英国的税收制度

英国是个典型的资产阶级议会制君主立宪政体国家，税收管理权限集中在中央政府。英国税收的立法是由财政部向议会提出财政法案，经议会讨论通过，还需经过王室同意后才生效。中央政府课征了几乎所有的税种，只有财产税由地方政府课征。英国中央政府课征的税收包括以下三类：对所得的课税，包括个人所得税、公司税和石油收益税、国民保险税；对商品和劳务的课税，主要包括增值税、消费税、关税等；对资本的课税，包括资本收益税和资本转移税等。从目前的情况而言，中央政府最重要的税收依次为所得税、国民保险税、增值税、公司税和石油税。

英国是所得税的鼻祖。1798 年，英国政府为弥补英法战争所需经费，首相威廉·彼得创征了一种新税——“三部联合税”，被西方经济学家认为是世界上最早的所得税。但当时英国还是以间接税为主体税种。1799 年英国政府废除了具有所得税性质的“三部联合税”法案，正式颁布所得税法。第一次世界大战是英国税制改变的契机，大战前的 1911 年，英国所得税占税收总额的比重仅为 20%，而大战后的 1922 年，就达到了 45.1%。第二次世界大战后，英国政府取消了第一次世界大战时设置的一些临时税种，开征了一些新税。

（二）税制结构与特点

1. 直接税为主，间接税为辅

英国税制由个人所得税、公司所得税、资本利得税、石油税、资本转移税、印花税、土地开发税，以及增值税、关税、消费税等组成。所得税在其中占据了主导地位，占全部税收收入的 60% 以上。1991 年包括所得税在内的直接税收入占全部税收总额的 67.3%。间接税在英国税制中处于辅助地位，其在全部税收收入中所占比重较低。1991 年，英国间接税收入占当年全部税收总额的 32.7%，低于直接税所占的比重。

2. 税收收入和权限高度集中

英国是实行中央集权制的国家，税收收入和权限高度集中于中央。英国税收分为国税和地方税。国税由中央政府掌握，占全国税收收入的 90% 左右，是中央财政最主要的来源。地方税由地方政府负责，占全国税收收入的10%左右，是地方财政的重要来源，但不是主要来源。构成地方财政主要财源的是中央对地方的财政补助。与税收收入划分相适应，英国的税收权限也高度集中于中央。全国的税收立法权由中央掌握，地方只对属于本级政府的地方税才享有征收权及适当的税率调整权和减免权等。但这些权限也受到中央的限制，如20世纪80年代英国颁布的地方税收额封顶法就是显著的一例。

（三）税收管理

英国实行中央与地方（郡、区）分税制，地方只对财产征税。中央征收的税种主要有：个人所得税、公司税、社会保险税、增值税、关税等大部分税种。税收立法权在议会，财政部负责起草税法草案。每年一次提出税收政策措施，经议会批准，列入当年财政法令，作为当年征税的法律依据。

英国政府负责税务管理的是英国收入与海关管理局，由以前的英国国内税务局和英国海关与消费局在2005年合并而成。该机构负责增值税、关税与消费税等的征管。税款的征收一般以纳税人填写的纳税申报表为依据。公司应在申报表之外附加其年度会计报表，如果公司在正常的税款支付期之前未能及时提供足够的信息以便税务官员估定税款（财务结算期结束的9个月之内），那么税务当局可对其处以罚息。个人应在其纳税申报表中详细填报其所得、利得及其申请的费用、津贴、折扣等。独立个人劳务者也必须在申报其应税的经营或职业所得时附送经营报表。雇员如没有别的投资收入，可由其雇主代扣税款（对于此类纳税人，税务机关一般隔几年才会要求其填报纳税申报表）。纳税人一般须在收到报表30日之内填报。

三、英国税收治理经验的基本内容

（一）理念与思维

1. 提高纳税与征税意识，突出以民为本

英国的税收制度已有200多年的发展历史，税收体系比较完善，但其成熟的纳税环境，公民良好的纳税意识也不是一蹴而就的，据说英国用了50年的时间培养公民的诚信纳税意识。税收涉及千家万户的切身利益，所以英国人出于自身利益的考虑特别关心税制的变化。在英国，税法宣传形式多样、有实效。在政府有关机构的大楼里，关于纳税、合理节税的税收小册子随手可取。市场上也有各种各样的税收书刊，刊登大量的税收案例，使得僵硬难懂的税法条文能够为读者所理解。随着信息技术的发展，英国与税收相关的各类网站也如雨后春笋，层出不穷。这些网站在普及税收知识和增强纳税意识方面可以说是功不可没。另外，税收宣传的公益广告也随处可见，最典型的税收公益宣传语“既要拔鹅毛，又不让鹅发出难受的叫声”最为典型，它用简洁、生动、形象的语言地把英国纳税的普遍性、准确性和纳税尺度作了比喻，使市民易于接受。纳税宣传在不知不觉中使英国公民觉得纳税是一项天经地义的事，而“我一向纳税”也成为英国好公民的标准。

培育公民“纳税意识”的同时注重强调政府部门的“征税意识”，实现诚信双位概念。在英国，政府部门的“征税意识”同样受到很大的重视。无论是纳税人还是服务于公共利益的当官者，他们都清楚自己的权利与义务。政府官员包括一切为公共利益服务的人知道他们是以纳税人所纳税款来养家糊口的，是民众雇用了他们。拿了主人的钱，也就自然应该为主人效命。这也就是我们所说的“公仆意识”。而纳税人也很清楚他们纳税，是用于购买公共服务了。他们以自己的钱供养了政府官员，同时从政府官员那里，他们也应该得到相应的体面的回报，事实上他们也得到了相应的回报。所以，官员们优质的服务意识也使纳税人的纳税意识有了增强，诚信在政府和纳税人之间形成一个良性循环的互动链条。①

2. 纳税服务社会化，体现主体多元性

为了遵循和体现“纳税人至上”的宪政精神，英国历届政府始终进行着不懈的努力。尤其是自1979年保守党撒切尔夫人上台以后，推行“新公共管理”改革，以注重商业管理技术、引入竞争机制和顾客导向为特征，致力改“官僚型”政府为“服务型”政府，提高政府的公共服务效率。1994年，布莱尔接掌英国工党，上台伊始便提出了“更好地制定政策、更好地回应公民的需求、更好地提供公共服务”的执政理念，推行公共服务改革，主要是通过管理方式的改造来实现公共服务的“最佳价值”。从实践经验来看，英国布莱尔政府公共服务改革有两条原则性的价值取向：一是树立了“服务于民”的执政理念，二是确立了“以人为本”的指导思想。

同时，税务局充分利用社会资源，实现纳税服务社会化，如成立纳税人协会，推行税务代理等，帮助纳税人了解税法，履行纳税义务。然而，最具特色的还数以帮助社会弱势群体为目的开展的“税收志愿者行动”。会员们

---

① 张静．英国的“诚信纳税”[J]．税务，2003（Z1）．

通过电话答复，登门为老年纳税人办理税务手续，定期与帮助对象联络，免费发放纳税指南，为无力承担税务咨询费的低收入者免费提供税务咨询。英国坚持全国统一的服务标准，内容全面细致，如：80%的邮件在15个工作日内回复，做不到的将让纳税人知道迟复原因，纳税人届时将得到完整的回复；对没有预约而来咨询中心的，95%的纳税人可以在15分钟内受到接待；所有的咨询中心都会为聋哑人及带助听器的人提供感应等特殊设备，为视力差者提供放大镜，提供盲文、光盘等类型的申报表和宣传手册；对不能到税务局，也不能利用电话等通信手段的纳税申报者，提供家庭服务。

（二）法治与公正

1. 税收征管法治化，重视税收法治性

英国是一个强调法治的国家，其税收立法除了遵循一般意义上的原则，诸如法律面前人人平等、法律条款简洁明了以及根据社会财富拥有比例的不同确定相应的税收负担等以外，还特别强调要求保持税法的严肃性，避免随意性。税法的任何变动和修改，都要经过严格的程序。一般情况下，先由国内收入局、海关和消费税局根据经济发展情况和税收征管业务中出现的问题，提出税收提案，在征求纳税人和税务中介机构的意见后，形成提案报财政部审定。财政部结合国际国内经济形势和政府预算情况，向国会提出次年的税收政策，经批准后作为财政法议案，提交国会并由下院进行第一次审议，修改后送专门委员会第二次审议，再送上院第三次审议，然后重返下院第四次审议，表决通过后由女王签署颁布。除税收法律外，法庭的判决也起补充解释性作用。在具体操作中形成的由税务机关发布的对税法不清楚或存有疑惑之处的书面解释或说明，对征纳双方也都有约束力。

英国的税收申诉程序同样十分严密。纳税人对税务机关的行政行为如有不服的，可向税务监察员或直接向税务局长提出，一般由征纳双方协商解决，协商不成，由税务调解员出面调解，调解不成，纳税人可向高等法院申诉，然后依次可上诉到申诉法院、议会上院、欧洲法院、欧洲人权法院。值得注意的是，征纳双方的分歧，90%以上都是通过协商或调解解决的。因为，要通过法院裁决来解决，既费时又昂贵，而法庭的判决也往往倾向于保护纳税人的利益。[①]

2. 尊重纳税人权利，强调法律公正性

英国作为以所得税为主体税种的发达国家，其税务专业机构的设置比较

---

① 贾勇，张健. 英国税收的特点及其启示［J］. 世界经济与政治论坛，2004（6）.

合理，税收征管制度也比较健全，特别对所得税的征收有一整套行之有效的制度。在严格税收征管的同时，英国非常注重保护纳税人的合法权益，强调税务机关要方便纳税人，向所有纳税人提供公正、高效的服务。在英国关税和消费税局所属的13个地区局中，都设有一个咨询中心，接受纳税人的各类提问或咨询，仅南部伦敦和泰晤士地区局每年要受理250万个电话和150万封纳税人来信。英国国内收入局制定了《纳税人的权利》，并印成小册子免费赠给纳税人，其中规定纳税人有权要求税务机关：办事公正；提供帮助；提供高效服务；严于律己；纳税人有不满之处可以申诉或起诉。

英国是纳税者权利宪章的先驱国，1986年，国内税务局成为世界上第一个颁布纳税者权利宪章的税收当局，随后海关和消费税局鉴于国民保险捐助计划制定了宪章或做出了服务承诺。随着国内税务局与海关和消费税局的合并，之前制定的宪章的地位逐渐发生了变化，因此需要公布单独的纳税人权利宪章。2008年纳税者权利宪章的纳税人权利部分内容包括：①被假定诚实和合规的权利；②有权得到公平待遇，有人权和欧洲共同体自由规定可享受的权利；③有权获得专业服务和帮助；④有权查询信息；⑤有权上诉或审查；⑥有权被代表和得到建议；⑦有权预防泄露特许保密通信；⑧隐私权、保密权和交易保密权；⑨有上诉权；⑩有权得到有效的弥补和赔偿；⑪有权最小化合规成本，有权获得资格，享受扣除、补贴和退款；⑫有权把税负降到最低；⑬有权不缴纳回溯税款；⑭有权申请支付计划。纳税人义务部分内容包括：①诚实；②保留相应的记录；③谨慎和小心；④相关情况有变化时通知税务部门；⑤在到期日前提交申报单和其他信息要求；⑥有任何错误时及时通知税务部门；⑦公开无特权文件；⑧和税务部门充分合作；⑨知道个人责任；⑩准时缴税金；⑪意识到惩罚和利息带来的责任。

（三）责任与有效

1. 机构设置健全，明确税收责任性

英国各级税收征管单位权责比较清楚，从而能够有效地发挥税收职能，正确执行税收政策。英国实行中央与地方（郡、区）分税制，中央税由国内收入局、海关与消费税局（只负责关税、增值税、消费税）分别负责征收管理。女王任命的税务委员会领导国内收入局。税务委员会设主席、副主席、主评价员、主席助理各1人，总监2人。在委员会领导下，国内收入局内设税政司、技术司、管理司、法律办公室、评价办公室、综合处、统计处等分管各项业务。在国内收入局下，全国各地分设15个地区税务局。在地区税务

局领导下，按职能在全国分设约 800 个计税局，负责确定纳税人的纳税义务，另设约 250 个稽征局，负责税收缴款入库工作。地方税由地方政府另设机构征收，组织上与国内收入局无关。

国内收入局负责直接税的管理，海关与消费税署负责间接税的管理。国内收入局理事会的主要职责是执行与直接税有关的法律法规；向财政大臣提出对直接税管理的相关建议；管理众多下属分支机构及办公部门等工作。国内收入局下设专门办公室，分别负责如津贴计划、原油税收等专项事务；而大多日常税务工作是由地方税务办公网络实施的。这些地方税务办公网络有三种不同的类型：一是咨询中心。该中心负责处理纳税人的一般咨询和分发税务表格及税务宣传小册子。二是服务办公室。这些部门负责日常评估和征收工作。三是地区办公室。这些部门负责检查纳税人是否遵守税收法规。

2. 高效人员配置，实现税收有效性

征收管理的高效率低成本是英国财政部对税务局的一个总体要求，也是评价税务机关工作的根本准则。以牛津郡地方税收为例，该地区有人口 60 万人，而税务机关工作人员只有 83 人；西牛津郡有人口 10 万人，税务机关只有 14 位工作人员。虽然人数少，但对居民房产的随时变更情况掌握得十分清楚，税源监控得力，税收预测和计划准确，工作细致到位。在日常的征收管理中，纳税人在接到税务机关的税单（一般由税务机关邮寄到住户家里）后，有 60% 的纳税人通过银行划账的方式进行付款，40% 的纳税人采取刷卡交现金的方式付款，纳税方式十分便捷，成本很低。英国注重业务培训，税务人员的流动性很强，业务相对简单和机构设置的简化为职员承担多项工作提供了可能。在英国，税务机关往往是一人多岗，征税成本也因此而大大降低，充分体现出了税收征管的高效率。另外，税务机关主管人力资源的部门负责人对各项税收业务了如指掌，业务部门与非业务部门的协调顺畅，工作融通，这种业务上的相互熟悉不仅为税务机关向纳税人提供全方位的纳税服务奠定了机制基础，而且业务部门之间的相互协调也为提高管理工作水平和效率提供了重要保证。

为提高工作效率，保证各项税收任务的完成，英国财政部与国内税务局签订了一个公共服务协议。为加强工作业绩的评价，从 2001—2005 年，英国税务部门根据税制和机构设置的特点制定了工作评价体系，该体系评价机制简化、科学，体现了基于“人的服务”和“以纳税人为本”的基本原则。按照公共服务协议，国内税务局与下面各部门又有具体的工作指标，并按照这个指标对各个部门的工作和个人业绩进行整体评价。税务机关对本单位雇员和各部门工作进行评估，通过评估，对工作出色的个人和部门进行奖励，表现好的个人可以得到基本奖金，而基本奖金由部门经理决定，对完成任务的部门和团队也给予一定奖励。

（四）回应与透明

1. 税务信息上网，提升税收透明性

2000 年 5 月，英国政府正式颁布并实施《电子通信法》。该法令不仅确立了数字签名的法律地位，而且还督促政府各部门对影响“电子政府”“电子商务”发展的相关不合理条款进行修改甚至取消，从而极大地促进了英国“电子政府”“电子商务”和“网上税务”的超常发展。

从技术上看，英国是目前世界上电子化程度最高的国家之一；英国企业也属于最有经验的信息技术使用者之列。从文化上看，公民和企业期望获得容易使用的高质量网站，从而快速获取信息和服务。英国在建立电子政府与电子纳税服务体系的过程中，十分注重发展电子民主与突破“数字鸿沟”。2000 年 11 月，英国内阁颁布法令，宣布英国公民可以在网上对政府文件进行咨询并提出意见。这些文件将被放在“英国在线”门户网站上，以供公民随时查看。据 2000 年英国一项调查表明，约有 52% 的英国人表示，考虑到费用问题，即使将来他们也不会上网，于是形成了人们之间的“数字鸿沟”。为了缩小“数字鸿沟”，英国政府建立电子政务时突出了平民化色彩。政府在发展电子政务的过程中，既考虑熟悉、了解信息技术的人，也充分考虑不熟悉、不了解信息技术的人。为了实现 2005 年全民上网，英国政府加强信息技术教育与基础设施建设，保证公众在家、在单位、在社区都能接入互联网，同时开展信息、通信和技术（Information Communication Technology，ICT）培训及电子终身教育系统，帮助人们掌握互联网技术，通过大力发展地方在线的内容以增加更多人使用互联网。通过向中低收入家庭出租计算机或是提供整修过的旧计算机或是免费的计算机技术培训，让低收入人群也能得到计算机的相关的上网技术。

2. 税收征管信息化，增强税收回应性

“网上税务”是英国整个“电子政务”的重要组成部分。为实现英国政府提出的全民上网、创建“电子英国”的目标，英国税务部门采取了一系列切实有效的措施，不断加快“网上税务”建设，取得了比较明显的阶段性成效。其主要做法是：逐步增强网上办事和综合服务功能；不断完善纳税申报系统；不断加强和改进信息安全体系。

从 1997 年 4 月起，英国考虑实行电子纳税申报制度。2003 年为鼓励在线申报，英国国内收入局规定大企业从 2004 年 5 月起必须实行电子报税，中型企业从 2006 年 5 月起实行电子申报，而小企业则不必在最近几年内强制实行电子申报，如果它们在从 2004 年 5 月起的 5 年内自愿实行电子申报，则可得到总额 8.25 亿英镑的税收减免。同时英国税务局为纳税人提供了多种缴纳税款方式，包括邮寄支票，在代理机构（如银行）缴纳，在税务局缴纳，电话银行，互联网银行，直接转账缴纳，信用卡。从 2008 年调查统计结果看，采用直接转账缴纳方式的居第一位，邮寄支票方式缴纳居第二位。虽然在线服务在英国已经比较完备，但是，还需在长期不断实施大范围推进战略后才能实现使用率的大幅度提高。英国政府已在税务及海关总署的在线服务上投资超过 5 亿英镑。此项投资将可以改善对客户的服务，降低运营成本和提高服务的灵活性。为最大限度地使客户受益，税务及海关总署从 2007 年开始到 2012 年期间投资 1.7 亿英镑用于建设在线服务系统，资金将主要用于改善现有的服务，使其更有活力，更能适应客户的需求。

（五）公正与参与

1. 协商制定政策，保障税收政策合理性

税收政策是英国政府对经济进行干预和宏观调控的重要工具之一，英国政府十分重视税收在国民经济各部门中的发展中进行调节、鼓励与限制的作用。英国税制的重点是每年都有变化，英国政府对税收政策作重大调整时，一般都要公开征求各方意见，各种有代表性的团体、利益集团、政府部门以及社会精英和普通公众，都有机会发表自己的看法。许多政府部门都在门户网站（例如“英国在线”门户网站）上建立了相关部门的政策讨论区，公民可以就感兴趣的政策法规进入各自的讨论区自由地发表见解与互相交流。此外，英国电子特使办公室还将联合内阁办公室以及其他部门，广泛征求意见，以便共同制定出电子民主的相关法律法规。来自社会各方的意见建议被收集起来提交给政府财税部门，财税部门会对各种建议进行认真分析评价，在评价各种改革建议时要作一系列考察。财税部门在认真考虑和吸取社会各方和广大纳税人的意见后，一般会形成政策建议并提交给财政大臣。根据英国的立法程序，英国最重要的税制改革建议通常是在财政大臣的预算报告中提出的，然后将其纳入财政法案中，经过议会下院和上院讨论通过后，经英国女王批准成为法律。在这个过程中，来自社会各方和广大纳税人的意见和建议，对形成最终的税收政策、法律有着重要作用。

2. 完善监督体制，倡导税收征管科学性

腐败是世界各国普遍存在的一个问题，英国社会和政府工作人员中同样存在此问题。英国国内收入局为了加强对税务官员的监督管理，防止欺诈行为的发生，从战略上确定了反欺诈的监督制约机制。在内部，设有执法监察办公室、案件调查办公室、内部审计办公室、人才管理办公室，这些职能部门都负有对税务官员实施监督的任务，互相配合、密切合作，不仅处理一些欺诈行为，对于完不成工作目标、工作质量低下的人员也给予相应的处理。在外部，有议会监察专员办公室和社会仲裁办事处。议会监察专员办公室是议会领导下的一个行政监察机构，专门负责对政府部门的投诉工作，税务部门发现一些疑难案件，可请他们帮助查处。仅1995年他们办理涉及税务的投诉案件就达160件。社会仲裁办事处是英国民事服务委员会下属的一个非官方的民间服务组织，是英国国内收入局聘请的一个监督组织，每年收入局要与其签订合同，并付给一定的费用。

不论内部监督机构还是外部监督机构，都具有以下特点：一是监督具有独立性。它们在行使职权时，不受其他部门的约束和干扰，具有独立行使职权的权力。特别是收入局聘请的社会仲裁办事处，在签订合同时就规定，对税务投诉提出的处理意见，税务部门必须照办，否则将通过新闻媒介曝光。它们可以直接与收入局局长对话，遇到严重违法案件可以直接向法院起诉。其他监督部门接到举报后同样可以根据案情自行决定如何调查，不需向任何部门请示。二是具有广泛性。不仅内部设有多个监督部门，对税务官员进行各方面监督，而且请议会监督机构和民间的监督组织进行监督。三是具有严肃性。对税务雇员发生的欺诈行为，在处理上是比较严肃的，不准说情干扰，不准有长官意志，必须严格依法办理。①

四、善治视域下英国税收治理的经验借鉴

（一）纳税与征税并重，构建多元化服务体系

1. 重塑价值观念，建立税收信用体系

相信纳税人是诚信的，是英国税收管理制度建立的基础。从我国的实际情况看，传统税收管理理念立足于基本上不相信纳税人，由此带来各种名目

---

① 程辉. 英国的税收执法监督及其借鉴［J］. 涉外税务，1999（12）.

的检查多、各类审批事项和审批环节多、检查频率高、纳税人重复报送的资料多和增值税管理相当复杂等问题，其结果是给税务机关和纳税人都带来巨大的工作量，导致征纳成本居高不下，因此我们必须重塑价值观念，建立税收信用系统。税收信用体系实际上是一种社会文化、价值观念。建立税收信用体系的过程，仅仅通过提出口号是不够的，必须是对社会文化、价值观念进行重塑，这个过程十分漫长。要成功重塑文化和价值观念，前提是通过改变一些做法，使按照新做法的人得到好处，不按新做法的人得到惩罚，让人们看到新做法使大家整体受益。在人们逐渐适应新做法后，此新做法所体现的文化和价值观念才会逐渐扎根于人们的思想。因此，我们在建立税收信用体系的初期，可以尝试制定一些新的奖惩方法鼓励诚信纳税。

我们可以借鉴英国税务部门的做法，将一些有欺骗行为的纳税人向有关部门通报，共同打击。例如，将“失踪”业户、大额欠税业户、有重大偷逃税行为业户的法定代表人、负责人的名单向银行通报，以降低其银行借贷信用度；将“失踪”业户的法定代表人、负责人的名单向工商行政管理局通报，使“处于失踪状态”的这些人不能领到新的营业执照。通过一系列的新做法，彻底打消一些人的侥幸心理，让纳税欺骗行为无处立足。①

2. 加快纳税服务社会化建设

随着公共服务理念的形成和社会经济形式的发展变化，以税务机关为主导，多种服务组织共存的纳税服务模式已基本形成，“纳税服务社会化”的趋势日益明确。从我国的国情出发，要优化纳税服务，构建社会化税收服务体系，必须借助社会力量，加强和政府其他部门的协作，规范壮大税务代理等社会中介组织，扶持发展纳税人协会、税收志愿者服务等社会组织。

规范税务师行业发展。从国外纳税服务实践看，税务师行业是在市场经济发展过程中产生和逐步完善起来的，是社会提供纳税服务专业化的一种形式，能够有效地协调征纳双方的关系，节约税收成本，提高税收效率。为了推动税务师行业的发展，拓宽市场，实现“做大做强”的行业发展目标，必须对该行业进行准确定位，进一步加强制度建设，完善行业监管制度；继续引导扶持建立纳税人协会。纳税人协会是纳税人自我治理、自我约束、自我发展的组织，引导扶持建立纳税人协会是实现建设服务型政府的重要渠道。协会能够实现征纳双方之间的有效沟通。通过纳税人协会，在政府和纳税人之间建立起沟通的渠道，税务部门可以了解纳税人的意见，纳税人则可以及

① 卢民勇．英国高效税收征收的成因及其借鉴［J］．涉外税务，2005（7）．

时向税务局反映问题，提出疑问。倡导支持纳税服务志愿者组织。在西方发达国家，纳税服务志愿者已经成为低收入者、残障人士、老人、处于困境等特殊纳税群体纳税活动主要服务力量，其突出的社会效益受到越来越多的国家政府和社会重视。我国纳税服务应该注重法制化、政府化和社区化三方面建设，逐步建立纳税志愿服务的法律规范，通过建立和完善制约服务的政策法规赢得广泛的社会认同和群众基础，确保志愿服务事业在良好的法律环境中成长。

（二）推进税收法治化，依法保护纳税人权利

1. 完善税收法治化建设

财政乃庶政之母，也为现代国家治理之基础。自古至今，作为财政支柱的税收，始终是国家与国民关系的焦点。自英国《大宪章》以来，各国不断强化对征税权的限制，不仅推动了立法权与行政权的分离，以及国家财政权与国民财产权的分离，也促进了民主与法治的发展。目前我国只有三部经全国人大立法颁布的税收法律，其余的税收法律以行政法规、部门规章的形式颁布，在一定程度上缺乏权威性和严肃性，同时有些税收法律法规的内容不能随社会和经济的发展及时修改、完善，缺乏应有的灵活性和适应性。因此，我国应制定税收基本法，规范我国税收法律体系的基本内容。通过制定税收基本法来细化宪法中规定的税收基本规范和原则，明确划分税收立法、执法、司法的权限，科学界定中央与地方的税收法律关系，确定征纳双方的权利和义务，等等，以此来规范税收基本法律关系，并在此基础上建立起以宪法为根本指导，以税收基本法为基础，以税收各单行实体法、程序法和组织法为主体，配合以相关税法解释的完备的税收法律体系，建立正常的税收秩序，保证税收职能作用的最大限度发挥。同时，完善各部门法，健全税收法律体系结构。税法的综合性决定了税收法律体系必须门类齐全，结构合理，因此，尽快制定所缺少的各部门法已成为当务之急，这些法律包括税务机构组织法、纳税人权利保护法、税务违章处罚法、税务代理法、税务争讼法或税务行政复议与诉讼法等。这些法律的制定对于规范税务机关的税收执法行为，净化我国的税收执法环境，增加国家的税收收入，减少税务行政争议，切实保护纳税人及其税务当事人的合法权益，都将起到十分重要的作用。

2. 重视纳税人权益保护

20 世纪 70 年代以来，发达市场经济国家在纳税人权益保护方面又向前迈出了重要一步，多数国家已就纳税人权益保护问题制定专门法律或者管理

规范，明确规定纳税人权利，英国在纳税人权益保护方面始终走在世界的前列。我国在纳税人权益保护方面已经取得了一些成就，但要进一步强化我国的纳税人权益保护，必须要构建强有力的纳税人权益法律保护体系。加强纳税人权益的立法保护。税收立法是构建纳税人权益保障制度的基础，由于我国税收立法在纳税人权益保障方面存在许多缺陷和不足，因此，建立和完善纳税人权益保障制度的当务之急是进一步完善纳税人权益保障的税收立法。完善纳税人权益的司法保护体系。对纳税人合法权益的司法保护，首先要求司法机关在行使侦查、刑讯、审判、审判执行时不受法外干涉，接受同级人民代表大会及常委会的监督；其次是通过设置专门的税务司法机构审理和判决涉税犯罪和涉税争讼，提高有效裁决的效率，减少误判，从长远看可设立专门的税务法院和税务检察院，专司涉税刑事案件和税务行政案件的审理，这样做的好处是，既有利于维护税收法律的权威，体现税务司法的特殊性和专门性，又有利于切实维护纳税人申辩、上诉等合法权利的行使，维护法律公正。构建纳税人权益的行政执法保护体系。从税务行政执法的角度切实保护纳税人权益，一要做到依法行政、职权法定。依法行政，税务行政机关的职权法定，就是针对各级税务机关行使税收征收管理的权力而言，是一种公共权力，凡是法律法规没有授予的，行政机关就不得为之；二要完善税务行政执法程序，使税务行政执法活动规范化、条理化、系统化；三要推行税务行政执法资质制度，提高税务队伍的执法能力，要加大对税务干部队伍的法学教育培训力度，建立起不同层次、不同岗位税务执法人员执法资质考核和认定制度。①

（三）优化税收机构配置，加快税收队伍建设

1. 合理优化组织结构

自20世纪70年代起，英国的税务机构开始以“职能”为基础，按照税收管理职能分工来设置内部机构，增强各税种管理的标准化程度，按照税收征管流程，统一承担税收咨询、税务登记、纳税申报和评估审计等职能，力求从总体上提高税收征管效率。我国应借鉴其经验，立足于实际情况优化税收机构设置。减少管理层次，在推动税务管理机构向扁平化发展，推行税收管理服务职能集中和人员集中的同时，减少税务系统的中间管理层次，设立跨行政区域的大区总部，撤销一些原来按照行政区划相应设立的行政区局，

① 董悦．纳税人权益问题研究［D］．东北财经大学，2005.

对基层税务局进行大幅度的合并和裁减，有些基层税收服务职能直接并入当地政府统一的市政服务厅来承担，使整个税务组织网络布局呈现出显著的扁平化特征。注重需求导向，围绕纳税人需求设置税务内设机构。按纳税人需求设置税务管理机构就是根据纳税人的经营规模、所有制形式或经济部门把税务工作人员分配到不同的部门，为特定的纳税人群体提供全面的管理服务。提升管理效能，注重税务机构职能的分离和制约。对税务机关而言，应在各职能部门间正确划分职权，建立起劳动分工制度，以避免职能的重叠、分隔，同时，各职能部门在工作中又要相互合作、协调。此外，税务机关的设置还要随着技术进步、经济环境的变化、复杂因素的增加而不断调整。

2. 注重税收人才队伍建设

加强税务系统人才队伍建设，是提高税务行政效率和实现国家税收权力的关键。英国税务机关采用高效能的税务人员配置方式，在提高税收效率的同时降低了税收的成本。税务系统的管理职能主要有两方面：一方面是对税务系统内部人员的管理，另一个方面是对税收业务工作的管理。用税务系统常用的话讲就是“带好队”和“收好税”两条主线，而“带好队”又是“收好税”的前提和基础，这就突出了人力资源管理在税务系统中的重要性地位，要想“带好队”就必须有充满人文关怀的管理方式，必须有高效、合理的人才配置方式，更必须有科学合理的人才管理机制。因此，对我国税务部门而言，要“带好队”就必须建立健全有效的人力资源管理机制，由传统的人事管理向现代人力资源管理转变，最大限度地调动税务人员的积极性和创造力，打造一支高效、清廉的税收队伍，以适应新时期税收工作的各种挑战。以“多重激励”为手段，提升激励机制作用，通过引入多种综合激励方式，充分调动税务干部的工作积极性和激发工作热情。一方面继续完善薪酬、奖金激励，扩大薪酬激励层级，增强传统激励作用；另一方面引入惩戒激励、培训激励、休假激励等多重激励方式，对表现优秀的税务干部优先给予脱产培训、带薪休假、公开表彰，对考核较差的干部给予惩戒。在注重物质激励的同时，突出精神激励，让税务干部获得精神上的尊重满足感，提高激励机制效用。同时在税务系统中更应该突出晋升激励，这既可以使税务干部获得职位与薪酬等级的晋升，更能使税务干部实现自我价值需求，获得较高层次的满足。

（四）促进税务信息公开，加强税收信息化建设

1. 增强税务公开透明性

英国的税务信息上网工程，提升了英国税收的透明性与公开性，使得民

众能够通过更加便捷的渠道了解税收相关信息，突出“以民为本”的税收治理理念。税务公开作为构建和谐税收征纳关系的重要桥梁和纽带，它贯穿于税收执法的全过程，应体现在税务机关对外执法的各个税收法律、法规和规范性文件中，并应与税务行政管理中的内部事务严格区分。为了进一步推进我国的税务信息公开制度，各级税务机关应在准确把握税务公开性质的前提下，通过对外部税收执法依据和内部行政管理事项文件的定期清理，将大量散见于内部行政管理事项文件中的公开规定进行动态审查、修改、整合，对不具有外部执法属性的公开事项一律不得作为税务公开内容对外公开，从而确保税务公开制度在外部税收执法的轨道上运行。

要加强我国税务公开的体系和内容建设，一是要完善从税务管理、税款征收、税务检查到法律责任、权利救济等方面税务公开的规程体系，使税务公开在规程体系框架内运行；二是要完善税务公开的管理体系，税务公开是一项具有综合性、系统性并涉及征收、管理、稽查、法制等多个部门的执法工作，应当有相应的管理体系作保障，要明确专门机构、专门职责、专门人员、专门经费等；三是要完善税务公开的载体体系，要形成书面、网站、纳税服务热线等全方位、多层次的载体体系，避免在税务公开载体上“各自为政”现象。要突出公开层次，对涉及广大纳税人合法权益、需让其广泛知晓的事项，如个人所得税的更新、纳税申报程序的变化、收费标准的调整等，要主动公示；对需要广大纳税人积极参与的事项，如税收规范性文件的制定、税款核定中的集体评议等，要重点公开。要丰富公开内容，将那些能有效规范税收执法权的运作和维护纳税人合法权益的事项充分、完整地公开。①

2. 搭建税收信息化平台

税收信息化是税收管理的一场革命，是税收工作科学发展的必由之路。英国为建设“网上税务”采取了一系列切实有效的措施，取得了显著的成效，推进了本国税收信息化建设进程。我国要搭建税收信息化平台，首先，要深化树立正确理念，加强顶层设计。树立税收信息化的正确理念和认识，明确信息化日益成为税收工作不可或缺的重要内容。加快推进云计算、大数据处理等信息技术在税收业务中的应用，优化信息系统建设、数据资源配置、信息分析利用模块，加快建设渠道多样、内容丰富、双向互动的网上办税平台建设。其次，深化涉税信息分析应用。切实改变重建设、轻应用的状况，认真抓好金税工程推广应用工作。加强业务与技术的融合，做好数据、信息、

① 胡春武．完善税务公开制度的思考［J］．税务研究，2008（5）．

情报、知识的转化，搞好纳税人申报信息、财务报表信息以及第三方信息的比对，解决征纳双方信息不对称问题。发挥国家税务总局、省级局数据集中优势，探索综合分析不同规模、行业税种纳税人风险发生规律，逐步建立以国家税务总局、省级局为主的风险预警指标、行业评估模型和税法遵从风险特征库，增强税收风险分析识别和应对能力，提升信息管税水平。同时，强化涉税信息的规范采集和有效获取，制定贯穿信息采集、存储、查询、应用等全过程的管理规范，建立信息标准体系，统一涉税信息的数据标准、口径，加强数据质量管理，保证涉税信息的一次性准确采集和规范使用。最后，完善第三方信息共享制度。加大政府各部门信息共享法律法规建设，修改税收征管法，明确工商、公安、国土资源、住建、银行、社保、审计、海关等部门的信息共享义务，建立健全规范、权威的第三方信息获取机制。发挥纳税人的身份证号码作用，将其与个人基本情况、经营盈余情况、收入来源情况、消费支出情况、存款增减情况、财产储备情况、捐赠或义务活动情况等相连，从而测算纳税人的申报是否准确。

（五）加快税收管理社会化，提升社会监督参与度

1. 构建多元参与协税护税体系

英国政府十分重视在税收政策制定的过程中，公开征求各方意见，注重强调多元主体的参与，体现了善治理念中多元参与协作的导向，同时也体现了英国税收管理的社会化趋势。我国应该借鉴英国的先进经验，加快我国税收管理社会化建设的进程。税收管理社会化就是借社会各方面的力量，拓展税收征管触角，进一步推进综合治税，深化税源精细化和科学化管理，实现税收征管方式的根本性转变。为此，首先税务部门要积极向当地党委政府领导汇报，与有关部门座谈，宣传税收法律法规政策和税收社会化管理的意义和作用，取得各级党政领导的支持和有关部门的配合。其次，政府要成立地税、财政、国税、工商、土管、城建、技术监督、劳动、经贸、交通、民政、公检法等部门组成的税收社会化管理领导小组。各乡镇成立办税协会，各街道办事处也要设立社会化办税办公室，下设税收管理小组，小组成员为义务协税护税管理员。聘请人大代表、政协委会，村组负责人等为义务协税护税管理员，形成全社会齐抓共管的协税护税组织体系。

税收社会化管理涉及多个部门，为保证部门和有关人员在税收社会化管理中真正发挥作用，形成合力，要由政府单独行文，对各部门在社会化管理中的职责、义务作出明确规定。同时上级对下级要层层签订税收社会化管理

责任书。各街道办、村委会也要与义务协税护税管理员签订义务协税责任书。文件还要对需要有关部门提供的涉税信息作出明确规定，并要求有关部门每月月底前将信息资料传递给社会化办税组织，然后再传递到主管地税分局。如要求国土资源、招商、计委、市政、城建等部门提供土地规划、新立项目、新建项目、投资金额等信息，房管、物业管理、居委会、村委会等提供房地产转让和房地产租赁地址、面积、期限、价格信息，等等。

2. 充分发挥社会监督作用

英国税务人员之所以能严格按规定办事，这与其监督机制比较健全有关。健全执法监督机制，是税务机关准确、有效地执行法律、法规的重要保证。要加强我国对税务机关和税务工作人员的监督管理，仅靠税务机关自身的监督和监督力量是不行的，要内外结合，需要社会各界的力量来共同监督检查，形成从里到外、从上到下、内外结合的监督体系。社会监督属于外部监督，是税务机关内部监督的有效补充，是税务机关以外的组织或个人，通过多种手段和途径对税收征管全过程中的税收执法行为进行有效和积极的监督。与税务机关和税务干部打交道的纳税人、其他公民等能够随时发现税务机关和税务干部违法违规活动的各种行为，他们从维护自身合法权益出发，有进行监督的内在动力。将内部监督与社会监督进行有机的结合，可以克服税务机关受到的人力、物力、财力限制和制约，扩大对税务机关和税务干部监督的范围，也就是我们经常说的 8 小时内外的监督。社会监督的优势和好处在于监督手段和方法多，监督人员涉及的范围和行业比较多，信息的渠道比较多，不受人员、时间和任务的限制，可以从方方面面对税务机关的征收管理工作和税务人员执法行为、纳税服务情况进行全面、长期和有效的监督，可以形成一种强大的社会压力和震慑力，时时刻刻提醒和告诫税务干部，在税收工作中，要注意自己的行为，要遵守国家的法律法规及各种社会行为规范。

第四节 日本税收治理经验的借鉴

一、日本税收治理兴起的背景

（一）政治背景

日本是以立宪主义为基础的国家，其政治以日本国宪法所规定的体制为运行基础。日本国宪法规定了主权在民的国民主权，在政治上规定了立法、行政、司法三权分立，分别由国会、内阁、法院行使分立的三权。以国会为国家最高权力机关，实行议会民主政治，由国会和内阁协作实行议会内阁制。同时设置世袭君主天皇作为“日本国的象征、日本国名统合的象征”。日本国宪法还规定日本实行地方自治。其地方自治是指全国划分为47个都道府县，都道府县中划分出市町村，由这两层地方公共团体行使自治职能。所有的都道府县和市町村都设有各自的作为议事机关的议会和作为执行机关的首长。日本国的税收事务由财务省主税局、国税部门和地税部门负责，主税局负责税收政策的制定及税收协定的谈签等工作；国税部门主要负责中央税收的征管工作，隶属于地方政府的地税部门则负责地方税收的征管工作。[①] 20世纪末期“善治”理念在世界范围内兴起，对世界各国的宏观政策导向和微观机构设置均产生了一定影响。在这次思想浪潮的推动下，日本也在税收治理的过程中对税务部门的机构设置与运行进行了调整和优化。

（二）经济背景

第二次世界大战后日本由于战争耗资巨大，出现了严重的财政赤字。基于平衡财政收支的考量，日本开始从以下两个方面对其自身税制进行调整：一方面废除战时开征的一些税收；另一方面开征一些新税种。在朝鲜战争期间，美国在日本进行了大量的军事订货，刺激了日本经济的增长，为税制改革创造了十分有利的条件。由此可见，这一时期日本的税制改革与其经济增长保持着积极的互动关系。在日本经济发展史上，20世纪80年代后半期，由于泡沫经济的形成与高涨，日本经济达到了一个黄金时期。其税收收入也实现了较大幅度的增收，这无疑也有助于财政重建目标的实现。但这种根植于虚拟经济的过度繁荣是无法持久的，“泡沫”终于在80年代末90年代初崩破了，日本经济自此陷入了连续三年的负增长。为了促使经济早日走出低谷，日本政府连续实施了大规模的扩张型财政政策，政府支出持续攀升，财政不得不重新依赖于国债的增发，并且国债的发行规模与日俱增，日本财政陷入了艰难的境地。面对这种情形，日本政府在进行其他努力的同时，也试图通过税收治理来解决财政乃至经济所面临的困境。

（三）文化背景

日本是一个独具个性的民族，其文化特点极其鲜明。兼有多重性、均一

---

① 财政部《税收制度国际比较》课题组．日本税制［M］．北京：中国财政经济出版社，2000.

性、日本化及现实性。一是多重性。日本文化是系统各异的东西方文化混合的产物。日本文化产生多重性的原因，主要是来自日本人对他国文化抱有强烈的好奇心，同时对本国文化也具有异常的保护心理。二是均一性。狭窄的国土、众多的人口使日本人长期以来养成了重视集体和国家的习惯，可看成是形成日本文化均一性的主要原因。三是日本化。日本人具有模仿和改造的天赋，具有把外国文化转化为日本独特文化的能力。日本文化现已成为世界各国文化的结合体，同时具有日本独特的风格。四是现实性。日本在科学研究方面，一贯轻视理论研究，而十分重视应用技术的开发，在规格改良和质量上下工夫。这也是其考虑现实利益的集中表现。日本税收文化作为日本文化具体到税收领域的特定产物，也体现出以上几个特点。在“善治”思潮的影响下，日本政府更加清楚地认识到税收文化在凝聚力量、激励斗志、树立形象，推动税收系统高效运转方面具有不可替代的作用。因而培育植根于日本传统文化和现实需求的税收文化也是日本税收治理兴起的重要原因之一。

（四）历史背景

日本税收制度的历史沿革主要包括四个阶段，分别为明治时期的税收制度、大正至战后初期的税收制度、肖普劝告与战后税收制度，以及20世纪80年代后期以来的税收制度。明治时期，日本政府为了实现“富国强兵”，财政支出大幅增长。因此明治政府一方面加强已有税收的征管；另一方面积极寻求新型财源。随着美苏冷战激化，美国开始关注日本的稳定和发展，指定肖普博士为日本税制改革提出了建议案。日本以此为蓝本进行了税制改革。这一改革确立了战后日本税制的基本框架。自20世纪80年代起，日本开始了新一轮税制改革，包括1987年改革和1988年改革。这两次改革是对“肖普税制”的根本性改革。80年代后期的改革，从税制上讲，一方面是要建立直接税和间接税相协调的税制；另一方面是针对国民经济结构的变化，实行对所得、消费和资产的公平协调课税。进入90年代后，一方面居民仍对个人所得税存在重税负的感觉；另一方面财政赤字和国债规模急剧扩大。日本政府在这一背景下兴起的税收治理，主要是在适当降低个人所得税税率的基础上，提高消费税税率以增加财政收入。因此，可以说这次税收治理是针对80年代后期日本税收领域的现实情况所开展的根本性改革。

（五）外交背景

20世纪70年代以来，由于日本国际经济地位的提高，加快了由“经济大国”向“政治大国”迈进的步伐，其对外战略从服务于经济大国变为加强自主外交、力争在国际舞台上发挥政治大国的作用，以日中恢复邦交为标志，日本的外交战略开始由从属型向自主型转变。近年来，日本重新审视了自身与各大国之间的关系，并作出重大调整，但仍然把与美国的关系放在发展首位，日本外交政策的基本取向是坚持以日美同盟为基轴，以亚洲为战略依托，重视发展大国关系。重视加强日美安全合作，同时致力于稳定对华关系，深化与东盟关系，加强对欧关系，改善日俄和日朝关系。积极参与地区和国际政治、经济和安全事务，力争成为联合国安理会常任理事国。在经济全球化、政治民主化及文化多元化的大趋势下，日本日益重视其在国际舞台上发挥的作用，开始致力于打造具有良好国际形象的“现代日本”。而税收政策作为日本经济政策的重要组成部分，其科学性与有效性将直接影响日本经济的开放程度。因此日本政府基于经济体制转型的现实背景，积极在税收政策制定的过程中引入“善治”因素，为其税收治理的兴起提供政策支持。

二、日本税收制度概况

税收制度的建立和发展，受到多重因素的影响，由于各国的政治、经济等条件不同，其税收制度也会显现出不同特征。战后日本税收制度主要有三个显著特征：从税制结构上看，形成了直接税为主体的税收体系；从税收负担上看，日本几十年来的税负相对较轻；从国税和地方税关系上看，主要强调中央财政的主导地位，同时也兼顾地方利益。

（一）税制结构：以直接税为主体的税收体系

直接税和间接税是资本主义国家常用的税收分类方法，其划分标准至今无一严格定论，最常见的是以税负转嫁与否为依据。西方学者认为，直接税是对所得和利润的课征，纳税义务和税收的经济负担一致；而间接税是对商品等的课征，税收负担可以通过价格转嫁给消费者，纳税义务人和税收的经济负担不一致。若依此划分，日本收入税类和资产税类中的所得税、法人税、继承税等都属于直接税，而消费税类和流通税类中的许多税种属于间接税。西方国家税制演变过程，一般是由简单的直接税制过渡到间接税制，再进一步转化为现代的直接税制。日本税制的沿革，也符合这一规律。日本现行的以直接税为主体的税收体系，是在第二次世界大战后形成的，战争期间日本直接税比重异常增高，主要是因为战时利得税的课征。第二次世界大战结束后，日本通货膨胀严重。为恢复经济，日本进行了全方位改革，税收制度改革也在其中。1949 年 5 月，美国夏普税制使团访日，提出了一个全面改革的方案。其主要原则可概括为以下两个方面：一方面建立公平稳定的税收制度；另一方面确立直接税在税收体系的中心地位。此后，日本税制就在“夏普方案”的基础上建立起来。20 世纪 80 年代后期，日本经济结构发生变化，为了使税制顺应经济从“外需依存型”向“内需依存型”转化，日本开始酝酿开展全方位的税收治理。

（二）税收负担：与其他西方国家相比税负较轻

国家税收负担的轻重有许多衡量指标，最常见的指标是税收负担率，即国家在一定时期的税收与同期国民收入的比值。日本税收负担率除在 1949 年前后有一高峰外，其余年份相对平稳，大体维持在 20%。从日本财政岁入岁出方面分析，日本税收负担较轻的原因可以总结为以下两个方面：一方面日本政府支出占国民收入的百分比一直远低于欧洲国家。在西方一些发达国家，军费和社会福利费是政府的两项主要支出，日本这两方面的支出较少。日本作为第二次世界大战的战败国，其战后的防务费增长受到很大限制，军费开支显著低于其他主要西方国家。在社会福利支出方面，日本也低于其他发达国家。政府收支规模一般呈正相关。因此，作为政府主要收入来源的税收，其规模也相对较小。另一方面在日本财政收入中，其税收所占百分比也较西方其他国家低。美、英等国政府收入，主要靠税收维持，日本则在发展税制的同时，也注意利用其他收入形式。20 世纪 50 年代，日本的财政垄断事业相当发达，其专卖收入在岁入中的比重较高，1950 年曾达到 16%，1960 年仍占 7.5%。80 年代后期，日本进行的税制改革同样没有增加其税收负担。根据 1986 年日本税改大纲，所得税和法人税拟分别减少 2.7 万亿日元和 1.8 万亿日元，利息课税和销售税拟分别增加 1.6 万亿日元和 2.9 万亿日元，税收负担从整体看维持原来水平。①

（三）国税和地方税的划分：突出中央地位，兼顾地方利益

日本行政体制分中央、都道府县、市町村等级别。各级政府为了正常行使职能，必须拥有一定的财力。日本在各级政府之间分配财力的过程中，比较注重中央财政的地位，同时通过中央财政补助的形式扶持地方政府。税收

---

① 梁洁．中外税负的比较研究［D］．江南大学，2009.

是政府财力的主要来源，是日本税收制度的显著特征。主要体现在以下两个方面：一方面体现在日本税制对税收收入的所属划分。税收体系根据税权主体不同，可分为国税和地方税，前者属于中央政府，后者划归地方政府。在日本税收体系中，国税包括所得税、法人税、酒税等二十几个税种。其中所得税和法人税是所有税种中占比例最高的两项。地方税虽然也有近 30 个税种，但除了个别税种的收入比重稍大外，其余均为一些分散的税种。日本通过这种税种分布结构，突出了中央财政的主导地位，也使地方政府有相对独立的财源。另一方面日本中央财政通过国家让与税、国家下拨税等形式支助地方财政，以加强中央控制并兼顾地方利益。日本中央政府和地方政府共同负担支持公共经济活动的责任，地方财政的其他主要职能是保证本地区的教育、环境卫生、警察消防等与国民生活极为密切的公共服务的供给，但地方财政的自主财源较少，一般不能满足支出，因此不得不依靠国家补助。日本中央财政就根据国家政策的目标，结合地方具体情况，采用国家让与税、国家下拨税和国库支出金的形式弥补地方财源的不足，保证地方财力的均衡与可靠。

三、日本税收治理经验的基本内容

（一）宣传与服务

基于为纳税人提供优质高效的纳税服务的考量，日本国税部门采取了开展税法宣传、提供纳税咨询、细化办税服务等措施。经过多年的实践和发展，现已建立起一套较为完善且行之有效的纳税服务体系。总结日本纳税服务工作体系的特点，对于我国建立多元化的纳税服务体系具有重要意义。

1. 开展税法宣传，强化公民依法纳税意识

为增强公民的依法纳税意识，促使纳税人和代扣代缴义务人能够主动、准确地申报纳税，日本国税部门大力开展面向纳税人的税法宣传工作。其税法宣传工作主要有以下几个突出特点。

（1）规范性：建立“税法宣传周”制度

第二次世界大战后，日本建立了“税法宣传周”制度，即在每年的 11 月 11—17 日，举办全国性的税法宣传活动，向公民广泛宣讲税法知识和纳税规定。为此，国税厅设定了包括保证纳税人不到税务部门就能得到所需信息、保证用纳税人容易理解的浅显易懂的方式编制宣传资料、保证在税法宣传前

广泛征询纳税人的意见、保证税法宣传资料反映纳税人的需求、保证税法宣传的统一性和一致性等宣传目标，突出强调宣传渠道的便捷性、宣传形式的多元性、宣传主题的互动性，从而有效地指导全国税法宣传工作。

（2）针对性：宣传内容契合实际

日本国税部门针对不同时期的宣传目标，确定不同的宣传内容。如在个人所得税税法政策调整时，着重宣传多达15项的减免扣除，既便于纳税人了解税法规定，准确地履行申报纳税义务，也使纳税人感到政府对纳税人利益的重视和维护，增强依法纳税的自觉性。同时日本国税部门注重加强对社会各阶层特别是青少年的税法宣传教育，并针对社会各阶层确定了不同的税法宣传内容，致力于在全社会形成依法纳税的导向。为此，国税厅在一些税务署建立了永久性的税法教育基地，为广大青少年学生和纳税人到税务部门参观或实地调查提供方便。

（3）多元性：宣传形式灵活新颖

日本国税部门在税法宣传的过程中一直致力于创新税法宣传形式，增强税法宣传的多元性。日本国税厅、文部省、公共团体、教育机构等有关人士共同组织成立了“租税教育促进协议会”，通过开办税法学习班、制作税法教材、开发税法游戏等多种形式促进税法教育，还在日本国税网站上提供了税法教学课件、在线小游戏等资源。此外，日本税务部门还联合民间团体每年派遣讲师到学校开办税法学习讲座。日本国税部门通过这些形式多样、风格新颖的宣传活动，使依法纳税的意识在潜移默化中深入人心。

2. 提供纳税咨询，搭建现代化咨询平台

日本国税部门十分重视税务咨询工作，建立了以税务相谈室、电话和互联网为主的咨询服务平台。同时，建立了比较完善的电子信息查询系统，纳税人可以随时查询有关税法解释和政策规定。日本国税部门所搭建的现代化咨询平台可归纳为以下几个层面。

一是税务相谈室。日本国家税务局于1970年首次设立了税务相谈室。税务署是税收征管的第一线，目前各个税务署均设有税务相谈室，指定专人处理纳税人的税收咨询事务、解释有关税法和政策规定。在语音服务方式上，以提供日语的电话语音和传真服务为主。在一些规模较大的税务局，税务相谈室还提供英语咨询服务。

二是电话服务。日本设有全国统一的纳税服务咨询电话，纳税人可以通过拨打本地税务署的电话，根据自动提示选择由国家税务局还是税务署回答。全国共设有12个电话咨询中心，其座席人员由634名具有资深业务水准的税收业务专家担任。为保证服务质量，国家税务局在每年的4~5月间，都组织开展对咨询人员的业务培训。从总体上看，日本纳税人的绝大多数问题均可通过本地国家税务局的电话服务得到准确、及时的答复。

三是弹性服务。近年来，日本城市工薪收入者日益增加，且这一纳税群体难以在上班时间履行申报纳税。从2003年起，日本国税部门在每年申报期提供周末纳税咨询服务。从2004年起，除提供咨询服务外，国税部门同时开展受理纳税申报等服务事项。这种新型服务方式取得了良好的成效。此外，日本十分注重与民间团体的合作，通常将一般性的咨询服务工作交给有关民间团体来承担，使纳税咨询服务面更加广泛。

3. 细化办税服务，创新纳税申报形式

日本纳税人的缴税方式较为灵活。目前国税厅供纳税人选择的纳税方式有五种，分别是在金融机构柜台支付、在税务机关柜台支付、在便利店支付、电子支付和汇款支付。其中，使用量最大的是在金融机构柜台支付，2007年达3748万次；使用量最小的是电子支付，2007年仅32万次；最受个人所得税纳税人欢迎的是在便利店缴税。日本国税部门规定，从2008年1月21日起，凡缴纳低于30万日元的纳税人持税务署出具的条形码纳税凭单，就可以在任何一家便利店收银台随时缴纳税款。随着信息技术的发展，日本十分注重利用互联网等手段为纳税人申报纳税提供便利。2004年，国税厅在全国范围内推广使用了电子申报缴纳（即E-TAX）系统，纳税人可以通过互联网或是委托税务代理机构申报纳税。自2006年1月起，纳税人通过E-TAX系统提交纳税申请表，无须补充其他书面资料。目前，日本国税厅网站功能已经比较健全，E-TAX系统可以处理约900种国税手续（大企业仍有部分文件需要报送纸质材料）。①

（二）合法与合理

作为传统的中央集权制国家，日本国内政权分为三个层级，即中央、都和市。其国内财税管理体制与三级政府的组织架构相适应，赋予中央、都和市各级政府以相对独立的财权和税权。与其他发达国家相比，日本的税权配置模式具有以下几个特点。

1. 中央集中行使立法权，地方政府有限行使税权

日本国内的税收主要分为国税和地方税两大类。具体而言，日本的国税，

① 孟丽，尚可文．中外纳税申报制度的比较研究与借鉴［J］．国际经贸探索，2009（6）．

也称为中央税，是由内阁大藏省的主税局和关税局两个机构具体负责，开展税收调查研究和税法编制工作，法律文本草拟后由内阁统一提交国会的参议院和众议院审批，待两院批准后颁布实施；日本的地方税可根据政府层级的不同进一步分为都道府县税和市町村税，相关税法也由中央统一制定，立法程序和议事规则也与中央税的类似。地方政府的税收立法权限：一是享有法外地方税的税收立法权。这是日本税制体系的一大特色。与其他税种的立法权一样，法外地方税的立法权也归属于中央，必须经由中央立法程序或授权地方履行立法程序，才能批准生效和颁布实施；二是享有地方税种和税率结构的有限选择权。在日本，尽管地方税的税收立法权集中在中央，但地方政府对于是否开征某一地方税具有独立的选择权，对具体税率也有决定权。

2. 税收执法权由国税和地税两大系统共同执行

日本的税收执法主体包括国税和地税两大系统，由两者共同履行税收执法权，共同维护税收秩序和为纳税人服务。日本的国税系统共有三级机构：国税厅、区国家税务局和税务署，国税厅设立在内阁大藏省，全面负责国内涉税事务的处理和中央税的征管工作。日本国税机构的特点是：税务官员少、内部管理层次少和整体管理效能高。地税机关则设立在地方各级政府，日本的政治体制贯彻地方自治原则，各自治省均设有税务局，负责各类地方税种的征收管理。各都道府县税务局为了更好地履行税收条例、法规的研究、调查、规划及起草方案的职能，按地区管辖范围的大小分别设置主税局或税务部等主体机构，为高效征收税收收入，都（道、府、县）下设派出机构税务所办理都道府县税的有关事宜，而市（町、村）下设税务所负责市町村税的征收、管理、稽查、审核、催缴、登记等工作。

3. 税收司法机构由国税不服审判所和税务法院组成

为妥善解决涉税事务的法律纠纷、维护征纳双方的合法权益，日本专门设立了税务案件诉讼机构——国税不服审判所。根据国税不服审判所的职能设置，只要是关于国内税收的审查、申述请求，都交由该机构承办和处理。从组织关系上看，国税不服审判所是内阁大藏省国税厅的下设机构，但其工作职权具有高度的独立性，不受上级机关节制。为方便纳税人提起申述和加快涉税案件处理速度，日本在国内主要城市设立了 12 个国税不服审判所。根据日本宪法和法律的规定，日本国内的税收司法权全部归属于司法系统，始终坚持司法独立，即由司法机关对涉税诉讼和案件统一进行审理，避免行政权力对司法的干预。涉税行政诉讼可以分为六大类，即取消诉讼、无效诉讼、争点诉讼、不作为违法诉讼、滞纳金还付请求诉讼和国家赔偿诉讼。在涉税案件调查中，首先由稽征官进行调查，调查取证后，移交检察官承办和审理，由后者严格按照刑事诉讼程序进行处理。

4. 通过转移支付方式解决税权与事权不匹配的难题

日本每一级政府均以两种税作为其主体税种，即在税制上采取双主体结构。各级政府都选择外界因素干扰较小，能保证其收入来源的税种作为主体税种。中央政府的主体税种是个人所得税和法人所得税，中央征收管理的税收占全国税收总收入的比重高达60%以上；道府县的主体税种是居民税和事业税；市町村的主体税种是市町村居民税和固定资产税。总体看来，日本税制特点可归结为：一是中央税税源辐射范围大，所以日本税收收入主要集中在中央；二是没有中央与地方的共享税种，基本执行中央、地方分别征收的办法，分税特征明显。由于税收收入被高度集中于中央，为支持地方管理经济、社会、文化等各种事务，日本中央政府通过地方交付税、地方让与税、国库支出金等形式，将中央收入再分配给地方使用。这样一来，中央政府既掌握了对地方资金的支配权，使自身政策意图得以顺利贯彻执行，又充分调动了地方政府发展地方事务的自主性和积极性。

（三）科学与有效

日本在税制变迁过程中，不仅在世界范围内最早创立了税务代理制度，并且在税制改革与发展中将其发展成为当今世界上最为健全、完善的税务代理制度。随着市场经济的发展，税务代理业也将在我国占据重要的地位。因此，对日本税理士制度的分析与借鉴对我国税收代理制度的发展具有重要意义。日本税理士制度的优越性主要体现为以下几点。

1. 基础法律健全完善

日本的《税理士法》从1942年正式立法到20世纪90年代中期，经过大大小小20余次的修改，对税理士制度进行了细致全面的规定。其内容包括有关税理士的使命、业务、资格、考试、注册登记、权利、义务及责任等规定。[①]《税理士法》在整个日本税理士制中占据核心地位，是日本税理士制度发展的基石。并且根据有关法律规定，税务代理机构完全独立于税收征管机构，这样其一方面可以帮助纳税人正确地缴纳税款；另一方面可以督促征管机关的改正其错征行为，从而形成了纳税人、税理士、征管机关的三方权利制约机制，有效推动了日本税收事业的发展。

---

① 杨同富．日本税理士制度的演进及对我国税收代理工作的启示［J］．税务纵横，2003（6）．

2. 配套法规科学完整

日本有大量的法规对税务代理人员的业务范围、报酬、权利、义务等做出具体的规定，有效地促进了税务代理行业的规范、持续发展。如对税务援助的具体规定：其实施对象是由于经济原因委托税理士存在困难的人员，对同一对象实施的税务援助，不可超过 2 年。进行税务援助所实施的业务是无偿的或只收取低廉的报酬。从事税务援助，必须指定税理士，指定的税理士的任期为每年 4 月 1 日至次年 3 月 31 日，准许再任。

3. 组织管理严密有序

税理士制度的组织管理有两个显著特点：一是严格的税理士资格审核和考试制度。日本对参加税理士考试人员的资格审查相当严格，如予以免试的一般税务人员必须达到在区税务所、地区税务局或国税厅从事核税工作 23 年以上，并且必须修完制定的课程的苛刻条件。二是内外两级管理制度相互制约客观公正。日本的税理士监管分为内部监督和外部监督两套管理体系。行业的内部监管是通过在全国范围内成立日本税理士联合会实现的；外部监督是指日本政府进行的监督。大藏省国税厅设立税理士审查会，根据实际情况对税理士联合会和税理士会进行检查。通过这种内外结合的双重监督体系，保证了税务代理的客观、公正。

（四）信息与透明

税收信息化是社会经济信息化的一个重要组成部分，加快税收信息化进程，是充分实现税收职能的需要。经过近 30 年的实践与发展，日本的税收信息化建设已在建设体系、精简流程、软件研发与推广应用等方面取得显著成效，值得我们分析和借鉴，日本税收信息化建设的特点主要体现在以下几个方面。

1. 提高统一性，以覆盖全国的信息系统为纽带

日本税收信息化建设的显著特点之一是以覆盖全国的计算机管理信息系统为税收工作的纽带，通过国家税务局的信息中心接收各税务所传送的纳税人基本情况和申报信息，对银行传送的信息进行统计，验算核对后再传送给税务所，后者用统一审计，促使国家税务局、税务署的计算机系统在统一的状态下运行。日本国税系统先后使用了两套税收管理综合应用系统。第一套计算机应用系统被称为综合在线系统。随着社会经济活动的地域范围不断扩大，税收管理的外部环境发生急剧变化，综合在线系统的局限性很快暴露出来。在这样的形势下，日本国税厅决定开发新的税收管理计算机应用系统。

第二套税收管理信息系统被称为综合国税管理系统，简称为 KSK。KSK 系统主要包括以下几个组件：一是纳税人信息管理系统：系统管理纳税人的一些通用信息。二是税收记录系统：这一系统用于获得从操作系统输入的纳税人的纳税记录。三是共同文件系统：这一系统通过索引提供获得官方文件的功能。四是单项业务操作系统：系统为每一个税种开发一个相对独立的子系统。五是业务管理信息系统：这一系统自动接收资料，随时为业务管理提供获得汇总的资料。KSK 系统对日本国税税收管理发挥着重要的支撑作用。

2. 增强技术性，以准确高效的统计工具为依托

在税收信息化建设的过程中重视技术支持是日本税收信息化的又一鲜明特点。电子计算机具有计算速度快，精确度高、存储数据多等特点，很适于税款的征收计算和管理监督。因此日本在税务管理的过程中，将计算机作为统计工具。日本的税务管理计算机化已有相当的基础。1994 年 3 月 19 日，日本国税厅宣布从 1995 年起逐步配备电子计算机系统，建立税务“全国监视网”。使用这一系统后，税务署可从申报单上直接读取和输入个人和企业的税务申报状况，而且全国的国家税务局和税务署能够为纳税者检查申报纳税和交易对象资料。采用新系统的目的，是大幅度地减轻不断增加的业务量，把精力投入漏报和偷税的税务调查及征收拖欠税款等事务上。[①] 另外，新系统不单具备资料的检索，而且具有把税务调查的候补人自动造表等功能，它已成为揭发漏税的有力武器。国税厅采用“国税综合管理系统”最大的目的，是对全国各地的所有税务资料进行一元化管理。现行的系统是当初根据需要不断扩建的结果，城市圈的国家税务局和地方圈的国家税务局被分化为两个系统。由此可见，日本正不断提高税务管理的技术性，以适应现代税收的需要。

3. 重视安全性，以动态独立的监控机制为保障

在税收信息化建设过程中，日本税务部门形成了重视税收信息安全的价值取向。日本国税厅采取多种措施保证纳税人信息安全，可总结为以下几个方面：一是规划、设计、建立税务信息安全体系，从设备、网络、系统软件、应用系统等层面充分考虑，建立税务系统自主版权的信息安全平台和可靠性保障体系。在系统管理中心和备份中心，国税厅按照国际标准建立了信息安全管理系统。二是加强系统自身的安全建设，建立税务系统数字认证中心和外部人员上网或内部人员远程访问数据的身份认证机制，做到内部关键数据

---

① 程剑东．国外税收信息化管理经验借鉴［J］．市场周刊（理论研究），2011（3）．

与公共网络的物理隔离。国税信息系统只允许工作人员按照职责权限使用各种信息。作为一项重要管理措施，2003 年 6 月国税厅制定了信息安全管理办法，对保存在终端的信息进行加密。三是建立健全安全管理机制，行政管理方面抓好安全管理机构、制度、人员、监督机制等，技术管理方面抓好工程建设和网络运行的各个环节。这也强化了全体工作人员的信息安全意识，促使他们能够更加谨慎地操作系统。四是形成安全管理的动态监控机制。充分利用社会技术力量，密切关注针对信息化活动犯罪的新动向。

（五）公正与参与

1. 税收检查：形成多元检查主体，提高税收检查公正性

税收治理的公正性主要体现在税收检查中，税收检查是日本国税税收行政执法管理的主要执法职能。无论是国税机关内部主要职能机构的设置，还是国税管理职能和国税人力资源的配置，主要是围绕有效地开展税收检查这一工作中心。日本国税税收检查包括税收行政检查和税收刑事调查两种基本形式。而获得丰富的、高质量的税收情报又是有效实施税收检查的关键。

（1）主动申报与实际考察相结合，层层深入开展行政检查

税收行政检查根据检查的深度不同主要分为三种，包括信息报送及审核审计处置和实地检查。信息报送和申报审核环节有三个程序：第一个程序是由纳税人履行，包括开业通知、最终收入申报确认、相关财务报表等。纳税人最终的纳税申报不仅是用于确认应纳税额的一种表格，同时也是一种检查纳税人申报情况的最低限度的信息依据。第二个程序由第三方履行。由第三方提供的付款记录及类似的信息，对检查纳税人申报表的真实性十分有效。第三个程序是由税务署进行审核。申报的审核检查包括参考申报的内容与纳税人集中信息的比对，并进行具体分析。审核审计处置是指，在申报审核环节，当被怀疑纳税人申报内容有错误，或忽视了申报义务，或申报问题能够相对简易地处理时，税务机关采取的一种税收检查措施。税务机关可以通过电话或信函要求纳税人提供相关说明。实地检查是指税务机关认为有必要对纳税人实施更加深入的税收检查时，税收检查就进入实地检查阶段。实地检查是税务机关针对纳税人通过大量的恶意做假账等手段展开的深入检查、调查等执法行为。为了全面理清纳税人实际经营状况，彻底检查税收方面存在的问题，税务机关必须动员组织力量进行实地检查。采取怎样的检查形式及如何有效地开展实地检查主要取决于待调查或检查的具体情况。

（2）专业性与准确性并重，依法按章进行刑事调查

根据税收刑事调查工作专业性较强的特点，日本国会将偷税案件的刑事侦查权赋予税务机关。依据《违反国家税收控制法》，日本国税机关通过税收刑事调查，揭露重大的恶意偷税行为，追究恶意偷税纳税人的刑事责任，维护自我评定税收制度，促进纳税人税收遵从水准的提高。国税刑事调查部门在强制调查之前，首先要对偷税的程度和手法进行摸底，获取相关细节。接下来展开强制调查，为对偷税提起诉讼收集充分的证据。因为，在最后的法庭审理中他们有义务证明当事人犯有偷税罪，因此，调查人员必须认真仔细地收集充分的证据。在刑事调查中，税收刑事调查人员依法可以对违法者进行询问，可以检查和扣押纳税人所拥有的物件。必要时，在获得法官允许的情况下，税收刑事调查人员可以实施搜捕、搜查、捕捉等。在刑事调查结束时，税务机关需要就所调查的偷税案件向检察官提起指控。检察官受到税务机关的指控后，要根据刑事诉讼法对税收偷税案件再次进行调查。通过调查，检察官也认为偷税案件的当事人涉嫌构成犯罪的，他们就依法在区法院对偷税当事人提起控诉。法庭进行全面听审以后，法官作出是否构成偷税罪的判决。

（3）机构与制度并举，周密有序获取税收情报

税收检查是支撑现代税收行政执法管理的关键，而获得丰富的、高质量的税收情报是有效实施税收检查的保障。税收情报是指与纳税人纳税情况有关的范围广泛的信息。从职能上讲，税收情报工作具有一定的相对独立性，为此，日本国税系统内部现已形成一套比较健全的税收情报体系。首先，在区税务局和税务署都设有专门的情报机构和专门的情报人员。在国税厅内部设有直接从事税收情报收集工作的机构，但相关机构负责对区税务和税务署的情报工作进行指导和监督。其次，建立专门的情报会议制度，定期举行由每个相关部门、组织的官员组成的情报会议，会商情报工作基本运作政策和具体的实施计划。再次，日常税收情报管理工作周密有序。法定情报信息收集工作主要包括：确定谁依法应当报送法定情报；对法定情报报送工作的指导；法定情报内容的审计等。最后，注意不断开发税收情报的渠道来源。为不断拓展税收情报来源渠道，国税厅专门从事有用情报资源开发和专门从事检查虚假、欺诈、有问题或模糊交易情报开发的专家，经常被派遣到区国家税务局和税务署工作。他们的职责是通过仔细研究观察产业经济形势和交易模式的变化，全球化和信息技术的应用，掌握发掘信息来源的方式，并应用于情报收集工作。

2. 建立纳税人自评制度，增强税收征管参与性

纳税人自我评定税收制度（Self-assessment System，SAS）是影响日本税收管理体系结构形式的制度基础。从一定意义上看，也是理解现代法治社会中税收管理职能体系结构特征的关键。所谓纳税人自我评定税收制度，是纳税人自主确定并缴纳其应纳税款，税务机关对纳税人申报、缴纳税收进行指导、检查和监督的税收管理制度。也是“善治”内涵中的参与性具体到税收行政管理中的产物，该制度的特点可概括为以下三个方面。

一是法律至上、权责明晰。

SAS 的确立意味着税收管理中法律至上原则得以确立，税收管理开始由人治向法治转型。现代社会民主法治的原则和公民在国家管理中参与统治的思想在税收行政管理中得到具体体现。SAS 是日本现代税收管理体系架构的法理基础。日本现代税收管理法律体系的建构和完善与这一制度存在着密不可分的联系。税收管理过程中，税务机关与纳税人之间的权力义务关系十分清晰。根据日本中央政府改革的基本法，国税厅税收管理的主要使命概括起来就是执法和服务。执法职能主要是指税收检查和欠税征收，以正确的方式运用相关的法律、法规，努力使纳税人准确申报税收。同时，对提供错误申报的纳税人实施适当的检查和指导，纠正自我评定税收申报中的错误，通过对不能满足最后期限要求的纳税人采取适当的措施，征收拖欠税款。服务职能是指税务机关帮助纳税人进行应纳税收的自我评定和缴纳。即国税厅努力保证税收管理的透明度，使纳税人能够获得有关税收法律和申报、纳税程序的信息。努力保障日本公民、有关政府部门等方面的广泛合作和参与，以增强公众对税收及税收管理作用的理解，鼓励他们在税收管理事务中积极配合。

二是自行申报、适度指导。

在 SAS 的制度背景下，纳税人与税务机关主要从以下两方面出发参与税收征管：一方面，纳税人依据法律自主履行法律规定的纳税义务。一是纳税人自行计算应税收入和应纳税额，在此基础上向税务机关申报税收；二是税额主要由纳税人申报确定，纳税人按照自己申报的数额交纳税款；三是如少申报或不申报，税务机关有权调整、决定纳税人的应纳税额。另一方面，税务机关依法为纳税人自主履行纳税义务提供指导。当纳税人不正确履行法定的纳税义务时，税务机关依法对纳税人实施必要的税收检查。目前，世界上许多发展中国家在税收管理改革中普遍将引入和建立 SAS 作为税收管理改革的关键环节。与现代社会中纳税人自我评定税收制度相对应的是传统社会中税务官员评定税收（Official Assessment System，OAS）制度，即纳税人缴纳

税收的多少主要由税务官员决定。这一制度是以传统人治社会为背景，税务机关与纳税人之间的权力义务关系比较模糊，纳税人在税收管理活动中处于被动地位。[①] 日本税收征管的实践证明，在税收管理基础十分薄弱的社会里逐步推进具有现代法治特征的SAS，更有利于现代税收管理体系和现代税收管理秩序的建立。

三是定位合理、科学高效。

日本国税机关基于SAS建构的税收管理职能定位，既没有保障财政收入的要求，也没有发挥税收调节经济杠杆作用，促进社会经济发展的要求。从现象上看，日本国税机关税收管理职能定位不高，要求简单、具体。但深入分析可以发现，这种职能定位顺乎法理，科学高效。这种职能定位避免了税收职能与税收管理职能之间的混同，合乎现代法制体系内在结构的功能划分要求。税收体系是由税收立法、税收执法、税收司法等“子体系”共同构成。国家通过税收立法预设税收职能。税收立法决定怎样发挥、如何发挥税收应有的职能。税收执法是税收立法的实现过程。如果税收执法保障税收立法得到全面实施，那么，国家赋予税收的预期职能就自然得以实现，因此，从法理的角度看，税收收入能否满足国家财政的需要，纳税人是否能够承受法定的税收负担，税收将对经济发展会产生怎样的影响等问题，并非税收执法职能或税收执法机关所要直接关注的问题，并不直接体现为税务机关行政执法的职能要求；而帮助、监督公民自觉、准确地履行法定义务，公正地实现税收立法才是税收行政执法的职能所在。

四、日本税收治理的经验借鉴

（一）健全税收宣传体系，实现税收治理的开放性

日本的税收宣传将社会发展、改善国民生活与税收紧密联系在一起，不断提高公民依法纳税的自觉性。与日本相比，由于我国税收体制不健全和全民纳税意识薄弱，税收流失严重。因此加强税收宣传教育，提高全民纳税意识，在我国有十分重要的意义。借鉴日本的税收宣传经验，应着重做好以下工作。

1. 扩大税收宣传覆盖面，形成社会综合治税导向

税收宣传工作是一项综合性很强的工作，做好税收宣传，需要全社会的

---

① 杨华．日本纳税评估的经验及借鉴［J］．中国财政，2011（23）．

参与和各个系统的相互协调。一方面税务部门要改变过去税收宣传工作受众面窄的局面，宣传对象不应再局限于纳税人，应进一步扩大税收宣传的层次，以争取社会各个阶层的理解和支持；另一方面要建立由政府领导、税务机关主办、相关部门特别是工商公安检察金融等部门配合的社会综合治税机制，通过这种综合机制使与税收有关的国家机关都参与到税收宣传工作中以壮大税收宣传规模。加大与社会各界团体的联系，引入税务中介组织以有偿或无偿的形式为公众提供各种形式的服务。只有各部门发挥各自独有的资源优势，才能真正起到税收宣传的效果。

2. 建立税收宣传常态机制，打造潜移默化的影响力

税收宣传不是朝夕之功，税务部门可以将税收宣传月看成是集中造势的契机，利用这个契机扩大影响，引起人们对税收工作的关注，但除此之外有必要建立税收宣传常态机制，并使其贯穿税收工作的始终，在日常宣传工作中充分利用一切机会对公众进行潜移默化的影响。如办税服务厅是接触纳税人最多的地方，税务机关应积极利用这一场所进行常规宣传，除在征收申报期及时并集中向纳税人发放税收政策宣传材料外，税务部门还可以定期总结纳税人在申报缴纳税款过程中经常犯的错误和常见问题，张贴在服务厅的各个窗口或宣传栏上以提醒企业不要犯重复性错误，这种做法既宣传了税法，又切实降低了纳税人的办税成本，还减轻了窗口工作人员的劳动量。基层税务所可以通过定期举办税企交流会等形式与纳税人建立沟通联系制度，在改进工作作风不足的同时，及时宣传税收法规的最新变化。

3. 树立积极的税收宣传意识，加快队伍的专业化建设

税务部门要改变观念上对税收宣传工作的认识偏差，加快税收宣传队伍的专业化建设，鼓励税务人员积极参与税收宣传。一支高素质的税收宣传队伍会更有利于税收宣传形式的改进和税收宣传效果的提高，优秀的税收宣传人员除了努力掌握相关的专业知识以适应税法宣传工作的需要外，还要从人格方面的积极因素影响纳税人，通过树立清正廉洁、公道正派的形象增强税收宣传的说服力，以调动纳税人的积极性和主动性。从事征管工作的税务人员也应树立积极的税收宣传意识，寓税收宣传于税收管理中，在提供热情周到的管理服务的同时普及税收政策法规，使公民受到经常性的税收教育，这对于预防纳税人违法违纪行为的发生可以取得事半功倍的效果，最终达到以宣传促征管，以征管促税收的目的。

4. 注重税收宣传的灵活性，创新宣传形式与内容

在税收宣传的形式上，要深入分析各行各业纳税人的业务特点，分别

采用街头宣传、新闻宣传、文艺宣传等不同形式进行分类宣传，以增强税收宣传的灵活性。如针对大中型企业多数能守法经营且自觉履行纳税义务的实际情况，可以通过树立模范纳税典型来引导更多的企业诚信纳税；对于正常缴税的纳税人，应以告知性宣传为主，巩固其纳税遵从心理；对于发生违章行为的纳税人，应有选择地向社会曝光。在税收宣传的内容上，要以需求为导向加强日常税收宣传，在深度与广度上都要尽可能地满足纳税人和社会各界对税收宣传的需求。在日常的宣传工作中要提供个性化的宣传内容，开展与纳税人的生存发展息息相关的税收政策宣传，使广大公民能够从税收优惠政策中得到实惠。同时切实维护纳税人的知情权，将对纳税人权利和义务的宣传落到实处，以体现国家税收“取之于民、用之于民”的价值追求。

（二）加快税法建设进程，保证税收治理的规范性

依法治税即税收征管工作的法制化，是征管工作的灵魂。与日本等发达国家相比，目前我国税收法制建设还不够完善，在一定程度上制约着税收功能的有效发挥。因此我国在开展税收治理的过程中，应从以下几点出发加快税法建设进程。

1. 完善税收立法，健全税收法律体系

在市场经济条件下，税收不仅是国家财政收入，也是国家法制建设的一个重要方面。随着税收在我国国民经济中地位的提高和税收法制化进程的加快，税收在宪法中的内容也相应增加。这就要求我们加快制订税收法律法规的母法《税收基本法》，基本法应经全国人大审定后以法典的形式颁布，对国家所有税收法规都有统领、约束作用。把税收法律、法规的基本原则统一于基本法，可以强化税法的系统性、稳定性和规范性。在此基础上，要全面建立我国的税收法律体系。首先随着一些暂行条例的不断成熟，应抓住时机将其上升为法律法规，以保障税法的统一性和执行力。其次要加快税法改革步伐，完善税收程序法，出台遗产税、社会保障税等新税种，填补目前税收法律的盲区。逐步构建一个以税收基本法为基础，各单行税收法律为主干，程序法与实体法并重，各类税法相协调，不同法律相配套，更加适应社会主义市场经济体制要求的税法规范体系。

2. 规范税收执法，完善执法责任制

一是建立完善的执法工作机制。税务机关所享有的税收征管权是国家赋予的，因此税务机关在行使职权时不能有主观随意性。要制止随意改变、变

通政策和自由章法的行为，保证税法的严肃性和统一性。与此同时，要尽快建立独立的税收司法保障体系，使税务执法有坚强的后盾，从而保证对违法行为有足够的震慑力。与此同时，要加快现代信息技术的应用步伐，建立相对独立的内部法制工作机构，完善各项税收征管制度，建立机构、技术和制度三者共同制约权力的税收执法机制。二是加强税收执法监督。加强税务管理的民主化和公开化，使政府税收行为受到人民代表大会、审计部门、新闻媒介、人民群众、纳税人及税务部门自身的全方位监督。加强信息化建设，在改进管理手段的同时，还应通过信息网络化建设达到对各级税务执法机构执法行业水平的直接监控，以促使税务执法更加规范。

3. 严控出口环节，加强税收司法的保障功能

税收司法是国家专门机关在宪法和法律规定的职权范围内，运用法律处理税务纠纷和审判税务犯罪案件的活动，是依法治税的最后一环。在我国的税收实践中，税收行政与税收司法之间并未形成规范稳定的协调关系。因此，在税收法治的推进过程中，应以平衡税收行政权与税收司法权为核心来协调两者的关系。一是应完善税法制度，制定《税收基本法》。以基本法来协调税收立法权、行政权和司法权。对于税收行政与司法协调中的问题，通过立法予以规范。二是着力提高税收司法人员的专业技能，形成税收司法职业群体。只有形成一个具有专业技能的税收司法职业群体，才能使税收司法对税收行政起到监督制约作用，并在监督制约过程中逐步形成统一的税收法律价值观念，增强税收行政与司法的协调性和规范性。三是逐步建立税收司法专业机构。可在人民法院内部单独设立税务法庭，统一负责税务刑事、行政、民事案件的审理。这种做法有利于从总体上实现税收行政程序与三大诉讼程序的衔接协调。

（三）明确税收代理发展方向，提升税收治理的效能性

近年来，我国的税务代理业已初具规模，并开始逐步向规范化方向迈进。但与日本成熟的“税理士”制度相比，仍有较大差距。在市场经济主导下，纳税人对税款的缴纳问题日益重视，税务代理业最终将在我国占据重要地位。针对我国税务代理业发展现状，应从以下几点出发进一步明确其发展方向。

1. 加快税务代理业法制建设，保持税务代理机构的独立性

相比日本十分完备的法规体系，我国的法制建设步伐仍然较为缓慢。因此，我国应该加快对税务代理业的立法进程。首先，明确税务代理基本法由全国人民代表大会审议确定，并严格斟酌法条所用字句；其次，制定相关法

规对税务援助规划、报酬制度、业务范围做出明确的规定；最后，成立专门的指导与组织机构，逐步健全对税务代理业的监督管理体系，可以借鉴日本的做法，采取行政管理和行业管理的双重制约机制。鉴于我国目前税务代理机构与税务征管机构相挂钩的情况，应依照法律规定保持税务代理机构的独立性。首先，在编制上，税务代理人员工资、奖金及福利待遇要与税务征管人员彻底分离；其次，在场所上，税务代理机构的办公场所要同税务征管机关相分离，避免使纳税人发生混淆；最后，在业务上，要进一步明确税务代理的法定业务，严格限制税务机关人员从事代理业务及运用行政权力强迫纳税人进行代理的行为。

2. 扩大税务代理业务范围，提高税务代理从业人员素质

日本税务代理业务的范围相当广泛，已经超出了税务代理和审计的范围，开始向经营领域渗透，这是不断适应日本企业发展需求的结果，而我国税务代理的业务范围还比较狭窄，远不能适应企业的发展需求。因此，我国应加快确定税务代理的业务范围，在逐步放开有关涉税事项的代理权限的同时，赋予税务代理从业人员一些与其知识结构相适应的企业经营领域业务权限。要有效地扩大税务代理业务范围，就必须提高税务代理人员的业务素质，可以从以下几个方面着眼：

第一，加快税务代理人才的培养。在高等院校中开设税务代理专业，在讲授税务代理相关专业知识的同时，注重实际代理能力的培养；第二，完善税务代理人员的注册和审批制度，加强对其业务素质的考核；第三，引入对税务代理从业人员的年审和后续教育政策，督促其专业水平的保持与进步；第四，创建税务代理奖惩制度，激励从业人员提高自身业务水平。

3. 在税务代理中运用现代化手段，加大税法与税务代理的宣传力度

在日本的税务代理机构中，纳税人的有关税收代理资料及各国的税收法规均存储于计算机，并且实现了全程联网，使相关资料调用自如，大大提高了税务代理工作的科学性与效能性。随着“金财”“金税”“金关”等工程的建设，我国信息化建设的进程也在逐步加快。我国的税务代理业也应实现与税收征管部门及其各地代理机构的信息联网，以提高办事效率。日本的税法宣传成效显著，政府对税法的重视度极高，如在税务署中专设总务课负责税务教育和广播宣传，在地方建立由税务局和教育界共同组成的“税务教育促进协议会”。因此，我国也应努力拓宽宣传渠道、加强宣传力度，此项工作的开展需要政府和税务代理行业双方的共同努力。

（四）深化税收信息化改革，保持税收治理的动态性

伴随着信息技术日新月异的发展，我国税收信息化建设经历了从传统手工录入信息到简单使用计算机录入，再到广泛使用信息技术网络进行全方位、多角度数据分析的综合管理时代。但与日本等发达国家信息化建设的进程相比，我国的信息化建设进程仍比较缓慢，因此在“善治”理念指导下的新一轮税收治理中，我国应继续深化税收信息化改革，主要包括以下几个方面。

1. 优化税收行政审批制度，实现税收征管流程再造

重审批、轻管理是我国行政机关在计划经济时期形成的行政审批制度的弊端之一。改革行政审批制度是进一步转变政府职能、加大市场取向的改革力度、完善社会主义市场经济体制的必然要求。而税收征管流程再造可以通过行政审批制度的改革，进行自上而下的整合。其思路之一是将现有征管业务进行分类，对不存在审批实质、流于审批形式的部分征管业务从“审批制”转为“核准制”，如税务登记，当纳税人在申请税务登记时，税务机关税务登记人员只需查验资料齐全、证件合法即可当场核准税务登记，发放税务登记证件，免予审批。税收征管流程重组不是对现有业务流程进行局部调整，而是进行根本性的重新设计和组合，因此要做好充分的准备工作。同时，流程重组也是一个系统工程，不可能一蹴而就，需要各级税务机关循序渐进地进行质量改进。

2. 推动信息技术持续改进，建立交互型信息建设模式

税收信息化是逐步深入、层层推进的，信息化税收也是与税收信息化同步深化、同步构建的。税收信息化建设不可能一蹴而就，它是一个持续改进的过程。针对我国税收信息化建设模式的现状，应将推动信息技术改进作为一项常规性工作。只有在构建信息化税收管理体制的过程中，不断发现问题；并从税收管理工作的实际出发，不断提出新的管理信息要求，才能不断为税收信息化建设提出新的建设目标，推动税收信息技术的持续改进。这就需要税收信息化技术部门和职能部门形成经常性的沟通、交流和学习机制，保证在税收信息化的设计、开发及应用等各个阶段都能够充分参与，这样才能够提高和拓展信息化对税收业务的参与程度和应用领域。

3. 拓展信息中心职能，提高信息处理的专业化水平

要实现税收信息化对税收征管工作的促进功能，首先，应提高税务部门对数据分析的应用能力。这需要进行专业化分工，拓展原有的信息中心职能，

设立数据分析岗位。其次，要以需求为导向。在进行数据分析选题时，从税收工作对管理信息的需要出发，围绕当前税收管理工作中的重点、难点、热点问题，从理论、实践、技术层面上全面提高数据分析处理的水平，使税务数据的深加工真正符合税收管理的工作要求。再次，应开发必要的分析软件，采用数据挖掘技术，利用现有信息资源，对税务数据资源进行深加工。最后，应逐步拓宽基础数据采集面，加强与其他社会经济管理部门的信息交流，广泛利用第三方信息。不仅要真正实现部门内部信息共享，对源于纳税人的信息做到集中采集，分享使用。还要实行部门间的信息共享，充分利用其他社会公共或私营部门的信息资源。

（五）探索现代税务检查模式，增强税收治理的创新性

我国自开始税收征管改革以来，税务检查在整个税收工作中的地位便日益凸显。但由于新的征管模式建立时间较短且存在一定问题，制约着税务检查职能的充分发挥。因此，现阶段我国应借鉴日本等发达国家在税务检查中的实践经验，逐步完善我国现行的税务检查模式。

1. 重设检查考核指标，打造现代绩效考核体系

目前，评价税务检查工作优劣的指标主要有两个：检查户数和查补税款的数额。这两个指标都不同程度地存在着缺陷：以检查户数作考核指标，会出现检查单位为完成检查任务而有意选择小型企业实施检查的情况；以查补税额为考核指标，则会出现检查单位为完成检查任务而有意选择大型企业实施检查的状况。因此，必须适应形势变化，设计出科学、合理的税务检查考核指标体系。新的税务检查考核指标，应着重考核税务检查工作的质量。因此，税务检查考核应主要放在以下几个方面：一是检查准确程度。它是衡量税务检查深度的一个重要指标，可以通过如下指标进行评价：差错份数比率、差错金额比率。二是检查处罚力度。处罚力度的大小直接影响税务检查惩戒威慑作用发挥的程度，可以通过以下指标来体现：综合处罚率，偷税罚款率。三是查补税款、罚款及滞纳金入库状况，是反映税务检查最终结果的一个重要指标。

2. 主动性与客观性并重，建立人机结合的检查选案制度

现行的税务检查选户主要采取检查分局将所辖企业按区域、行业或计算机编码划分到检查科，检查科再分派给检查个人的方式。采用这种方式，检查对象凭检查员的主观意愿来确定，缺乏一套科学合理的程序和严密有效的监督制约机制。因此，我们应根据新征管模式的要求，重新设计税务检查选

案制度。新的选案制度，应把人的主观能动性和计算机的客观公正性有机结合起来。首先，成立由局领导、审理科、办公室、检查科业务骨干及计算机专业人员组成的专家小组，建立科学的指标体系；其次，成立专门的选案机构，按每类企业确定的抽查比例，用计算机随机抽取当月应检查的纳税人名单，并由计算机直接随机分配给每名检查人员；最后，为确保选案的公平，应向社会公开选案程序和方法。同时加强对选案工作的全程控制，上级税务机关可考虑成立专门机构，对各下级机关的选案工作进行对口管理，尽可能避免各种人为因素对选案的干扰。

3. 实地检查与调账检查相结合，丰富税收检查方式

我国现行的税务检查方式主要是实地检查。实地检查虽然有减轻纳税人接待负担、便于检查人员及时了解情况等优点，同时也存在不少缺陷。因此，个别地区在建立新的检查模式的过程中，便开始试行调账检查。与实地检查相比，调账检查具有以下优点：一是能使检查人员有效地提高工作效率。二是有利于减少外界干扰，保证征纳双方各自工作的正常开展。三是税务人员集中在办公室查账，大家可以共同商讨疑难问题。但调账检查也存在一些不足，如增加了检查人员了解账外情况的难度。因此，税务部门应根据具体情况采用不同的税务检查方式，以更好地发挥税务检查的作用。实地检查在我国运用时间长、范围广，已基本上建立起了比较完善的管理制度，当前需重点完善的是调账检查。要尽快建立统一规范的调账检查工作条例，使调账检查工作有章可循；加强对纳税人账簿、凭证等纳税资料的保管和保密工作；加强对调账检查的宣传，以取得纳税人的支持和理解。

第三章　国内税收治理经验的借鉴

第一节　善治理念下征纳双方新型互动关系的建立

20世纪90年代以来，“治理”及“善治”概念日益成为公共管理学者们探讨的核心内容。随着“国家治理体系与治理能力现代化”的提出，当前学者们对治理与善治理论更是给予了更多关注，并取得了不俗的成就，而且在公共治理的理论方面也体现出从“最初舶来”到“本土研究”的不断丰富。治理理论的提出是基于学者们普遍认为治理可以弥补市场与政府的不足。在市场经济飞速发展的今天，单凭政府一方力量很难管理好国家的整体运行，而如果将市场作为完全主体，又是不现实的问题。因此，政府应与其他治理主体协作构建一个多中心的互动网络，共同治理社会。追求良好的治理就是追求善治，而善治的实质就在于政府与市场、社会、公民合作治理，共同追求公共利益的最大化。在治理的过程中，政府与其他参与主体的相互关系是最为核心的问题。相对于传统管理模式的统治、控制、强制手段，善治强调治理手段的柔性化，治理主体间的合作化、透明化，治理双方的信任与理解等维度。税收领域作为社会管理的一个重要方面和组成部分，应该随着社会管理的不断创新而不断改革并完善。因此，新时期的税务部门应将重新审视征纳双方互动关系作为开展税收工作的前提，并以此为突破口，不断推动税收事业的科学发展。

税收征纳关系，是税收法律关系主体双方在税收征纳活动中所形成的权利义务关系，是我国当前社会最重要的双边关系之一，也是构建和谐社会的重要内容。[①] 由此可见，征纳双方关系的理顺是建设社会主义和谐社会的内

① 陈通泉．构建和谐税收征纳关系初探［J］．经济研究，2009（3）：63.

在要求，是顺应当前社会发展变化的必然选择，同时也是提高纳税人税法遵从度、纳税服务满意度的有效途径。因此，探索建立新型的税收征纳双方互动关系具有重要的现实意义。以善治理念为指导，重新调整征纳双方关系就是要从传统的征收管理向现代的服务治理转变，将管理寓于服务之中，在双方信任平等的基础上和谐互动，提高税务机关管理服务水平的同时促进纳税者满意遵从度的提升。山东省国家税务局在探索大企业税收管理服务方面作出了极具代表性的成功探索，其创新举措所获得的成功经验对新时期审视、调整征纳双方关系具有十分重要的借鉴意义，值得各地税务部门效仿学习。

一、国税部门探索大企业税收管理服务的背景

国家税务总局于2008年8月成立大企业税收管理司，并于2009年1月确定了占我国税收20%左右的45户企业集团为国家税务总局定点联系企业。随后，按照总局要求，全国各省市局也相应成立了大企业税收管理部门，自此，大企业税收管理工作正式开展起来。这表明探索税源专业化管理是新形势下税收管理的必然选择，而大企业税收专业化管理是其重要突破口与切入点。另外，转变管理理念，实行风险管理是当前税收征管的必然趋势。风险管理更强调管理后置和差别化管理，更加注重风险信息的收集、加工处理和分析，征纳双方权利义务边界清晰，符合财税体制改革的要求，也与国家整体治理的大环境相契合。因此，将风险管理理念与税源专业化管理理念进行融合，符合当前税收改革的实质。随着经济全球化的不断深入和我国社会主义市场经济的快速发展，跨地区经营、信息化明显的大企业越来越多，它们对国家税收收入的贡献也日益提高，并起到了举足轻重的作用。虽然大企业数量占据纳税人的比例较小，但其缴纳的税额却是国家税收的重要保障。正是基于这一点，税务部门积极探索大企业的专业化管理与针对性服务，对于提升税源管理的专业化与精细化水平、降低大企业涉税风险、提高大企业税法遵从度、调整征纳双方关系都具有十分重要的意义。

虽然在对大企业长期的税收征管服务实践中，积累了丰富的经验，并取得了一定的成效，但也存在诸多的问题与困境。以山东省为例，税务机关人员思想认识不到位，还保留传统的征管理念，缺少服务意识；征纳双方沟通渠道不通畅，导致双方信息不对称；在实际工作中没有建立起一套上下统一的管理服务机制，现有的大企业税源管理模式、手段、方法的针对性不强等

问题日益突出。这些严重影响着税款的及时足额入库，制约着税收信息技术和人才资源潜在价值的发挥，阻碍税收管理效率的提升，不利于和谐征纳关系的建立。因此探索大企业税收管理与服务势在必行。具体表现在以下几个方面。

（一）探索大企业税收管理服务是税源专业化、精细化管理的内在要求

善治理念强调管理的有效性，管理效率的提高是有效性的重要体现。管理效率的提高包括两个方面：一是指管理程序科学，管理活动灵活；二是指最大限度地降低管理成本。税务部门在面对日益复杂的经济形势、多样的经营方式、逐年增多的纳税群体时，只有转变传统通用的、无差别的管理理念，实施税源专业化管理，即对税源进行科学分类，把复杂的税收管理分解为像工业生产流水线上的每一个环节那样相对简单，探索和把握同一类型税源的管理规律，使税收管理实现从单纯的点到线乃至面的转变，才能达到实现集约化管理，体现专业化、规模化的效果。① 大企业具有与其他税源相区别的显著特点，例如，资产规模巨大、管理环节多、结构复杂、经营业务繁多、涉税事项繁杂、集团化资源调配能力强大等特点，这决定了税务部门应逐步实现分级分类管理，从大企业具体情况出发，突出税收管理的专业化水平。与此同时，结合大企业在税源中所占比例，应做好精细化税收服务工作，最大限度地提高大企业税收管理质量与效率。因此，探索大企业税收管理服务是税源管理专业化管理的内在要求，而大企业所独有的特点也决定了税务人员对其精细化管理的要求。

（二）探索大企业税收管理服务是现代征管体制改革的重要议题

税收征管是税务部门的核心业务之一，也是国家税务部门强制性权力的重要表现形式。创新税收征管方式一直是征管改革的主题，是税务部门不断完善自身、提高征管水平的重要途径。我国税收征管方式的转变经历了从征、管、查统管到征、管、查分离的历史阶段，面对经济和财税体制改革带来的新要求、经济活动日趋复杂提出的新挑战、现代信息技术发展的新动向，税收征管方式开始采用新的理念和手段，致力于在调整征纳关系基础上，更好地实现税收职能。征管改革涉及税务部门的诸多工作，而大企业的税收与服

① 张楠. 关于深化商贸企业税源专业化管理的几点思考［J］. 山东税务研究，2013（5）：41.

务是其内部的重要组成部分。自2008年7月国家税务总局组建大企业税收管理司以来，各地在探索大企业税收管理与服务问题上积累了一定的税收征管经验，开创了多种纳税服务形式，取得了一定的成效。但新时期带来的新变化，仍需要税务部门不断发展完善，在管理理念、管理手段等方面推陈出新，以真正提高对大企业的管理与服务。因此，探索大企业税收管理服务既是当前征管改革提出的要求，也是其重要议题。

（三）探索大企业税收管理服务是规避大企业涉税风险的重要途径

治理与善治的实质在于将视角转向公民、社会、市场，从他们的角度去思考问题。2009年，我国将纳税服务的目标确定为“始于纳税人需求，基于纳税人满意，终于纳税人遵从”，提高纳税人的遵从度被正式确定为我国税务管理的目标。因此，现代税收治理应以服务为出发点，解决纳税人的涉税业务需求，帮助他们规避非主观错误造成的涉税风险，在提高遵从度的基础上探索管理的质效。大企业组织因其形式复杂多样、组织机构庞大、生产经营活动跨区域化、涉税事项复杂、高税收集中度等特点，由于缺少相关税收知识有时会造成非主观性错误，即在有良好遵从意识的前提下仍然存在涉税风险。为帮助纳税人规避涉税风险，就要求我国在大企业的税收管理和纳税服务方面具有更高的水平。实践证明：对大企业实施专业化的税收管理，对其税收成本的控制和纳税风险的防范起到了很好的效果，对大企业提供权威、合法、标准的个性化服务，对征管质量提高、纳税遵从度提升起到了很好的促进作用。① 因此，以善治理念为导向，从纳税人需求角度出发提高税收人员征管水平，探索大企业税收管理服务是规避大企业涉税风险的重要途径。

二、山东国税探索大企业税收管理服务的创新举措

山东省国家税务局在探索大企业税收管理方面做出了有益的尝试，国税部门以大企业合理诉求为中心，重新调整征纳关系，通过对话沟通等形式促使国税部门征管质效提高的同时，对大企业提供优质的纳税服务。为实现以上目标，山东省国家税务局进行了一系列创新举措，尤其是山东省国税部门与三家大企业签订税收遵从协议的做法，为新时期探索大企业税收管理与服

① 杨美莲．我国大企业税收管理与纳税服务［J］．湖南税务高等专科学校学报，2010（4）：3-6.

务提供了全新的经验，同时也为税收征纳关系的重新理顺提供了全新的视角。

（一）山东省桓台国税创新举措

山东省桓台县国家税务局在探索大企业税收管理服务制度上的创新举措表现在以下两个方面：

一是探索以风险管理为特色的税收征管。税务部门始终坚持以实施税源专业化管理为抓手，了解和掌握企业经营及税源变动情况，加强日常税源监管。以风险管理为导向，积极探索建立大企业重大事项报告制度，要求大企业按时报送税收预计、主要产品价量变化表等重大涉税事项，对企业进行风险分析，筛选重要风险点。强化税收风险内控机制建设，着力提升大企业高层对税务工作及税务风险内控体系建设的重视程度和理解程度，进而提升了大企业税收管理水平。

二是探索以互信合作为特色的纳税服务。以满足纳税人合理诉求为中心，加强与企业沟通，以“千户企业大走访”活动（2012 年 2 月 ~4 月，山东淄博市国家税务局在全市开展了“进企业、送服务、促发展——千户企业大走访”活动）为契机，建立税企高层对话长效机制。开展个性化订单式服务，找准个性化服务“着力点”，建立大企业涉税诉求快速响应机制。针对大企业的复杂涉税事项和涉税诉求，进行细致耐心的辅导答疑。种种举措深入促进税企互信合作，有效提升了大企业税收服务水平。

（二）山东省国税创新举措

山东省国家税务局在探索大企业税收管理服务制度上的创新举措主要体现在以下两个方面：

一是签订税收遵从协议，探索税收管理服务新模式。2014 年 4 月 24 日，南山集团、兖矿集团、福田雷沃 3 家企业分别与烟台、济宁、潍坊市国家税务局的负责人在济南签订《税收遵从协议》。协议生效期间，山东国税部门将对签约企业进行税收风险内部防控体系调查，引导和帮助企业建立和完善税收风险内部防控体系；设置联络员，及时处理企业提出的涉税诉求，及时向企业宣传税收政策变化。协议同时规定，企业发生经营决策变化等重大事项要及时通报税务机关，要求签约企业建立全面的税务风险管理机制，每年进行一次全面的税务风险自查、测评，并将结果报税务机关备案。从企业方面来讲，签约企业要从风险管理机构设置、税收风险识别、税收风险应对策略、信息传递及沟通等方面，在机制上构建一整套完善的系统，实现日常经营管理和业务流程中对税收风险的自我有效管理，保证不出现重大税收风险，实现的税款及时足额入库。从国税机关方面来讲，各级国税机关的工作重点转到引导企业建立健全税务风险内控体系上，对企业进行税务风险内控体系调查、评价，对疑点进行风险提示，对照风险等级进行差别化管理，实现税收管理环节的前移，辅导企业提前防范税务风险，变发现型控制为预防型控制。因此，该协议旨在使税企双方达成税收风险防控共识，提高企业的税法遵从度。

二是测试应用评价指引，积极避免重大税收风险。为避免由于协议期内不对签约企业实施税务稽查而出现管理空档，由此产生重大的税收风险，山东省国家税务局积极研究对签约企业进行针对性风险测试和评价的指标体系，以有效控制签约企业的税务风险。第一，制定测试评价指引。制定《大企业涉税风险内控制度调查与评价指引》（以下简称《指引》），同时印制了2000余份工作手册，发放基层操作使用。第二，积极测试应用指引。通过采取个别询问访谈、现场观察、调查问卷、现场测试等方法，全面调查了解大企业内控制度，对企业涉税内控机制的有效性进行评价，并据以确定相应的税收管理措施。第三，有效帮助企业防范税收风险。《指引》包含的调查评估项目覆盖面广，指标自成体系，签约大企业纷纷作为内控制度建设的重要参考和标杆。

税收遵从协议是发源于西方发达国家的一种税收风险管理模式，是税企双方在平等自愿、互信合作的基础上，共同承诺防控税务风险的合同文本。[①] 税企双方通过签订税收遵从协议，以合同文本的形式将企业税收遵从的意愿、相关的义务和责任，以及税务机关以纳税服务为核心的遵从引导措施固定下来，引导和约束税企双方共同信守承诺、共同防范税务风险，并通过协议的执行保障国家税收、维护企业合法权益、降低税收成本，最终实现税收遵从的核心目标。[②] 2011年7月，国家税务总局印发《大企业税收服务和管理规程（试行）》，文件中首次明确了税收遵从协议在我国适用的相关问题。之后某些省国家税务局、地方税务局纷纷根据本地特点，探索与大企业签订税收遵从协议。可以说，税收遵从协议在我国还是一个新生事物，各方面实践都处在初步探索阶段。而这一举措在山东开展国税征收以来尚属首次，具有一定的创新意义。

综上所述，山东国税在适应税收征管改革的时代背景下，通过借鉴发

---

①② 李伟．大企业税收遵从协议的实践与思考［J］．国际税收，2013（7）：69－71.

达国家成功经验，及时更新管理理念，以风险管理为导向，推进信息化建设，在积极推动山东省大企业税收科学管理与高效服务融合的同时，也为全国探索构建以税收风险防控为核心的大企业税收服务和管理新模式做出了重要贡献。

三、山东国税探索大企业税收管理服务取得的初步成效

山东省桓台县国家税务局与山东省国家税务局在探索大企业税收管理服务做法上虽有差异，但改革的基本理念都在于以风险管理为导向，实现税企良性互动、征纳双方合作治理，共同提升应对涉税风险的能力的目标。大企业税收管理服务的同步探索是在承认将管理寓于服务，即税款征收的过程就是纳税服务实现的过程这一理念基础上进行的一系列创新尝试，并取得了良好的现实成效，具体体现在以下几个方面：

（一）税务机关税收管理与服务水平不断增强，进一步预防了涉税风险

随着市场经济的发展，纳税者个性化差异日益明显，大企业作为重要税源更有其特殊的性质和运作规律。山东国税以大企业为个案，根据其实际情况和个性特点，积极探索实施具有针对性的管理与服务，这成为重点税源征管模式的一个新起点。一方面，在新时期背景下，税务部门实施的种种举措有利于推动以涉税事项管理为重点的专业化管理模式的发展，有利于提升处理大企业复杂涉税业务的效率，进而增强税务部门的管理服务水平；另一方面，山东税务机关适时转变管理理念，将管理重心适当前移，设立风险管理机构和岗位，进行风险识别和评估，制定风险应对策略和内部控制，使国税机关的涉税风险得到进一步化解。

（二）大企业的税法遵从度和满意度不断提高

一方面，对大企业实施专业化、精细化的税源管理，促使大企业遵从法律，帮助大企业发现履行纳税义务的不足和防范涉税风险，对税收成本的控制和纳税风险的防范起到了很好的效果，有效提高了大企业的税法遵从度；另一方面，税务部门与大企业进行沟通交流，给大企业提供权威、合法、标准的个性化服务，使纳税人满意度逐步提升。例如，以纳税人合理需求为基础，为大企业提供个性化订单式服务；与大企业签订纳税遵从

协议，设立联络员，及时处理企业提出的涉税诉求，及时向企业宣传税收政策变化。

（三）缓解税企矛盾，促进征纳双方关系朝着合作共赢方向发展

山东省国家税务局副局长赵喜红表示："纳税遵从协议的签订是山东省国税系统开展税企合作的新方式之一。通过这种方式可明确税企双方在加强税收风险防控方面的权利和义务，有利于企业将潜在的税务风险转化成积极、主动的应对计划；也有利于税务机关规范行政行为，提高税收服务的主动性和针对性，实现税企双方合作共赢"。建立税企双方对话合作机制，就是在风险管理导向下，推动以税务管理为主，向纳税人自我管理、自愿遵从方式的转变，以此来促进平等、互信、和谐、合作的新型税收征纳关系的构建。

四、基于山东国税探索大企业税收管理与服务创新实践的启示

以善治理念为理论基础，总结山东国税探索大企业税收管理与服务过程中积累的经验，能够将善治理念融入税收领域，对其他税源管理提供相关借鉴。善治理念下大企业税收治理相关举措的核心在于探索征纳双方新型互动关系的建立，而这一点也正是新时期税收征管改革的基础，同时也是寻求善治税收的关键。

（一）由传统征纳双方对立关系模式，转变为法律地位平等的权利义务主体

税款征收的强制性特征在某种程度上造成了权力单一向度运行模式，从而使税务人员与纳税人处于对立关系。长久以来，在纳税者心中认为自己处于弱势地位，经常以敌对的态度看待税务人员，认为其行为是"侵犯自身财产权"的。积极探索建立大企业重大事项报告制度，和企业签订税收遵从协议的做法，都是关注了纳税人的主体地位，将税企双方作为法律地位平等的权利义务主体。税收遵从协议在承认纳税人与税务部门法律上平等主体地位的前提下，运用市场化思维探索在实际工作中可见的平等地位。在税收法律框架下，双方都要依法行使税收法律赋予的权利，履行税收法律规定的义务。双方违反法律、法规带来的责任及后果，由责任方自行承担，体现了征纳双方权利义务的统一。

（二）由传统的以税务机关管理为主，转变为以纳税人需求为服务出发点

治理理论认为，统治是以满足统治阶级的整体利益为出发点，强调国家的作用、官僚组织的能力，而治理则以满足公民的需求为出发点。运用到税收领域，新时期的税收征管过程同时也应是满足纳税人合理需求实现的纳税服务过程，寓管理于服务是当前税收征管改革的鲜明特点之一。以满足纳税人合理诉求为中心，开展个性化订单式服务，设立联络员，及时处理企业提出的涉税诉求，将纳税服务作为大企业管理的重要内容，坚持管理服务相融相促，不断完善服务措施，满足大企业个性化的需求，有效提高了大企业的满意度。当前纳税服务应当坚持从满足纳税人需求出发，健全纳税服务规范，畅通双方沟通渠道，及时受理和解决纳税人的合理涉税需求。可以通过召开座谈会，发放调查问卷等形式，开展服务性税收调研，了解纳税人所真正关心和需要解决的问题，并加强对需求的调查分析。寓服务于管理之中，切实让纳税人感受到税务机关纳税服务工作的力度是当前调整征纳双方关系的有效途径之一。

（三）征纳双方以信任、理解、透明为前提，实施税收治理的合作化

征纳双方的互动交往方式应以彼此信任理解为基础，不同于强制性权力，这是一种柔性的治理手段，同时也是管理思想理念的重大转变。长久以来，税务机关总是以不信任的态度对待纳税人，与公民之间缺乏基本的信任，调动大量社会资源对纳税人进行许多非必要的监察，这样的做法不仅造成社会资源的浪费，也在一定程度上不利于良好征纳关系的建立。山东国税与企业签订税收遵从协议对于未来在税务机关与企业之间建立信用体系具有非常重要的意义，也有利于树立政企关系和谐的典范，推动社会诚信水平的整体提升。在税收遵从协议的框架下，企业作为纳税主体与税务机关两者相互信任将成为可能。因此，税务机关给予纳税人充分的信任，就能够使纳税人在税收方面承担更大的责任，更主动、更全面地履行自己的纳税义务。征纳双方要想促进联合行动的实现，就必须以共享资源、减少分歧为前提。

（四）征纳双方建立长效对话协商交往机制，为治理网络的形成提供机制保障

治理理论认为，统治与治理的机制不同。统治主要依靠政府的权威，由

科层官僚制组织对公共事务实行自上而下、单向度的管理；治理则依靠网络的权威，由公共行动者在互动过程中运用非强制性权力进行协作。统治的机制是控制，治理的机制是信任。[①] 签订税收遵从协议的做法是税企合作的重要表现形式，是建立税企长效对话交往机制的重要途径，可以推动税企合作再上一层楼。签订税收协议有利于营造良好的税企交往关系。签约后，税务机关可以为企业提供更好的纳税服务，企业也将更主动、详细地向相关部门披露信息，报告重大涉税事项，持续完善其风险内控体系。这种双向交流有利于征纳双方保持长效对话机制。税企双方本着平等自愿、互信合作、协商交流的原则签署税收遵从合作协议，对于加强税企合作，共同防控税务风险和实现税企双赢具有积极的现实意义。

（五）税务部门采取事前防范提醒为主、惩罚追责为辅的治理手段

传统的统治手段主要是强制性方式，如行政手段和法律手段，而治理则运用多种柔性的手段。在税收领域，税务部门开始探索采取风险管理这一事前审查风险点，对纳税人采用提醒这一软性手段，从而避免纳税人的遵从风险这一新型管理方式。山东国税签订税收遵从协议的关键就是税务机关寻求建立健全有效的企业税务风险管理体系。将风险管理作为大企业管理的重要手段，积极探索大企业涉税风险控制，引导和帮助大企业逐步完善企业内部治理环境和税收风险内控机制，最大限度地把税收风险化解在风险发生之前。具体可以从企业方面与国税机关方面进行理解。从企业方面来讲，签约企业要从风险管理机构设置、税收风险识别、税收风险应对策略、信息传递及沟通等方面，在机制上构建一整套完善的系统，保证不出现重大税收风险，实现税款的及时足额入库；从国税机关方面来讲，各级国税机关的工作重点转到引导企业建立健全税务风险内控体系，对企业进行税务风险内控体系调查、评价，对疑点进行风险提示，实现税收管理环节的前移，辅导企业提前防范税务风险，变“发现型”控制为“预防型”控制。法律追责的最终目的不是对未能及时缴税的纳税人实施惩罚，而是促进纳税人税法遵从度的提高。提高纳税人的税法遵从度是深化税收征管改革的首要目标，对提高税收征管质效、确保国家财政收入、维护社会公平正义具有重要意义。

---

① 陈振明．公共管理学——一种不同于传统行政学的研究途径［M］．北京：中国人民大学出版社，2013.

（六）关注纳税人主体地位，提高纳税人自治水平

统治是政府垄断公共事务管理的活动，与之不同的是，治理追求政府、企业、社会团体和个人等公共行动者共同处理公共事务的活动。治理理论打破政府单一治理主体，寻求多元治理主体，通过相互间信息的充分交流，建构合作网络，强调国家与社会、政府与市场、私域与公域的合作。因此，纳税人是合作治理网络中的重要一极，税务机关应充分发挥纳税人自我治理水平。山东国税在与大企业互动过程中，注重调动大企业自我治理水平的提高，使大企业每年进行一次全面的税务风险自查、测评，并将结果报税务机关备案。鼓励大企业在熟知税法前提下，自觉遵守法律，提高税法遵从度。实现日常经营管理和业务流程中对税收风险的自我有效管理，税企双方通过相应的权利和义务条款对双方各自关心的问题做出约定，既是税务机关实行事前管理、提高大企业税收管理的效率和质量、弥补传统税收管理方式缺陷的具体举措，也是大企业提高自我管理能力、防范税务风险的制度保障。①

五、新时期我国进一步调整征纳双方关系的思考

山东国税以重新调整征纳双方关系为基点进行的一系列创新举措是推动善治税收进程的重要尝试，在对大企业这一特殊税源管理方面提供重要借鉴意义的同时，为深入探索新时期征纳双方关系提供了一种全新的视角。山东国税部门在探索大企业税收管理服务的进程中取得了诸多现实成效，切实解决了实际工作问题，与此同时，也在实践中证明着善治理念应用在税收领域的强大生命力。从善治理念的理论体系和基本要求出发，山东国税部门的实践创新也面临着善治理念应用于我国民主实践时的一些带有共性的考验，存在进一步需要完善的空间。基于当前征纳双方关系的现实状况与山东国税部门实践经验的启示，在今后调整我国税收征纳双方关系的实践中可以着力从以下四个方面进行尝试和努力。

（一）进一步明确双方在法律上的权利义务，夯实征纳关系的基础

明确征纳双方在法律地位上的权利义务对等关系是构建和谐征纳关系的

① 李伟．大企业税收遵从协议的实践与思考［J］．国际税收，2013（7）：69－71.

基础，马克思的“没有无义务的权利，也没有无权利的义务”这句名言清楚地说明了这一点。新时期调整征纳关系要从宏观角度加强以厘清双方权利义务为基础的法治建设，为明确征纳双方平等的主体地位提供法律依据。地方国税部门在制定相关法律法规的作为上，具有很大的约束性，但是却可以针对相关法律寻求在理念与行为上的创新。由于长期以来税收征纳关系一直被定位为管理与被管理的关系，因此其形成的征纳双方关系在实践中尤其是在纳税人心中是不平等的。山东税务部门在实践探索过程中以承认双方法律地位平等为思想基础，但在使纳税者从根本上体会到自身在法律层面的权责配置方面还存在进一步的完善空间。税务部门可通过加强税法宣传，尤其是宣传纳税人权利的基本内容、实现途径及保护措施，普及立法立场，及“权力清单”使纳税人明晰自身的权利义务等，将纳税人看作税收法律关系中重要的权利主体，调动纳税人参与税收法律关系的积极性，变纳税人被动纳税为主动履行义务。因此，进一步明确双方法律意义上的权利义务对等关系，对于征纳双方规范自身行为、自觉履行义务、防范涉税风险都具有重要意义，是建立征纳双方新型互动关系的基础。

（二）进一步增强提供优质服务的能力，促进征纳关系的和谐

税收代表着国家公权力的运用，具有强制性，因而在一定程度上造成许多税务人员“重管理，轻服务”这种理念的根深蒂固。税收管理与纳税服务作为税收核心业务的两翼，两者应当是相互协调、共同进步，即税收管理的过程也是纳税服务实现的过程。纳税服务是协调征纳关系、优化税收环境的重要手段，对纳税人提供的服务越完善，就越能提高纳税人对税法的自觉遵从度，越能融洽征纳关系。税务机关要坚持以人为本，在税收管理过程中凸显人文关怀，使征税成为人性化的公共服务、纳税成为现代社会文明生活方式，促使征纳双方之间建立起诚信友善的关系。① 新时期税务部门应将纳税服务更好地融入税收管理中，在转变思想的基础上提高服务能力，为纳税者提供最关心、最直接、最现实的问题。做好纳税服务的基点在于从纳税者的角度出发看待问题，真正尊重纳税者，保护纳税者的合法权益，而非从税务部门实际工作角度出发，为了服务而服务，甚至为了追求服务的附加利益而服务；应深入探索以需求为导向的纳税服务平台建设，发挥纳税服务作为核心业务的推动作用，进而促进征纳关系的和谐互动。

---

① 陈通泉．构建和谐税收征纳关系初探［J］．经济研究，2009（3）：63.

（三）进一步激发维持沟通机制的动力，保障征纳双方的长效互动

税务机关和纳税人作为征纳关系的双方，如果两者之间缺乏必要的沟通和联系，势必会影响税收征纳关系的良性互动。新时期调整征纳双方关系的一个最为显著的特点就在于打破传统的监管手段，依靠彼此沟通交流，运用相互协作的方式使纳税者的税法遵从度提高。因此，双方沟通协作的机制建设就显得尤为重要。山东国税部门在建立税企长效对话机制、加强税企沟通交流等方面已经进行了相关实践探索，但对于维持沟通协作机制的内在动力并未进行深入探索。现代社会对诚信这一原则的关注，为我们寻找维持沟通机制的动力提供了一种思考。一方面，将诚信引入税收领域，以“软力”约束税收征纳双方行为，对于引导和教育纳税人依法诚信纳税、税务机关依法诚信征税具有重要意义；另一方面，在税收领域加强对诚信价值的关注，有利于征纳双方相互尊重、诚实守信，实现征纳共赢的良性互动。这也在进一步维持双方沟通协作机制的建设上发挥着不容忽视的作用。因此，激发诚信原则在税收领域的价值导向作用，可以有效保障征纳双方的长效互动。

（四）进一步提高纳税者自治水平，实现征纳关系最优模式

新型征纳双方互动关系的建构是以关注纳税者独立权责地位为前提的。而实现征纳关系的最优模式则是在尊重纳税者自治能力的基础上，双方平等对话、沟通协商。治理理论打破政府单一治理主体，寻求多元治理主体，通过相互间信息的充分交流，建构合作网络，强调国家与社会、政府与市场、私域与公域的合作。因此，纳税人是合作治理网络中的重要一极，税务机关应充分发挥纳税人自我治理水平。税务部门应借鉴“简政放权”的思想，寻求与纳税者的合理互动。例如，尽量减少对纳税人的检查次数；对一些因不了解税法而导致的涉税问题，可以实行质疑约谈、查前辅导、稽查预告，给纳税人一个自我纠错的机会；对一些简单涉税事项的办理让纳税者自行办理；将管理事项前移，加强后续监管，不对纳税者造成不必要的麻烦，等等。充分尊重纳税者的主体地位，相信纳税者提供信息的真实性，在提高征管质效的同时促使纳税者自治水平的提高，也为实现征纳关系互动的最优模式发挥重要作用。

第二节　善治理念下税务机关内部人才培养体系建设

善治被认为是治理追求的最佳方式，是政府与公民对公共生活的合作管理，是两者的最佳互动状态。[①] 而善治税收的治税理念，是借鉴“以民为本”的现代善治政府理念提出的。它既是善治理念在税收领域的延伸和应用，也是对善治理念的一次实践创新。从宏观角度出发，善治的内涵包括所有符合公平正义的原则，符合国家和人民根本利益的治理方式。从税务机关实际工作这一微观角度出发，善治则主要体现为法治、透明、责任、回应、服务、有限、廉洁等特征。税收领域的“善治”，就其税收法定意义而言，是国家在提升治理能力的过程中，实现税收治理的法治化；就其服务型税务机关的建设而言，它体现的是征纳关系理念认同的自觉性和共同利益的趋同性，是一种新型、互动、和谐的征纳关系塑造。

内部人才队伍的培养是善治税收建设的重要组成部分，任何领域的改革都在于思想的转变，而思想转变的根本在于人员素质的高低。[②] 因此，采用行之有效的方法和手段，帮助税务机关工作人员转变观念，树立执政为民的意识，提高税务机关工作人员的综合素质，进而打造高素质的人才队伍对善治税收的实现具有重要意义。国家税务总局始终把建设一支高素质税务干部队伍作为税收工作的根本保证，毫不懈怠地加强税务干部队伍建设，不断研究新特点，探索新规律，确立新目标，建立新机制，强化工作措施，推进税务工作干部队伍建设向纵深发展。当前，各地方税务系统已经意识到了人才培养体系建设的重要性，纷纷探索适合自身的建设路径。其中，大连市国家税务局通过一系列的文化软实力建设，源源不断地从中国传统思想文化中汲取养分，以文化催生意识，以意识推进行动，使传统道德内化于公职人员的内心，成为一种软性的约束规范，发挥其“根脉”力量。其创新举措与善治税收的理念高度契合，值得各地税务部门分析和借鉴。

一、大连市国家税务局内部文化建设的理论基点

组织内部文化建设主要是从行政伦理这一理论基点出发的。行政伦理是

---

① 俞可平．治理与善治［M］．北京：社会科学文献出版社，2000.

② 董志林．深化人事制度改革　建设高素质税务干部队伍［J］．中国税务，2004（12）.

国家行政机关及其公务员道德规范的总和。从内涵方面来看，特定的利益关系原则是行政伦理的本质所在，特定的权利义务关系是行政伦理最基本的组成要素，特定的主体性价值是其基本结构，特定的约束机制是其基本功能，特定的范畴构成其基本体系，特定的文化内涵又反映了行政伦理发展的基本机制。从外延方面来看，行政伦理包括行政人员的个人品德、行政职业道德、公共组织伦理和公共政策伦理。[①] 行政伦理建设是实现政府现代治理的重要保障，两者密切相关。在建立国家现代治理体系和提升行政主体治理能力过程中，行政伦理建设是一个重要着力点。在社会道德体系中，行政伦理居于核心和主导地位，对优化社会风气、维护社会稳定发挥着独特和明显的作用。在建设善治政府的过程中，无论是依法治国还是以德治国，国家行政机关和国家公务员都是“治国”的决策与执行主体。行政主体的道德水平关系到其所做出的各种抽象行政行为是否合法、正当；实施的各种具体行政行为是否以人为本，能否维护社会的公平、公正和秩序，也关系到善治政府的目标能否顺利实现。而行政伦理则会对行政主体的行政行为产生一种软性的约束规范，帮助其自觉规范自身行为，提升道德水平。

大连市国家税务局的内部文化建设旨在通过行政机关及其工作人员发自内心的道德观念和良心理性来约束其行为，这与行政伦理的内涵和价值追求相契合。具体到善治税收视角下内部文化建设中的行政伦理，其优点主要体现在以下几点：首先，基层税务机关及其工作人员基于伦理自制所产生的自身价值取向和服务意识来实施有利于公共利益和税收相对人合法权益的行政行为，更有助于税务机关与纳税人之间征纳关系的和谐。其次，伦理自制有助于产生一个更为负责任和更具有创新性的税务机关。最后，就多种制约手段与税务行政人员的距离而言，伦理自制是内化于内心之中的，与税务行政人员的距离最近，其效力发生也最直接、最有效。一个机构的内部控制系统越有效，越不需要外部控制。这样看来，外部制约是一种置于伦理自制之外的防范机制，如果对行政权的制约在距离较近的伦理自制环节已经实现，外部制约则只剩下形式作用。

二、大连市国家税务局内部文化建设的现实背景

随着社会经济的发展和依法治国的推进，市场主体利益呈现多元化趋势，

① 丁雯．行政伦理的界定及其基本内涵探讨［J］．经营管理者，2010（8）．

纳税人维权意识明显提高，外部监督显著增强，国税系统内部工作人员所面临的环境异常复杂。这一时期的税务文化作为一种以价值观念、精神意识为核心内容的思想文化，其根本效能在于进一步优化税务机关群体素质，形成一致认同的精神追求、价值取向和行为准则，更好地实现税收职能。税务文化建设是善治理念在税收领域中的重要实践领地，是提升税务管理水平的具有全局性、前瞻性和战略性的重要举措，是提高干部队伍素质的治本之策，更是实现善治税收的一项基础工程。如何根据自己的特点建设新时期的税务文化是值得各税务系统分析和探索的重要问题。

大连市国家税务局在对自身情况进行多角度衡量之后，认为基层税务机关及其工作人员基于自身价值取向和服务意识来实施有益于公共利益和税收相对人合法权益的行政行为，更有助于税务机关与纳税人之间征纳关系的和谐。因此，大连市国家税务局将其对善治税收建设的探索着眼于内部文化建设。

一方面，在指导思想上从文化发源，在我国古代优秀的传统文化中寻找可借鉴的伦理。我国是一个有着五千年悠久文明的文化大国，在兴替往复的时代大变迁中，传统文化始终不离不弃，发挥着引领变革和社会进步的“根脉”力量。大连市国家税务局通过发掘国学与国税内在的黏合力，确立了打造面向大连市纳税人的国税文化品牌，全面推动“和谐国税”“创新国税”“智慧国税”的共同建设，并培养成“自强不息、厚德载物、止于至善”的大连国税精神的目标，最终推动全局各项事业的科学发展。

另一方面，在路径选择上通过构建特色培训平台、完善绩效考核体系、建设道德基地、塑造文化品牌等手段探索出了一套独具特色的内部人才培养体系。大连市国家税务局通过构建特色培训平台，满足干部多层次多样化的培训需求，进而打造出了干部培训的特色品牌。同时，依托绩效考核体系，积极探索“全员参与、全面考核、全过程管理”的“双轴两线”式绩效考核指标体系。在加强思想道德建设中，着力构建“明德堂”道德建设阵地，以此提升干部职工的道德修养和文明素质。最终通过一系列文化软实力建设，打造面向纳税主体的国税文化品牌。

三、大连市国家税务局内部人才培养体系的创新举措

（一）开辟“明德堂”道德基地，引领道德新风尚

道德基地“明德堂”的命名来源于《大学》，《大学》有云：“大学之

道，在明明德，在亲民，在止于至善。”取“明德”之意，兴“明德”之举，正是现阶段大连市国家税务局积极推进内部文化建设、营造良好道德氛围的新举措。主要通过两个方面进行：一方面，其建设目标体现为“五个一”层层推进。建设一个阵地。各基层国家税务局机关需开辟“明德堂”固定的活动场所，并配备相应的电化教育设备。营造一种氛围。开辟“道德建设园地”专栏，制作具有传统文化风格的道德宣传图板并悬挂。组建一支队伍。指定专员从事相关道德资料的收集、整理、宣讲等工作，打造一支分工明确，系统完善的“明德堂”文化建设队伍。形成一套制度。策划“明德堂”建设方案，形成领导小组，并计入绩效考核体系中。编辑一组材料。编辑一套大连市国税系统自身的道德读本，作为弘扬优良道德传统、学习道德楷模的材料。

另一方面，其建设手段体现为“七环节”环环紧扣。即讲道德课堂、歌唱道德歌曲、吟诵道德名言、阅读道德书籍、赏析道德美文、进行道德评议、奉献道德爱心。可归纳为三个层次：第一，夯实道德知识基础。讲道德课堂坚持三个结合，即专家讲与模范讲结合、局内讲与外请讲结合、讲别人与讲自己结合，使传授内容覆盖面广，实用性强。第二，营造良好的道德氛围。唱歌曲、诵名言、读书籍、赏美文，可以使国税系统各级干部更好地感悟道德力量，突出道德模范的光辉形象，引导大家向其学习。第三，发挥道德的引领作用。道德评议为全局干部职工树立了道德标杆，而市局开展的奉献爱心的活动则使各位干部职工可以在实际行动中践行道德知识。

（二）构建现代化培训平台，打造核心竞争力

大连市国家税务局高度重视干部教育培训，一直在国家税务总局和市局的指导下系统地谋划培训工作。培训工作以专业化培训为主线，以人才库建设为依托，以提高培训质量效益为重点，统筹推进领导干部、专业人才和一线干部培养。其创新举措主要有以下几个层次：首先，搭建信息化创新实践基地，满足干部多样化培训需求。近年来，大连市国家税务局相继开办“网上税校”“移动课堂”等现代化培训平台，利用网上税校开展三个级别的财会知识强化培训，使各岗位的财会知识水平显著提高。其次，提升初任干部的业务水平，服务自身成长和科学发展。该项工作从两个方面开展：一方面，由市局教育处组织初任干部参加培训，培训从岗位初任能力、组织纪律意识、团队合作精神等方面进行，全面细致且针对性强，取得了显著效果；另一方面，由市局党组定期开展“新公务员”税收业务能力竞赛，理论与实践相结合以提升实际工作能力。最后，培养高素质专业化人才，打造特色干部培训

品牌。大连市国家税务局高度重视干部基础知识、专业知识及辅助知识体系的构建，启动了百名领军人才培养计划。市局实施走出去战略，邀请名校名师担任授课教师，包括委托东北财经大学举办财会高级研修班和大连东软信息学院举办信息技术领军人才培养班。①

（三）完善“双轴两线”考核体系，树立科学考核观

近年来，大连市国家税务局依托原有的绩效考核体系，不断创新完善，积极探索“全民参与、全面考核、全过程管理”的“双轴两线”式绩效考核指标体系。“双轴”是指以市局机关和基层局机关为考核对象，分别设置考核指标体系；“两线”是指在考核内容上，既考核共性指标，又考核特色指标。考核内容分为一般性工作和重点工作两个方面。考核主体涵盖范围扩大，增强了考核工作的全面性和客观性。同时也对考核对象作了有益延伸，由原来只考核到局一级，扩展到基层局领导班子成员。在考核结果运用上进行大胆尝试，制定了详细的达标标准和不达标惩戒规定，并增设了“一票否决”项目，真正将绩效考核结果与单位评选先进、干部奖惩、职务晋升挂钩，做到“评绩、考人、奖惩、督导”四位一体，形成科学化、精细化、规范化的绩效考核机制。在绩效考核体系的完善过程中，大连市国家税务局立足“为国聚财，为民收税”这个基点，使绩效考核与税收工作在以下几个方面高度契合：一是与组织收入相结合；二是与税收征管质效相结合；三是与干部队伍管理相结合；四是与完善内控机制相结合。大连市国家税务局新的绩效考核体系的确立，表明了在绩效考核体系的建设过程中，要树立科学的绩效考核观念，将考核结果与改革方向紧密结合，转变过去考核与实践脱节的局面，通过提高绩效考核的实效性，营造爱岗敬业、创先争优的激励导向。

（四）创建“三个文化”国税品牌，塑造国税人良好形象

大连市国税系统正通过一系列文化软实力建设，打造面向纳税主体的国税服务品牌，致力于全面推动大连市国税系统各项事业的科学发展。大连市“三个文化”国税品牌的发展宗旨为弘扬以核心价值观为主体的社会主义文化，传承以古代文明为典型的中国传统文化，创新以先进制度和科学技术为特征的现代文化。其内涵及具体措施可总结为以下几点：首先，社会主义文化的内涵及建设措施。社会主义文化建设的主要内容包括思想道德建设和教

① 张广源，王毅．构建特色培训平台　探索育人新途径［J］．大连税务研究，2014（5）．

育科学文化建设两个方面。加强思想道德建设，是建设社会主义核心价值体系的必然要求。教育科学文化建设是中国特色社会主义文化建设的重要内容，对于提高国税人员的业务素质和工作能力，促进税务事业的发展和进步有重要作用。其次，传统文化的内涵及建设措施。传统文化的内涵包括“自强不息、厚德载物、止于至善”。其建设措施从两个方面出发。一方面，加强教育培训。通过脱岗培训、集中学习、网上税校等方式，提高国税干部的业务素质和文化素质，鼓励其发扬自强不息的精神。另一方面，营造文化氛围。通过引导广大干部树立正确的价值观，在日常工作中培养其厚德载物、止于至善的工作作风，形成弘扬中华传统文化和遵从大连国税文化价值取向的氛围。最后，现代文化的内涵及建设措施。现代文化以机制管人、制度管事、信息管税为基本方式开展文化建设。机制管人指运用绩效考核评价管理。制度管事指根据相关的法律法规和规章程序管理事务，保证依法治税。信息管税是指充分利用现代信息技术手段，以解决征纳双方信息不对称问题为重点，以对涉税信息的采集、分析、利用为主线，加强业务与技术的融合，提高税收征管水平。

四、大连市国家税务局内部人才培养体系的社会成效

（一）道德建设基地谱下道德新篇章

截至目前，“明德堂”道德基地建设工作夯实了大连市国家税务局干部的道德知识基础，并通过一系列建设环节使国税干部将理论落实到实际工作和生活中，催生了其接受道德教化的自觉意识，有效地激发了大连市国家税务局干部投身道德实践的热情，在全局上下形成了见贤思齐、争当模范的良好氛围，推动了全局各项工作的顺利开展。

“明德堂”建设工作受到了大连市委领导的高度评价，专门在开发区国家税务局召开了大连市道德领域突出问题专项教育和治理活动工作会议，并组织大连市各委办局、各区市县代表参观了开发区局“明德堂”，使“明德堂”道德建设基地在全市得到推广。“明德堂”道德基地的建设工作，从直接效果上看，对于大连国税系统的和谐治税、服务型税制机关建设、决策参与能力乃至整个团队的凝聚力、执行力的提高，均有着积极的引导作用。从深远影响上看，“明德堂”为服务大连市经济发展和社会和谐做出了贡献，在大连市城市文明建设中发挥了作用，产生了良好的社会效应，已成为大连

市城市文明的重要体现和标志。

（二）特色培训平台探出育人新途径

大连市国家税务局的人才教育培训工作为干部开拓了眼界、打开了思路，也开辟了新阵地，促进了干部教育培训工作的信息化、现代化。每一次干部教育培训，都是对干部思想觉悟的一次提高；每一个教育培训平台的建立，都是对干部实践能力的一次检验。大连市人才教育培训工作思路清晰、方法新颖、体系完备、涵盖面广，其显著成效主要体现在以下几个方面：首先，采用现代化培训媒介，使培训更具科学性。为打造现代国税，对于干部的教育培训工作，必须以现代化、信息化媒介为依托。大连市国家税务局搭建的全员培训的创新实践基地——网上税校，使用会计实验模块，使人员在循序渐进的实践和思考中，体会会计信息的搜索过程，使税务机关工作人员在财会方面的实际运用能力得到了跨越性的提升。其次，双管齐下因材施教，使培训更具针对性。市局对于新任干部的初任培训，受到了青年干部的广泛欢迎，青年干部参加培训的主动性、积极性强，培训效果十分明显。在全系统的纳税评估能手和稽查能手评选汇总中，青年干部所占的比例逐年提升。最后，打造学科优势，使培训更具专业性。在市局的百名领军人才培养计划及走出去战略中，市局培养出了许多高素质人才，打造了核心竞争力。

（三）“双轴两线”并举促绩效管理上新高

大连市国家税务局在开展绩效管理工作的过程中，将“科学治税观”作为绩效考核的总体要求，将“以德治队、以法治税、以规治局”作为绩效考核的主要手段，将“文化国税、和谐国税、创新国税、智慧国税”作为绩效考核的最终目标。市局采取的双轴两线式绩效考核体系，对于考核主体、考核内容、考核对象进行了明显的调整，体现了考核主体的广泛性，增强了考核工作的客观性和全面性，树立了科学的绩效考核观。在这种科学的绩效考核观的指导下，大连市国家税务局将绩效管理工作不断细化，将考核延伸到个人，使任务和指标落实到每一个干部身上。调动了干部的积极性，提高了干部的参与性，增强了整个考核队伍的协调性。同时，市局自绩效考核体系建立之日起，一直致力于增加绩效考核的文化内涵，努力构建“机制 + 文化”的绩效考核方式，使广大税务干部在绩效考核中将大连国税管理文化的精髓内化于心，从而增强大连国税的感染力和为大连国税建设争光的荣誉感。

截止到现在，大连市国家税务局探索出的“双轴两线”式绩效管理新思路，取得了显著的社会成效，已经在全市各区局推广。

（四）“三大文化”打造出国税文化新品牌

大连市国家税务局近年来一直致力于发挥传统文化、社会主义文化和现代文化的力量。在以“三大文化”为基础开展文化建设的过程中，大连市国家税务局提升了其工作人员的自身素质，塑造了大连市国家税务局良好的社会形象。优秀传统文化的根脉力量正是大连国税内部文化建设的原动力，大连市在对传统文化取其精华、去其糟粕的过程中，汲取了对国税文化建设有益的方面，加强了其与当前国税系统的联系，赋予了传统文化新的价值。而社会主义文化则对大连国税内部文化建设起到了导向作用，使大连市国家税务局确定了科学的建设道路，其内部文化建设紧紧围绕着我国当前积极倡导的社会主义核心价值观，并与我国当前的税制改革思路相契合。现代文化建设使大连市国家税务局在内部文化建设的过程中紧跟时代的风向标，搭建信息化的平台，采取现代化的手段，保持了大连市内部文化建设的时代性和前沿性，也增加了大连市这一创新举措的可推广性。大连市三个文化建设的过程就是其税务形象的塑造过程。通过先进文化理念的教化、规范、约束等作用的充分发挥，让“三个文化”内化于心、外化于行，有效地改变了大连市国税系统及其人员的思想观念和精神面貌，向社会展现了良好的国税部门形象，提高了国税部门和国税队伍的社会公信力。

总体看来，通过以上四部分组成的内部人才培养体系，大连市国家税务局打造了全新的税务部门内部建设的平台。三个文化品牌为大连市税务机关营造了良好的文化氛围，使处在这一文化氛围中的税务机关工作人员都受到了熏陶，对提升人才队伍的道德素质产生了内在的渗透作用。而道德基地“明德堂”的设立则使传统的道德伦理内化于税务机关工作人员的内心，发挥了良好的教化功能。特色的培训平台使对青年干部的培训有所依托，使培训过程更加科学化、规范化、系统化。采用双轴两线的绩效考核体系能更好地检验文化品牌所打造的文化氛围，以及道德基地的教化是否发挥了相应的作用，起到了显著的巩固和监督作用。总之大连市国家税务局在开展文化建设的过程中，采取的这些形式多样的举措，在不同层面上发端，交织形成了文化建设的体系和网络，打造了大连市国家税务局在税收体制改革中的特色品牌，探索出了一条适合大连市国家税务局的道路，已经产生了良好的社会效应。

五、大连国税内部文化建设对当前税务内部人才培养体系的启示

传统道德伦理的教化与渗透功能、文化建设的规范与导向作用可以促使税务机关及其工作人员用其自身的良心理性和价值观念来约束自身的行政行为。因此，税务部门应在着力营造良好道德氛围的基础上，采取柔性管理措施，来提升其内部工作人员的综合素质，进而促进国家治理体系和治理能力的现代化，实现善治政府的终极目标。

（一）发挥传统道德的伦理教化功能，多维度治理道德问题

中国传统文化非常注重人的自我道德和修养建设。现代社会出现的很多问题，都与道德的缺失有关系。因此在实现善治税收、善治政府的过程中，应从以下几个方面出发充分发挥传统道德的伦理教化功能。首先，把中国传统的公德意识与个人主义道德相融合。提倡公德意识，深入开展爱国主义、集体主义和社会主义教育。把公德意识和个人主义道德有机地结合起来，从而使传统道德观和个人道德观相得益彰，培养和发展现代社会的公共生活伦理。其次，建立健全道德问题突出领域的法律制度。道德和法律是维持社会秩序最基本的力量，两者相辅相成、水乳交融。在社会转型时期，我们要更加关注法律制度的完善，完善的法律制度能促进社会道德的有效提升。法律的普遍性、明确性和权威性优势增强了道德规范的可操作性，为社会主义道德建设提供了动力和支持。最后，注重道德教育和道德践行的统一。在进行道德教育的同时，也要注重道德的践行。道德教育要贴近民众的现实生活和大众文化，要从观念走向现实生活，关注个体的生活状况和现实需要，着力于推进“大众道德”或“平民道德”教育。我国社会转型时期所面临的道德问题是非常严峻和复杂的，我们应发挥传统道德的伦理教化功能，多维度治理道德领域中的突出问题。深入开展道德领域突出问题的专项教育和治理，力争使社会干部素质提高、道德风气好转，为善治政府的实现提供人才保障和道德支持。

（二）以人本思想为指导进行干部培训，培养信息时代专业化人才

在打造“善治税收”的过程中，税务部门工作人员的素质和能力是影响善治目标实现的重要因素。因此在干部培训平台的打造过程中，必须要以人

本思想为指导，以人的需求为出发点和最终归宿。只有选择适合税务干部的培训手段和培训措施才能取得预期的培训效果。针对知识经济时代对税务干部的要求，培训工作应从以下几点着眼：首先，渗透人文关怀，营造宽松的培训环境。在培训工作中要积极引导干部职工调整好心理状态，做好思想政治工作，缓解其工作压力，化解不满和矛盾，开展心理疏导，积极营造和谐的工作氛围。关心干部职工，既要从工作上关心，也要关心他们的生活和在培训过程中的状态，使组织关怀和人文关怀体现在培训工作中的各个阶层、各个方面。其次，分类指导突出重点，加强教育培训力度。在教育培训的过程中，要兼顾思想培训和业务培训。在思想培训方面，要注重价值理念的传授，同时要创新教育形式，避免枯燥的说教，使其新颖易于接受，激发行政人员参与的积极性。在业务培训方面，要针对人员状况和结构进行分类指导。培训内容以该岗位应掌握的基础知识、专业知识为主，兼顾辅助知识和综合知识。最后，及时开展针对性评估，巩固培训效果。在培训结束之后，应及时组织开展评估，针对培训的不同内容和层次采取不同的评估方法，创新评估形式，丰富评估内容，评训结合，使培训工作落到实处，更有实效性。

（三）机制与文化并举实行绩效考核，树立科学的绩效考核观

税务部门人力资源绩效考核的本质和核心是不断地通过改进来提高行政效率、公共服务水平，并进一步促进其内部人员的个人成长。在“善治税收”的建设过程中，绩效考核应采取新思路，抓住文化对人的隐性影响，增加绩效考核的文化内涵，努力构建“机制＋文化”的绩效考核方式。在不断完善制度健全机制的前提下，发挥文化的调节作用。首先，健全机制，转变考核方式。针对国家税务部门绩效考核体系的现状，应着力健全机制，增强考核结果的回应性。注重考核结果的运用，将考核结果作为干部奖惩任免的重要依据。同时转变绩效考核方式，增强绩效考核内容的全面性。既要考核工作人员的业务技能和工作实绩，又要考察群众的满意度。通过检验工作人员的业务技能，促进工作人员加强学习、注重积累，夯实其知识基础。通过检验工作人员的群众满意度，使工作人员转变工作作风，以群众的利益为出发点和最终归宿，密切干群关系，塑造良好的干部形象，进而提高税务部门的美誉度。其次，创新形式，增加文化内涵。在税务部门实行绩效考核的过程中，应增加一种符合善治理念的文化内涵，使原本刚性的考核方式弹性化，使原本枯燥的考核内容丰富化，使原本单一的考核流程多样化。有利于调动工作人员参加绩效考核的积极性，使其在绩效考核的过程中将善治理念的精

髓内化于心，从而增强税务部门及其工作人员整体的凝聚力和创造力。

（四）借助文化层面的治理手段，推进国家治理体系现代化

文化具有社会治理的功能。“古人结绳而治，后人易之以书契”。这是中国古代最早的关于文化与社会治理关系的描述。也就是说，人类创造和生产文化是为了有效地克服和解决人与社会之间出现的问题，具有疏导、宣泄、沟通的意义。当文化的这一本质功能发展到现代社会，文化产业则具有了国家文化治理工具和手段这一功能。文化既是国家治理体系现代化的重要内容和组成部分，也是推进国家治理体系现代化的重要媒介，是决定国家治理体系现代化方向的重要因素。它与国家治理体系相互联系、相互影响。一般来说，国家治理体系与文化是同质的、一致的，有什么样的文化，就可能构建什么样的国家治理体系；有什么样的国家治理体系，就可能形成什么样的文化。文化作为精神、价值观念和意识形态，在国家治理体系现代化中发挥着重要的价值引导作用。任何国家治理体系的形成、巩固和发展，都需要相应的文化观念提供指导和支持。国家治理体系确定是非标准、调解利益矛盾等，都是由文化价值观念引导的。因此，我们欲实现善治政府，推进国家治理体系现代化，必须以马克思主义立场、观点和方法为指导，吸收中外优秀文化精华，体现国家主流意识形态。

第三节　善治理念下税收管理社会化的实践探索

善治理论是20世纪90年代诞生的政府治理理论，它是21世纪国际社会科学的前沿理论之一。以治理理论为基础的善治理论能够在短时间内迅速引起世界各国的关注，有其深刻的原因：首先，善治理论符合政府管理实际。良好的治理可以弥补市场和政府在社会资源配置中的不足，解决传统政治统治条件下仅仅依靠“看不见的手”或“看得见的手”调节市场可能出现的种种失灵现象。其次，善治理论符合社会发展潮流。善治以公民社会的充分发展为社会治理基础，以政府与公民社会的密切合作为主要特点，是一种全新的合作模式，具有强大的生命力。善治实际上就是国家的权力向社会的回归，善治的过程就是一个还政于民的过程。其三，善治是政府管理的未来发展趋势。善治所蕴含的良好治理的理念是政府管理的理想境界，善治所所倡导的法治性、服务性、责任性、民主性、合作性等基本诉求是政府治理的行为准

则，善治所追求的实现公共利益最大化的目标是政府管理所追求的最高目标。[①]

将善治理念具体到税收的领域中来，善治为我国进行税收管理社会化建设指明了方向。税收管理社会化是指税务部门在税收征管过程中，通过转变和优化管理职能，整合利用社会资源和市场机制，将一部分征管事项的决策权、执行权和监督权归还纳税人，积极发挥社会中介组织、市场主体和社会公众在税收管理中的作用，充分调动社会力量参与税收管理，以提高税收管理效率、降低征管成本、建设和谐征纳关系的行为或过程。广州市地方税务局顺应税收改革发展的要求，结合广州市个人出租屋税收工作的实际开展情况，进行了个人出租屋税收委托代征工作创新实践，在起步推广阶段，积极进行宣传，让更多的纳税人了解税收工作；在规范管理阶段，出台与税收管理社会化有关的政策文件，使税收管理社会化“有法可依”；在提升发展阶段，加快税收征管信息化建设，完善税收征管系统。广州市在税收管理社会化方面的创新实践，为我国推进税收管理社会化提供了有益的借鉴。

一、当前税务部门探索税收管理社会化的相关背景

税收收入是否及时足额组织入库，关系到整个国家机器能否正常运转，关系到政府宏观调控经济职能作用能否充分发挥。目前，随着税收征管改革的进一步深化，基层税务部门征管中存在的人少事多，税源不清、管理不到位、管理成本高等问题日益凸显。国企改制，民营企业异军突起，个体业户猛增，经济形式、经营方式、生产模式日趋多元化，加上税收税种多，税源广而零星分散，对税收征管提出了严竣的挑战。靠国税部门孤军作战监管税源，很难实现税收管理的科学化、精细化和应收尽收。针对这些存在的困难和问题，结合国家税收工作面临的新形势，应该开展税收管理社会化工作。[②]税收管理社会化是善治理论在税收领域的具体体现，是政府还权还责于纳税人，调动社会力量参与税收管理的有效途径。政府要实现税收管理的善治，就要加快政府职能转变，通过合理分配社会资源，实现资源的最优化配置，充分展现专业化分工的优势，将专业化分工具体运用到税收管理的实践中来；同时，针对国家税务总局提出的“两提高，两降低”（提高税法遵从度，提

① 丁宇．走向善治的中国政府管理创新研究［D］．武汉大学，2011.

② 段黄伟．关于强化税收管理社会化的思考［J］．云南地税，2005（5）.

高纳税人满意度；降低税收流失率，降低征纳成本）目标，税务部门应该在充分发挥自身优势的前提下，适度放权、授权，利用社会力量进行税收管理优化建设，实现合作管税，构建以社会参与为导向，群众监督为重点的现在化税收管理体系。具体体现在以下几个方面：

广州市是广东省的政治、经济、文化中心，又是联结国内外的重要交通枢纽，随着经济全球化进程的加快和市场经济的迅速发展，广州市经济发展水平越来越高，企业经济活动日益复杂，广州市税务部门基层人力资源不足的问题日益凸显，对税收管理提出了新的挑战。中共十八届三中全会以来，各级政府致力于切实转变政府职能，深化行政体制改革，创新行政管理方式，增强政府公信力和执行力，建设法治政府和服务型政府。其中重点突出“有效的政府治理”这一概念，是对施政理念、行政方式的发展和创新。税务部门作为重要的政府部门，推进税收管理社会化是转变职能的题中之意。广州市税务部门应加快职能转变，摒弃以往“大包大揽”的工作作风，明确税收管理职能范围，适度放权，将不需要税务部门管理或税务部门管理不好的事项下放到社会，有效利用社会资源，实现资源最优化利用，促进社会广泛参与，还权于民还政于民，加快建设效率优先、纳税人满意的服务型税务部门。

随着科技的进步，我国税收征管改革日益向信息化、现代化方向发展，广州市流动人口、外来人口数量巨大，税源管理工作较之其他城市工作量更大、管理难度更高，亟须加快税收管理社会化建设步伐。税收管理社会化是税务部门充分利用信息优势、社会资源进行现代化税收征管体系建设的重要组成部分。税收管理社会化建设主要包括以下两个方面的内容：一方面，税务部门大力推进税源分类管理、优化内部职能，建立税收主体明确分工为主、税收客体专业化分类为辅的专业化税源管理系统，实现内部建设、外部管理统一协调、相互促进；另一方面，善治模式强调国家与社会的合作，并且更加强调国家与社会的依赖关系，税务部门利用社会力量广泛参与、分工协作，实现税务部门与社会力量之间的良好互动，各自运用自身优势，人尽其才、物尽其用，最终实现政府与社会之间最优化合作。税收管理社会化进程直接影响到我国税收征管改革的成效，只有加强税收管理社会化建设，才能实现税务部门的税收专业化管理改革的目标。

善治意味着管理方式和管理手段的多元化。统治的典型模式是运用发号施令来达成目标。而善治模式则认为办好事情的能力并不仅限于政府的权力，在公共事务的管理中，还存在着其他的管理方法和技术。政府应该运用各种可行的办法来达到公共事务的良好管理。[①] 广州市作为我国改革开放的先锋，一直走在全国经济、文化、社会发展的前列，随着社会的进一步发展，纳税人经营方式越来越多样化，税收征管工作的难度日益增大，传统的税收征管方式已经不能很好地应对现时的税收局势，管理方式多样化改革势在必行。要顺利进行税收管理社会化转型建设，首要任务就是更新税务部门的管理理念和方式，解决目前存在的信息不对称、税收基层人力资源不足等问题。广州市税务部门应该正确运用社会信息和社会资源，接受并应用来自社会力量的支持，摒弃以往过多的不必要的管理思想，以积极的姿态迎接政府与社会合作，促进管理方式多样化、合理化转变。

二、广州市个人出租屋税收委托代征的创新实践

税收征管社会化是一项创新性的税收征管方式，主要内容是通过税务部门与社会各界全方位的联系，建立完善的立体交叉网络，利用社会资源广泛参与，加强税务部门与社会之间的信息交流与反馈，以加强税收管理的力度，提高税收管理质量，最大限度减少税收款流失。个人出租屋税收委托代征是税收管理社会化建设的一个非常重要的方面，广州市个人出租屋税收委托代征工作从 2001 年起步，经过 10 年的不懈努力，取得了可喜成效，税收收入从 2000 年的 800 万元增长到 2010 年的 10. 3 亿元，10 年累计征收税款 45. 3 亿元，广州市地方税务局在税收社会化管理方面进行的有益探索，为我国进一步推进税收管理社会化建设提供了很好的借鉴。

（一）主要的创新措施

1. 政府委托代征，形成税收多元主体网络

2001—2003 年为广州市个人出租屋税收委托代征建设的起步推广阶段。2000 年，广州市政府开始推行出租屋综合治理工作，出租屋税收工作作为综合治理工作的组成部分，经市政府批准，从 2001 年起，由广州市地方税务局全面委托街镇出租屋管理服务中心代征个人住宅出租屋税收。由于出租屋税收零散隐蔽，征收难度大，代征工作在开展之初即遇到了很大的困难。广州市地方税务局一方面在加强对代征人员业务培训和对社区居民税收宣传，以及加大对抗税钉子户的处罚力度等方面支持代征单位工作；另一方面通过新

① 王浦劬．政治学原理［M］．北京：中国广播电视大学出版社，2004：163－164.

增个人非住宅出租屋税收的委托代征业务，增加街镇的出租屋管理工作经费来源，极大提高了街镇的工作积极性。

2. 出台相关规定，明确征管要求

2004—2008年为广州市个人出租屋税收委托代征建设的规范管理阶段。从2004年起，广州市个人出租屋税收工作逐渐步入正轨，进入规范管理阶段。广州市市委、市政府相继出台《关于加强我市出租屋管理工作的意见》《关于加强党员干部出租房屋监督管理的意见》等一系列加强个人出租房屋税收管理工作的政策性文件，将个人出租房屋税收管理工作纳入街（镇）年终绩效考核范围。广州市地方税务局于2006年重新制定发布《广州市个人出租房屋税收管理办法》，对代征单位和纳税人提出了更加规范的管理要求。通过一系列的规范措施，有力地促进了广州市个人出租屋税收工作的发展。

3. 建立代征信息系统，提高信息化水平

2009—2011年为广州市个人出租屋税收委托代征建设的提升发展阶段。随着个人出租屋税收规模的不断增长，代征工作遇到了管理力度和服务水平跟不上业务发展要求的瓶颈。代征单位在税款征收上疲于应付，管理资源分配不均对税收征管和出租屋综合治理工作造成了不利影响。针对存在的问题，2009年广州市地方税务局提出以信息化为抓手，进一步提升个人出租屋税收管理水平的工作方案。新系统在政府信息网络上运行，实现系统的联网操作，并以此为基础，实现网上审批、短信催报催缴提示、银行批扣税款等业务，有效地提高了代征工作效率，在不增加管理资源的前提下满足了业务增长的需要，为广州市个人出租屋税收工作的进一步发展奠定坚实基础。

（二）广州市个人出租屋税收委托代征取得的初步成效

1. 增加了税款收缴额

在10年的探索与创新中，广州市个人出租屋税收委托代征工作取得了良好的成效。起步推广阶段从2001年起，经过广州市地方税务局与街镇代征单位3年的共同努力，到2003年年底全市160多个街镇已全面实现开展个人出租屋税收委托代征工作，3年累计征收税款2.34亿元。规范管理阶段从2004年起，2005年，广州市个人出租房屋税收工作得到了时任广东省委书记张德光等省委、省政府领导的充分肯定，并获得国家税务总局的通报表彰。2006年10月，广东省出租屋管理及税收征管工作现场会在广州召开，专门推广广州市的工作经验。到2008年年底，在管的出租屋纳税人达20万户，全年征收税款8.2亿元。5年累计征收税款23.77亿元。提升发展阶段从2009年起，经过一年多的努力，成功开发了新的代征系统，并于2010年底实现全面上线。新系统上线后，代征工作重新步入快车道，2011年1—6月征收税款6.1亿元，同比增长了27%。两年半累计征收税款25.18亿元。

2. 加强了税收法治化建设

广州市税务部门先后发布《关于加强我市出租屋管理工作的意见》《关于加强党员干部出租房屋监督管理的意见》等一系列政策性文件，使得税收管理社会化工作的开展趋于法治化，明确了个人出租屋税收委托代征的方向及党员干部有关个人出租屋税收监督管理的职责，为今后税收管理社会化工作的开展，打下良好的法治基础。不仅如此，广州市地方税务局于2006年重新制定发布《广州市个人出租房屋税收管理办法》，对代征单位和纳税人提出了明确的要求，使得税收征管工作能够在法律要求下开展，保证了税收委托代理征管工作的过程符合广州市税务部门的要求，保障了征管工作的有效性。广州市税收管理社会化的有益探索，为我国其他省份、城市的税收改革工作提供了参考性的借鉴，税务部门作为政府的重要组成部分，它的任何行为必须符合国家法律的要求，税务部门要按照税法的要求根据自身基本情况，灵活开展工作。

3. 提高了税收管理社会参与度

个人出租屋税收委托代征工作是税收管理社会化的一个重要方面，广州市地方税务局在个人出租屋税收委托代征工作的有益尝试，是全面推进我国税收管理社会化改革的先锋。通过此次创新实践，广州市地方税务局明确了自身的责任，实现了与社会力量之间良好的分工和协作，各司其职、人尽其才，更好地发挥了社会力量的作用。同时，让包括社会中介组织、基层群众自治组织、民间公益组织在内的非政府组织、私人企业等，都可以在法律的框架内，成为社会治理的主体，初步实现了多元治理；税务部门与公安、消防、工商、劳动等部门参与的联合执法，大大增强了执法的有效性，增强了税收管理社会化工作的成效。所以，此次创新实践是我国税收管理社会化工作走向善治的一个新起点，为我国税收管理社会化建设提供了新的可行性示范。

4. 专项经费促进幸福广州建设

为保障广州市流动人口和出租屋管理的经费来源，广州市委、市政府规定将街镇出租屋管理服务中心受托征收的“两费一税”（治安联防费、用工调配费和出租屋税收）市级收入全额用作流动人口和出租屋管理的专项经费。出租屋税收伴随着出租屋管理工作的成长而成长，出租屋管理员队伍从

2003 年的 2000 多人逐步壮大到 13000 多人，出租屋税收的快速增长起了很重要的作用。2011 年，市出租办提出要力争将部分“两费一税”逐步用于流动人员和出租屋主的福利，“两费一税”已从单纯的管理性支出转变为管理与服务社区的经费来源。部分街镇在有效利用专项经费方面进行了有益的探索，不少地区将专项资金用于解决当地突出的问题，如番禺区开始着手解决农民工社会保障和子女入学教育问题，越秀区建设街和海珠区江南中街建立社区幸福聊天室。稳定的专项经费来源使各街镇进一步可以做好流动人口和出租屋管理工作，促进了幸福广州建设。

三、基于广州市个人出租屋税收委托代征创新实践的启示

10 年的个人出租屋税收代征工作，极大地推动了广州市税收社会化管理的发展进程，有效地将税收管理社会建设与广州市的实际情况相结合，探索出一条合理的税收社会化建设路径。广州市个人出租屋税收委托代征工作充分体现出新时期善治税收工作理念，具体体现在以下几个方面。

（一）加强税务部门与社会协同治理，构建合作治税网络

面对日益复杂的社会经济状况，我国的税收征管改革进入到了一个亟须突破的新阶段，税务部门不再是税收征管的唯一主体，税务部门与社会协同治理，构建合作治税的征管体系，才能够满足税收征管的现实需要。借助政府出租屋综合管理平台，广州市地方税务局构建起以全市 13000 多名出租屋管理员为征管主力军，房管、公安、消防、工商、劳动等多个部门齐参与的协税护税网络，充分运用社会力量进行税收社会化建设改革。税收协管员在日常出租屋巡查管理过程中，发挥自身优势，针对自己管辖区域内的实际情况，收集和整理出租屋相关信息，开展税收征管工作；房管部门针对政府提出的个人出租屋税收委托代征工作，从 2005 年开始，每年发布全市出租屋市场租金参考价，为税收征管提供相应的计税依据，为税收征管社会化建设提供有益参考；街道作为国家部门的最基层政府，在税收管理社会化建设中发挥着不可忽视的作用，街道与税务、公安、消防、工商、劳动等部门参与的联合执法，有力地推进了个人出租屋税收委托代征工作的发展。税务部门利用社会力量开展协税护税工作，不仅能够缓解税务部门基层人力资源短缺的问题，有效降低税收征管的成本，同时也能够合理整合税收信息资源，解决长期存在的信息不足、信息不对称等问题。

（二）明确社会力量权责，强化税收征管队伍建设

就治理主体而言，善治是“善者治理”。作为治理主体的政府，应该努力建设“善者”的形象，通过培养加强征管队伍建设，明晰征管责任，努力将税务部门打造成为温良、公正，值得公众信赖的合格治理者。个人出租屋税收委托代征工作的管理员同时也是税收协管员，利用对辖区情况了如指掌的优势，承担起税务、公安、消防、安监、计生、城管、工商等部门“前哨”作用。为培养好这支税收协管员队伍，广州市地方税务局每年定期有针对性地开展税收业务培训，确保其能够胜任税收宣传和税款催报催缴等工作。针对部分街道前台税款代征人员流动性大、专业素质难以保证的问题，广州市地方税务局同街道协商直接参与该部分人员的管理，严把岗位变动关，从而有效地稳定了队伍，保证了征管队伍的业务素质。征管队伍建设的重点，就是明确每一名征管员自身的责任和义务，在保证征管员专业素质过硬的基础上，发挥自身的主动性与积极性，努力培养“善者”情怀，让每一位征管者都能够以温和的态度、饱满的热情面对每一位纳税人，切实了解纳税人情况。征管员不仅把自己定位于“征管者”，同时也应该把自己定位于“服务者”，基于自身特点，发挥主人翁精神，尽最大的努力将个人出租屋税收委托代征工作开展得更好，推进广州市税收管理社会化建设。

（三）发挥社会宣传作用，提高纳税人自治意识

广州市经济发展水平较高、外来人口占常住人口一半以上，较其他省市有着明显的特征，因此，个人出租屋税收工作开展的难度较大，仅仅依靠税务部门的力量很难很好地完成这项工作，个人出租屋税收工作一度成为广州市税收工作的难题。针对出租屋流动人员早出晚归、流动性大的特点，出租屋管理员对辖区内出租屋进行定期巡查，并实行早晚两班制，工作时间延长至晚上 11 点，早出晚归，充分发挥社会力量，高效合理地应用社会资源优势将个人出租屋税收征管工作深入到全市每一个居民社区；纳税意识是指公民在正确了解税收对国家建设和社会发展的作用，在提高对国家和社会责任感的基础上产生的照章纳税的意愿。在现实生活中，纳税意识低下往往会导致纳税人采取各种手段尽可能逃避纳税义务。税收征管工作的另一个重点就是加大税收宣传力度，加强公民的纳税意识。出租屋管理员在开展税收征管工作的同时进行税收宣传工作，许多市民群众正是通过出租屋税收逐步了解和认识了税收工作。出租屋管理员利用自身优势，具体到每家每户开展税收宣

传的工作方式取得了良好的效果，在逐步把个人房屋出租纳入正常和规范的税收征管框架之内的同时，也培养了广大群众自觉申报纳税的良好习惯，提高了税法的遵从度，逐渐营造公平、良好的纳税环境。

（四）秉承执法公平公正，增强社会认同感

个人出租屋税收管理工作，属于税收管理中零散税源户管理，缴纳税额的多少直接关系到零散税源户的切身利益，要想提高零散税源户对税收管理的遵循度，在管理过程中体现公平、公正原则显得尤为重要。在个人出租屋税收管理工作开展的过程中，相同规模、相同区域内的纳税人，应该承担相同的税负，税收管理工作出现厚此薄彼的现象，不仅会增加纳税人对税务部门税收工作的不满，同时也会降低纳税人对税务部门的认同感和信任感，使得纳税人对税收管理工作配合的主动性、积极性相应减少，大大影响税收征管工作的效率和效果。依法治税是依法治国方略和依法行政在税收领域的具体体现，税收征管人员要牢固树立“心中有法、思必及法、言必合法、行必循法”的思想，把依法治税贯穿于地税工作的各个环节。税务部门将个人出租屋税收征管工作委托给社会力量，利用出租屋管理员（协管员）对纳税人进行协调管理时，必须强调税收工作秉承公正、公平的理念。税务部门应掌握好协调和监督工作，要求每一位出租屋管理员必须按照相关税收政策执行，坚决杜绝在税收执行过程中出现偏差、走样的情况，保证税法的尊严和有效性，促进征纳双方之间和谐、友好关系的建立。同时，税务部门应全面推进税收执法责任制，严格落实执法过错责任追究制度，对于税收过程中出现的过错，要严肃对待，追究相关责任。

四、进一步推进我国税收社会化管理的发展方向

广州市地方税务局的税收管理社会化创新实践，作为我国善治税收理念下税收征管工作的一个有益尝试，运行10年来，一方面，解决了广州市个人出租屋税收工作中存在的问题，为我国各省市个人出租屋税收工作提供了一个良好的参考实例，体现了善治理念在税收征管改革中的优势作用，为我国善治税收征管社会化提供了有益借鉴；另一方面，从善治理念的动因和目标来看，广州市地方税务局的税收社会化管理创新也存在着一些制约因素，需要进一步发展完善，以更好地达到善治税收的目标。针对我国税收社会化管理的国情和广州市个人出租屋税收委托代征的经验启示，推进我国税收社会

化管理的实践中还应重视以下四个方面的探索和尝试。

（一）推行税收代理，促进公共权力中心多元化

税收代理是指社会中介组织机构接受纳税人委托，依法独立、公正地从事税务代理业务。推行税收代理，符合我国建设社会主义市场积极的基本要求，广州市个人出租屋税收委托代征工作的开展，充分体现出税收代理工作的优势，但我国现存的税收代理机构，都是由税务部门全权负责的，一般由税务部门组建或挂靠在税务部门，税收代理机构受制于体制的约束不能灵活开展代理工作，严重影响了我国税收代理工作执行的成效。税务部门应顺应时代发展要求，积极营造“小政府、大社会”的税收征管格局，大力推进税收代理工作开展，使得税收权力中心向多元化发展。税务部门与其他公共权力中心之间不再是管理者与被管理者的关系，而是平等合作、依赖互动的新型关系。税务部门充分发挥税收征管过程中的统筹作用，在不违反政策法规的前提下，合理运用和社会力量、中介组织，不仅能减轻税务部门人力资源不足的问题，同时也能提高税收征管的效率。

（二）加强部门协作，构建税务与有关部门一体化体系

广州市地方税务局在进行个人出租屋税收委托代征工作的过程中，合理统筹税务部门与各职能部门之间的关系，组建税务部门与公安、消防、工商、劳动等部门参与的联合执法的队伍，为我国税务与各职能部门建立“一体化”体系提供了宝贵的经验。税务部门与各职能部门加强协作配合，充分发挥各自工作特点和优势，尽各部门所能协调开展税收征管工作，能够提高工作效率，进一步推进税收征管工作的开展。税务部门应在当地政府的领导和支持下，积极主动与工商、银行、财政、审计、监察、司法、档案、企业主管部门、海关、交通运输、新闻等部门联系，争取他们的支持和配合，建立固定的协作关系，可实行联合办公、联合开设对外服务窗口、共同开展税法宣传辅导、共同开发应用计算机并相互联网等形式，及时掌握纳税人开业、变更、歇业、注销、生产经营、资金流动、财务收支、运输、邮寄、货物出入境等信息，达到有效控制税源，强化税收征管的目的。[①]

（三）加快信息化建设步伐，实现信息管税

广州市地方税务局开展个人出租屋税收创新实践工作过程中，出租屋管

---

① 王柳德，黎坤，文旭琦．税收征收管理社会化的探索［J］．税务研究，1996（8）．

理员发挥自身优势，对每家每户进行巡查，收集和整理纳税人的信息，虽然在税收征管社会化工作中取得了一定的成效，但是取得的作用是十分有限的，应大力推进我国税收管理的信息化建设。首先，在涉税信息的收集过程中，应针对不同单位、不同行业的情况，相应采取不同措施，针对信息化建设水平较高的企业、部门推进计算机联网，构建信息管税的网络平台，更好地实现信息的共享和交换，最大限度提高税务部门捕捉涉税信息的能力，达到严控税源信息的目的；针对信息化建设水平较为薄弱的单位、个人，积极进行宣传教育，加快信息上网的速度，保证涉税信息收集整理工作高效完成。其次，在税收信息整理的过程中，应根据信息管税的实际需要科学设计税收征管业务岗位和流程，由税务部门安排专门人员对采集来的涉税信息进行统一梳理、分类、处理，并录入综合征管信息系统，各级征管部门和信息中心履行监督指导职能，加快税收管理信息化建设。

（四）加强法制性建设，落实代收责任

当前税收征管工作面临着税种多、部分地方税收零星分散、隐蔽性大、纳税人众多、征管力量不足、征管难度较大的困难。要走出困境，实施有效征管，需要有关部门的协作、支持、配合，扩大代扣收税款的范围。广州市个人出租屋税收委托代征的实践，体现出税务部门对零散税源向代扣代收探索的思想，作为一个面向社会开展的示范性代收“窗口”，为扩大我国代扣代收的覆盖面，提供了有益的借鉴。需要注意的是对税收法律、法规规定负有代扣、代收税款义务的纳税人，应依法确立代扣、代收的法律责任，对于不能履行义务的，应按照法律、法规的规定承担法律责任。同时，对于法律、法规没有明确规定但有利于税源控管及零星分散税源征管的，税务部门应积极主动与有关部门协商，授权给社会，委托其进行代理，如个人出租房屋委托街道、办事处代收；个体运输委托运管部门代收，等等。税务部门应与委托机构签订委托协议，明确委托双方的职责和法律责任，双方应该在协议的约束下进行活动。税务部门要有专人对代征、代收税款的机构进行管理，保证税收管理社会化建设工作的开展符合税法要求。

第四章　吉林国税善治税收的探索

第一节　善治理念下的税收风控体系建设

与传统的税收相比，善治税收最大的变化就是将税收的模式从管理变成了治理，其中最大的差别就是将征纳双方对立的状态改变为法律地位平等的双边关系。长久以来纳税人对征税方一直有一种仇视的态度，认为征税人员是把钱从自己口袋里抢走的人。怀着这种想法自然在心理上就会有一种抵触的态度。吉林省国家税务局在明确各部门职责的同时也明确了税务机关是作为一个为纳税人服务而不是和纳税人对立的机构而存在的，并且制定了一系列相关的规章制度来保证征税方的服务理念。与此同时，吉林省国家税务局也通过税收制度教育等手段来普及税收知识，让纳税人明白征纳双方应当是秉持合作而不是对立的理念，以及依法纳税是我国公民应尽的义务，征税方是代表政府和国家行使税收的权力，并没有做出什么中饱私囊的行为。在双方的观念达成共识之后，依法纳税的效率便大大提高，并体现了征纳双方法律地位上的平等性。而对征税方来说，治税行为从管理到治理再到为纳税人服务，这是一个循序渐进的过程，在这一过程中，征税方逐渐摆正了自身在税收过程中的地位，他们不单单是要从纳税人手中收取税款，同时也有着为纳税人服务的义务。吉林省国家税务局通过层层选拔，选出两名业绩优秀的工作人员担任服务岗的工作人员，他们的任务就是负责解答纳税人提出的疑问，收集纳税人对税收方面提出的意见和建议，再经过筛选向直接负责的科室进行提交，经过负责人分析解决后再反馈给纳税人，真正做到为纳税人服务；同时这些收集上来的信息也可以用于信息采集库，以便于完善风险等级评定和管理系统。保持征纳双方的交流，既可以满足纳税人的需求，又能为征税方提供宝贵的意见，可以说征税方提供的税治服务是加强征纳双方交流，改善双方关系的有效途径。

善治税收的另一大理念就是提高对纳税人的信任程度，最大限度信任纳税人提供的治税信息。法治社会中的社会活动需要相关的法律法规来保障其流畅地运行，这在税收治理的过程中是一种刚性的强制性的手段，而通过信任纳税人的信息来进行征税则是一种柔性的手段。在征税方看来纳税方都是不愿意主动纳税的，即便是那些主动纳税的人也是迫于法律的强制才不得不服从，这就导致了很多人想尽办法作出偷税、漏税的行动。在这种前提之下，征税方不得不浪费大量的人力和物力来对纳税人提供的信息进行跟踪核实，虽然这是为了保证征税活动能够正常的进行，但这种调查既浪费了大量的人力物力，又对纳税人表现出明显且强烈的不信任感，这种行为容易使征纳双方的关系陷入僵局甚至进入敌对状态。事实上虽然的确有部分人非法偷税漏税，这毕竟是纳税人中极少的一部分，而为了这一小部分人对所有纳税人采取不信任的态度，这无疑是不合理的。在这种情况下，吉林省国家税务局一方面通过对纳税人的纳税观念进行教育，使其明白纳税是公民应尽的义务，同时也提醒征税方提高对纳税人的信任。在征税方的信任之下，纳税人的自尊心得到了满足，就会自动自觉提供真实有效的治税信息。只有征纳双方的信任程度足够高，才能保证治税活动能够有序地开展，这也才符合善治税收的观念。

一、吉林国税探索建设风险防控体系的背景

2008 年，吉林省国家税务局（以下简称省国税）同全国税务机关面临同样一个重大难题：虚假发票在社会上随处可见。造成这一问题的真正原因是税收征管方式难以适应当前社会快速的发展趋势。具体表现在以下几个方面。

首先，税收征管人员与纳税人员在数量上的矛盾。纳税人员数量急剧增加，而税收征管力量（税务人员）却相对不足，例如，吉林省 2012 年国税系统税务登记户比前一年增长了 15.1%，而基层税务人员每年增加只有 8000 左右；吉林省同期增长的登记户数比例为 23%，但基层治税人数增长比例只有 4%，一直以来沿用的传统管户制已经明显不能承担当前繁重的税源管理任务。当然，若单纯依靠增加税务人员以缓解这种突出矛盾，随之带来的就是税务系统机构冗杂、人员庞大，依然不能从根本上解决问题，还会产生新的内部组织结构问题。而管理的实质是将有限的资源发挥出最大效能，因此，解决问题的根源在于管理方式与手段的转变。

其次，纳税人生产经营呈现出很强的时代特征，对基层税务机关的管理

体制和管理方式提出了巨大的挑战。随着市场经济的深入发展和信息技术的飞速变化，许多市场经营主体采用不同手段、不同技术参与到经济化的浪潮中，五花八门的经营模式和委托代理模式等使税务人员管理的难度越来越大，纳税个体之间的分离与合并导致征税过程中对纳税人应当征收的税款不清楚，同时，生产手段和措施的信息化与科技化，业务经营范围的国际化与集团化，都体现出当前企业发展的新形势。面对这种形势，改变传统的征管方式已经迫在眉睫。

再次，传统征管方式掌握的涉税信息在一定程度上具有不完全真实性。税收取之于民，用之于民，是国家的强制性行为，具有强制性，简单依靠纳税人的自觉性很难完成税收任务。因而，涉税信息完全从纳税人处获得在某种程度就存在虚假的可能性。重新调整征管方式，加大对涉税信息的多方采集，就能够掌握更多有效信息，提高纳税人的遵从度。信息采集一向是我国税收治理过程中的一个难题所在，当前税务机关没有足够的技术和人力来收集分析处理庞大的治税信息，这不仅是一种宝贵资源的浪费，同时也阻碍了税务管理的改革与发展。传统税收征管方式并不包括信息治税的内容，自然就没有建立信息系统的需求，而这恰恰正是当前税务机关应该改善的一点。

最后，纳税人对税务机关的征管能力、服务水准要求越来越高，迫使税务人员不断提高自身素质，进而推进税收管理核心业务向更高层次迈进。当前，纳税人的自我维权意识强烈，不同纳税人对服务提供的方式和水准提出了不同要求，使税务人员在执法意识、服务意识、风险意识等方面必须加强自身素质，以不断满足纳税人的需求。用过时的服务理念和管理模式去为拥有新观念和新要求的纳税人提供服务，不受欢迎也是可以预见的。既然纳税人已经在新观念的熏陶下与时俱进，征管方式如果不进行深化改革，必然会影响我国税收的根基所在。

综上所述，紧随时代变化发展的步伐，不断提高纳税人的遵从度，提高税收征管质效，从而构建有各省特色的税收征管模式已成为当前不容忽视的问题。吉林省在这样的背景下，从 2009 年开始规划改革蓝图，在借鉴国际、省外先进做法的同时，联系本省实际，以长远目标作为改革目的，以风险防控体系建设作为征管方式改革的核心，进行了一系列探索，并取得了一定的社会成效。通过整理吉林省税收防控体系建设的发展历程，并以善治理念的合理内核为视角，全面观察探索实践过程中所面临的问题，可为今后风险体系建设提供理论基础，并为进一步探索实践的应然走向提供重要价值。

二、吉林国税税收风险防控体系建设的主要措施

吉林省国税系统以信息管税、风险管理、遵从理论三大理论为指导，重新探索税收征管方式、转变税务机关职能、加强纳税服务。在风险管理理念下，通过信息管税的手段，将有限的组织资源用于风险点较大的行业，在提高管理的质效同时从根本上提高纳税人的税法遵从度。2013 年 8 月 2 日，吉林省国家税务局党组以敢为人先的气魄，决定成立税收风险监控中心，并作为独立机构，这在全国国税系统首开先河。具体措施有以下几个方面。

（一）健全管理机制，增强风险防控能力

1. 职能整合“三层架构”

一是制定下发《吉林省国家税务局关于成立风险管理工作领导小组的通知》，成立省局税收风险管理工作领导小组，由一把手任组长，分管局长任副组长。定期召开风险管理领导小组工作会议，统筹组织、指挥协调全省税收风险管理工作。二是成立省局税收风险监控中心，负责全省税收风险管理战略规划、税收情报管理、风险识别监控、等级排序、任务推送等工作。三是在市（州）局成立税收风险监控中心，在县（市、区）局征管部门设立税收风险管理岗，指定专人负责税收风险管理工作，实现税收风险分析监控专业化管理。

2. 业务归口“两项统筹”

一是统一分析监控。由各级风控部门统筹负责税收风险管理工作计划的制定，统一采集和获取内外部涉税信息，建立预警和分析指标体系，定期进行风险分析识别，对存在税收风险纳税人进行登记排序，并将应对任务统一推送给应对部门。二是统筹风险工作任务。各业务部门按职责分工确定风险管理工作任务，提交给风控部门，风控部门统一抽取数据并进行深度分析，经业务部门确认后，由风控部门统筹推送风险应对任务，避免了上级重复下达风险应对任务的问题。

3. 人才保障“一体联动”

吉林省国家税务局从各级风控部门选拔 25 人，组建了松散型税收风险分析监控团队，下设综合制度管理、数据情报管理、日常风险分析、行业风险分析四个工作小组，平时以本单位岗位工作为主，注重跟踪研究风险管理方面的课题，不定期参与全省重大税收风险监控分析工作，目前全省专职从事

税收风险分析监控人员达到164人。通过组建风险管理团队，发挥专业人才引领和协同作用，为全面推进税收风险管理做好人才储备和保障。

（二）夯实工作基础，完善风险防控手段

吉林省国家税务局税收风险管理工作坚持以制度为基础，以数据信息的采集和应用为重点，以指标体系和分析模型为抓手，以信息化手段为支撑，打牢风险管理工作基础。

1. 建立相关工作制度

2014年3月，吉林省国家税务局制定下发了《吉林省国家税务局税收风险管理工作制度》，明确了省、市、县三级税务税务机关税收风险管理工作流程、相关业务要求和工作衔接。按照国家税务总局风险管理工作规程（征求意见稿）有关要求，研究制定《吉林省国家税务局税收风险管理操作规程》，进一步规范了税收风险管理工作。另外，还制定了省、市、县三级风控部门岗责体系，明确各岗位工作职责、工作内容，细化每项标准和工作要求。其中，以省局税收风险监控中心为例，共梳理了8个工作岗位的48项具体工作内容、132项工作要求、88项绩效考核扣分标准。

2. 强化多方数据应用

一是加强对内部各应用系统数据挖掘分析。充分发挥征管数据省局集中的优势，对综合征管软件2.0系统、防伪税控系统、网络发票管理系统等应用系统中的数据进行分析利用，为基层日常管理提供重要参考。二是加强对第三方信息的采集工作。与省财政厅、省地方税务局协调，经省政府批准，分别与28个政府部门联合下发了涉税信息采集工作制度文件，实现了第三方信息一次采集，高度共享。三是加强公共信息采集和分析利用。设专人加强对媒体公开信息的采集和分析利用，定期对互联网信息、媒体报道、行业信息进行采集分析，充分利用取得的各类行业监管、财产转让、重大投资项目等信息，提高税收风险分析监控的针对性和准确性。通过对相关信息挖掘分析，针对单户高风险企业下发专题税收风险分析监控报告，风险任务核查单，对重大风险疑点企业直接移交稽查部门处理，取得了较好的成效。

3. 建设税收风险管理系统

为满足省、市、县三级税收风险管理和税收征管改革工作需要，在前期考察学习、研究论证、框架设计、需求编写等工作基础上，2014年6月，吉林省国家税务局正式启动税收风险管理系统开发建设工作。吉林省国家税务局税收管理系统运用数据仓库技术，建立标准化的税收业务主题数据库和风

险特征库，实现税收风险管理、日常税源管理、纳税评估、纳税遵从管理、税源管理绩效评价和各层级、各部门的决策、统计、分析、查询等功能，依托风险管理系统，形成风险分析、纳税评估、税源管理、税务稽查四位一体、同级横向互动、三级纵向联动的运行机制，促进税收业务的规范化、标准化、流程化、痕迹化、扁平化管理。目前正在部分地区试运行，预计10月在吉林省国税系统上线应用，届时，将建成一个统一、开放、动态、高效的税收风险管理应用平台，推动吉林省国家税局税收风险管理迈上一个新台阶。

4. 完善风险指标体系

建立了税收风险管理指标体系，包括日常管理预警指标、行业风险分析指标、纳税遵从评价指标、宏观决策分析指标、绩效评价指标五大类，共计382个指标，税收风险指标按照纳税人、行业、税种、区域等多个维度进行组合和归集，形成较为系统的风险分析指标体系，各类风险指标为日常税源管理、纳税评估、纳税服务提醒、遵从管理、反避税和税务稽查提供了精确的管理指向，基本实现了全方位覆盖、多角度分析、无缝隙监控。

（三）强化工作落实，提高风险管理水平

全省各级风控部门围绕做好“分类分析，一项服务”，即重点抓日常风险分析、行业风险分析和事项风险分析，探索风险提醒服务，切实组织风险应对处理，征管效能有效提升，风险管理工作成效显著。

1. 做好日常税收风险分析

有针对性地选取了部分日常管理风险指标进行分析，包括取得增值税普通发票金额（进货）大于申报销售收入300万元的小规模纳税人、所得税申报销售收入小于增值税申报销售收入5000万元的企业，以及销售收入超过1000万元连续12个月无税企业，省局先后下发三批风险企业名单，经评估核查出有问题企业140户，共补缴税款及滞纳金318万元。

2. 做精行业税收风险分析

一是组织各市（州）局开展行业分析模型建设工作，按照各自的行业特点，每个市（州）局建设1～2个精品分析模型，形成供热、纺织、水泥、混凝土、加油站、米业加工、石油机械加工、木片加工、农产品深加工等15个行业模型，为深入开展行业风险分析积累经验。二是开展全省医药制造行业税收风险管理。选取10项风险指标建立风险分析模型，对398户纳税人相关数据进行抽取，实地校验后进行风险排序，对风险等级较高的119户企业下达了风险应对任务，经各地评估核查出有问题企业36户，共补缴税款及滞

纳金 521 万元，调增应纳税所得额 3711 万元。三是集中开展供热行业税收风险分析核查，查补税款滞纳金合计 4381 万元，其他地区这项正在开展中，争取不断扩大行业风险管理工作成果。

3. 做细重点事项监控分析

各地风控部门结合税源管理工作实际，有针对性地对重点事项开展风险分析监控。长春市国家税务局针对企业所得税三项经费超标准列支的疑点，辽源市国家税务局针对年收入 500 万元以上、近 3 年没有实现所得税的纳税人，四平市国家税务局针对风险较大的发票管理、税收政策落实等税收管理环节，吉林市国家税务局针对化学原料和化学制品制造业五项风险指标异常纳税人，延边州国家税务局针对以农产品为生产原料的企业和农产品收购数量较大的企业，开展疑点分析工作，均取得了较好的成效。

4. 探索开展税收风险提醒服务

在长春和四平开展税收风险提醒服务试点工作，针对低风险纳税人，探索税收风险提醒服务方式和方法，指导纳税人自我管理，实现自我税法遵从。税收风险提醒服务任务由各级风控部门发起，由各级纳税服务部门、税源管理部门直接处理，税收风险提醒服务主要采取辅导提醒（上门）、电话提醒和培训提醒等方式进行。税收风险提醒服务是一种柔性行政行为，将纳税人非主观性错误和问题及时处理在未发或萌芽状态，降低了纳税人税收遵从风险和税务干部的执法风险，丰富了服务内容，提升了服务层次，得到了基层干部和广大纳税人的一致认可。

三、吉林国税税收风控体系建设取得的初步成效

吉林省国家税务局切实深化税收征管改革工作，牢固树立风险管理理念，充分发挥风险管理指挥棒作用，积极探索税收风险管理新模式，切实增强税收风险分析监控的精确制导作用，克服种种困难，实现了从系统信息化建设相对滞后，全省一直以来没有统一的税收数据仓库等到现在全省税收风险管理工作告别了“手工时代”的转变，在税收管理信息化建设上迈出了坚实的一步。2014 年 9 月 25 日，税收风险管理系统在长春地区上线试运行，该系统从开发建设到试运行，仅历时 90 天，创造了省级税收风险管理系统开发建设的奇迹。截至 9 月中旬，全省各级风控部门共下达各类风险应对任务 5662 户次，补缴税款及滞纳金 8855 万元，调增所得额 7256 万元，调减留抵 2650 万元，移送稽查局 18 户。10 月，税收风险管理系统在全省国税系统正式上

线运行，实现对税收风险管理全过程监控，全省税收风险管理工作步入一个崭新时代。实践证明，吉林省适时转变管理理念、大力开展信息管税的做法值得肯定。

在具体的医药制造行业方面省局风控中心选取了10项风险指标，建立了医药制造行业税收风险分析模型，对指标原理、计算公式、数据来源进行深入研究，并进行实地校验。同时制作了风险指标说明，使风险识别更加专业、精确、量化。通过对全省医药制造行业税收风险分析与管理，共评估核查出存在问题纳税人36户，补缴税款滞纳金521万元，截至目前已入库税款218万元，调增企业应纳税所得额3711万元。另有5户涉税违法嫌疑企业已经移送稽查部门处理。

在热力行业，长春市共对185户一般纳税人开展风险分析，推送风险企业38户，实际发现有问题企业29户，占推送户数的76%。查补税款及滞纳金4381万元，调减留抵税额749万元，弥补亏损929万元。最主要的手段就是全面采集和整合内外部信息情报，加强与供热行业主管部门协调，获取企业供热面积和行业能耗等数据信息。制作数据采集模板，分类采集各类数据，共采集了44项数据，其中：评估期数据23项，基期数据15项，第三方数据3项，行业数据3项。为税收风险管理提供了有力的数据支持保障。

四、善治理念下税收风控体系建设的思考

吉林省国家税务局以全省工作为着眼点，所推行的举措在强化制度保障、提高税收管理质效、加强信息管税水平、提高纳税人遵从等方面都取得了一定的进展。透过各项举措的背后，均体现了“善治”的理念。善治要追求公共利益的最大化，它包含诸多要素，应用到税收领域的“善治”就本质而言就是要在提高税法遵从度和纳税人满意度的过程中采取现代治理手段达到征纳双方的互动关系，即税收征管实行以风险管理为导向、税源分类管理为基础、信息管税为依托的方式。

1. 法治是指任何政府官员和公民都必须依法行事，法律面前人人平等

税务部门的工作人员严格按照税法规章制度依法行政，纳税人也同样遵照法律依法纳税，可想而知，没有健全的税收法制及对法律的充分尊重，就没有建立在法律之上的良好征纳秩序，亦没有善治税收。因而，法治税收是善治税收的基本要求。吉林省国家税务局颁布的一系列规章制度保障了工作的顺利开展。有了法律的约束和规范，各职能部门和工作人员就能明确自己

应负的责任和应完成的任务，可以避免个别人员和部门利用没有法律的制约而对一些本应由自己负责的但界限模糊的职责视而不见，导致人力与财力的浪费，并且工作没有完成。可以说法治税收既明确了各部门的职责，同时也保证了最基本的效率。

2. 税收风险管理是指国税机关依托风险管理指标体系，对可能存在税收流失风险的纳税人，进行税收风险分析、识别、排序、应对的过程

风险管理理念之所以应成为税收治理实践的主导，其原因在于这种管理理念是在相信纳税人提供涉税信息真实性的基础上，为防止税收流失所采取的一种后续管理。而如何保证纳税人提供的涉税信息尽可能的真实有效，就需要利用税务机关建立的税收风险防控等级，通过加强对高风险纳税人和企业的纳税观念，来提高他们的思想觉悟，使之能够不主动隐瞒虚报税务信息，对于已经造成的损失及时补缴税款，并避免之后可能出现的损失。管理后移的思想是将税收人员与纳税人放在平等主体位置思考的结果，体现了征纳双方新型和谐的关系。

3. 在大数据时代，现代信息技术是重要生产力，“信息管税”的核心是信息的采集、分析和利用

落实“信息管税”的要求，必须以信息系统为依托，把散落在各个层级和环节的信息，以及外部信息进行集中加工处理，实现信息共享，有效解决征纳双方信息不对称问题。在当前通信技术空前发达的今天，收集信息，共享信息的难度大大降低，可以说在技术层面为“信息管税”提供了坚实的基础。各级国税机关应坚持情报驱动，将挖掘利用内外部数据情报作为实施风险管理的前置环节和必经程序，培养属于自己的信息技术人才，充分应用信息情报，制订风险规划、开展风险分析识别、实施风险应对。

4. 利用税收风险分析报告，根据风险等级排序，对不同风险等级的纳税人分别采取风险提示、纳税评估、税务稽查等应对手段，消除或处理风险

为了能够更好地为纳税人服务，吉林省国家税务局指示分类领导小组按纳税人风险积分高低，将税收风险分为高、中、低三个等级。高风险为 80 分以上，中风险为 50 ~ 80 分，低风险为 50 分以下。各级风控部门进行风险等级排序后，高风险的纳税人由同级稽查局先选案，然后按管辖范围推送至同级税源管理部门和下级风控部门。善治理念追求管理的有效性，即在管理机构设置合理、程序科学、活动灵活的基础上追求最大限度地降低管理成本。税源管理专业化是提高征管质效的有效途径，根据分析所得数据调整对纳税者的治理方式，有利于风险分析结果的有效运用，可将有限的人力资源投入

到专门应对风险较大的行业，同时有利于纳税服务水平的提高。

5. 税收风险提醒服务是一种柔性行政行为，将纳税人非主观性错误和问题及时处理在未发或萌芽状态，可降低纳税人税收遵从风险和税务干部的执法风险，丰富服务内容，提升服务层次，得到了基层干部和广大纳税人的一致认可。

但提醒服务也应当和相关的法律规定并行实行，柔性的手段能够提高人们的纳税意识，但对于部分素质较低的纳税人而言，这种手段并不合适，应当在提供提醒服务的同时辅以一定的法律制度来进行约束，这样两种手段相辅相成才能真正提高纳税人的纳税观念。

五、善治税收的社会意义

（一）依法治税符合我国的基本国情

风险防控体系的建立一方面采取提前防控的手段，另一方面则需要治税方采取一定的惩治措施来对少部分具有较高风险的纳税人进行处理。毕竟依法纳税是公民应尽的义务，任何偷税漏税的行为都应该受到相关法律法规的制裁。吉林省国家税务局定期对有风险的纳税人和单位进行抽查核实，对其中有违法行为的纳税人进行依法处理。作为法治社会，任何社会行为都不应该违反我国现行法律，依法处罚并不是最终目的，而是通过惩治他们来提高广大纳税人的纳税意识，纳税人的税法遵从度是深化税收征管改革的首要目标，这不仅保证了税收治理效率和质量，同时也能体现社会的公正程度。

（二）信息化治税能够满足当前的税收改革需要

当下吉林省国家税务局正在完善新建立的税收风险等级和管理平台，仅仅从各个县市分局收集信息不仅信息量不足，而且没法取得全方位的信息。而纳税人作为与税务机关接触最多的群体，也是具有税务信息的最庞大的群体，如果能够改善征纳双方关系，提高双方的信任程度和平等的社会地位，那么纳税人完全可以为吉林省国家税务局信息系统提供足够的治税信息。在当前自媒体时代，信息的传递技术保证了治税信息手段的技术基础，通过利用网络、电话等信息化工具，能够让信息交流得更加便利快捷，通过信息的收集与反馈，既能完善改进省局的税收管理平台和纳税风险等级，又能够提高征纳双方的信任程度和双向沟通，这无疑是税务风险信息收集和改善与纳税人关系的一种双赢的手段。

第二节　善治理念下的纳税服务体系创新

纳税服务是指税务机关依据现有税收法律、行政法规的规定，在税收征收、管理、检查和实施税收法律救济的过程中，向纳税人提供的各种服务事项和措施①。做好纳税服务工作，为纳税人提供及时、优质、高效的纳税服务是法律赋予基层税务机关的职责，是纳税人法治观念、权利意识不断提升的必然要求，也是全面推进国家治理体系与治理能力现代化过程中实现税收治理现代化的应有之义。随着市场经济与信息技术的不断发展，纳税人的涉税需求正在不断变化，层次也不断提升。现实情境的变化对我国的纳税服务改革提出了新的挑战，同时也提供了新的平台选择。着眼于纳税人需求的问题及其解决在实质上是一种政府与社会间关系模式的选择和处理，对此，注重政府与社会合作共治关系的善治理念与现代信息沟通技术的结合，为当前我国的纳税服务需求管理创新提供了新的实践路径。

一、善治理念与纳税服务需求管理的关联对接

治理（governance）理论，作为当代公共治理理论的重要内容，已成为指导地方政府社会治理创新的核心理论。而治理有“善治”（good governance）与“恶治”（bad governance）之分，所谓善治，乃是公共利益最大化的公共管理②。当前，善治理念下的我国政治变革正进行着从动员型政治向回应型政治③的转型，政府职能模式发生变化。不同于传统政府管制思维下的权威主义政治过程，注重社会诉求与政府治理互动过程的善治理念主张建立能够更有效实现政府责任的现代政治体制，法治、回应（responsibility）、参与、透明、责任（accountabi1ity）、公正、有效（effectiveness）等是其基本要素。

建立善治理念下的责任政府需要自上而下精致的顶层设计，但其基点在

---

① 源自国家税务总局2005年颁布的《纳税服务工作规范（试行）》中，首次对“纳税服务”所作的明确定义。

② 俞可平．中国治理变迁30年（1978—2008）［J］．吉林大学社会科学学报，2008（3）：5－17，159.

③ 徐勇．现代化进程的节点与政治转型［J］．探索与争鸣，2013（3）：7－10.

地方和基层的探索。在当前我国地方政府社会治理创新实践中，已经涌现出一大批相关有益的探索，为实现我国治理体系与治理能力的现代化积累了经验、探明了方向。具体到税收领域来看，作为纳税人与国家税务管理机关直接进行对话的领域，纳税服务管理是当前善治理念在我国税收治理体制改革中进行尝试与应用的首要实践领地。以增强回应性、参与性、法治性和有效性等为导向的税收治理改革，在为纳税人提供更加主动、便捷、及时和高效的纳税服务方面，已经取得了良好的效果。其中，长春市二道区国家税务局（以下简称为二道区国家税务局）的纳税服务需求管理创新作为极具代表性的成功探索，在创新过程中积累的成功经验值得加以理论上的系统总结，是进一步推进我国税收治理改革的有益借鉴。

二、长春市二道区国家税务局的纳税服务需求管理创新实践

二道区国家税务局作为吉林省改革纳税服务和征管工作的试点，是在推进国家治理体系与治理能力现代化的背景下，在吉林省国家税务局善治税收服务理念的指导下进行的纳税服务创新。以“始于纳税人需求，基于纳税人满意，终于纳税人遵从”的服务理念为指导，以纳税人需求为出发点，以信息化软件处理系统为平台，二道区国家税务局在实践中划分出纳税服务需求的归集、分析、响应与反馈、后续监督等四个主要环节，探索建立了一套系统的纳税服务需求管理机制。

（一）二道区国家税务局纳税服务需求管理创新的背景

1. 创新动因

二道区国家税务局纳税服务需求管理的创新动因主要包括两个方面，一方面源于我国全面深化改革背景下，构建与推进国家治理体系与治理能力现代化相匹配的现代税收制度的需要。国家税务总局在《“十二五”时期税收发展规划纲要》中提出要积极推进纳税服务体制、机制和制度创新，遵循征纳双方法律地位平等的服务理念，以法律法规为依据，以纳税人正当需求为导向，以信息化为依托，以提高税法遵从度为目的，丰富服务内容，创新服务手段，完善服务机制，提升服务质效，积极构建和谐的征纳关系和服务型税务机关，全面推进现代纳税服务体系建设。在党的十八届三中全会通过的《中共中央关于全面深化改革若干重大问题的决定》中，进一步强调和确认了深化税收制度改革的方向，指出了构建和完善税收治理体系的目标。在此

背景下，税收治理体系与治理能力的现代化成为当前地方政府社会治理创新中的重要议题，税收服务改革作为其中的核心组成部分，从顶层设计到基层探索，成为地方各级国税机关的实践创新领域，二道区国家税务局的纳税服务需求管理创新就是其中一个典型代表。

另一方面吉林省国家税务局的善治税收治理理念指导与试点推动，是二道区国家税务局纳税服务需求管理创新的直接诱因。吉林省国家税务局借鉴现代善治政府的治理理念，从建立高质高效的税收政策回应机制、完善现代税收服务体系、加强内部执行力建设入手，提出了善治税收的治税理念。作为吉林省国家税务局善治税收的改革试点，二道区国家税务局借鉴马斯洛的需求层次划分理论，在对纳税人的涉税需求进行调查分析的基础上，探索进行了纳税服务需求管理创新。

2. 目标定位

基于国家治理体系与治理能力现代化的改革背景与善治税收服务理念，二道区国家税务局将提高纳税人满意度和税法遵从度作为纳税服务改革的目标。以此为导向，二道区国家税务局把纳税人需求作为纳税服务管理工作的出发点，对纳税人的需求进行归集与分析，开展与之相应的纳税服务。通过纳税服务需求归集与分析完备机制的建立，二道区国家税务局从服务理念、服务内容、服务方式、服务措施等方面进行积极的探索与实践，旨在实现纳税人“问有所答、需有所应”，有效提升税收服务工作的质量和效率。

（二）二道区国家税务局纳税服务需求管理创新的主要措施

1. 主动性、整合性：设立多种渠道主动归集广泛的纳税服务需求

完整地了解纳税人对纳税服务的需求是有效予以响应的前提条件，为此，二道区国家税务局采取日常归集、定期归集和专项归集的方法，通过多种渠道收集纳税服务需求。其中，日常收集以纳税服务专员通过每天的解答咨询收集为主，以税收管理员和其他科室的同志在日常工作中收集为辅。主要包括纳税人到办税服务厅办税或咨询过程中提出的需求，通过纳税服务 QQ 群收集和整理纳税人提出的需求，以及在日常税源管理工作中，对涉及纳税人反映问题集中的需求等。定期归集主要是通过纳税服务科每半年组织一次问卷调查，并按照一定比例抽取有代表性的纳税人组织一次需求座谈会议进行收集。专项归集主要是纳税服务科对即将或已开展的重要工作、纳税人集中反映的突出问题，安排各税源管理科所征询部分纳税人的意见，开展事前、事后专项调查和需求归集，便于指导和完善工作。

2. 科学性：开发专门软件处理系统以科学分析纳税服务需求

对于归集到的纳税服务需求信息，二道区国家税务局采取软件与人工相结合的方式进行分析。首先，二道区国家税务局通过开发应用专门的软件处理系统，建立了纳税服务需求管理平台，对所归集的纳税人需求按设定的指标进行分析，分层次、分项目生成分析基础数据，形成统计图或表。其次，二道区国家税务局成立由 2 名纳税服务专员负责、各有关科室业务骨干组成的需求分析响应团队，对生成的基础数据进行初步分析，召开分析响应团队会议，形成《会议纪要》，按需求层次形成分析报告，需求领导小组审议并逐级上报，为完善纳税服务措施和办法提供依据。

3. 及时性：即时响应与反馈不同层次的纳税服务需求

对纳税服务需求进行归集与分析是前提手段，其目的是为了及时提供满足不同层次需求的服务措施和办法。对于归集和分析得到的纳税服务需求，二道区国家税务局各部门按照职责，对有共性需求的纳税人进行提前预判，主动提供超前服务并形成制度。同时，对纳税人提出的个性需求，分层次提供差异化服务，依照不同的问题类型进行四种不同形式的响应。一是即时响应，包括纳税服务需求管理平台上的在线即时智能反馈和办税服务厅中的纳税服务专员即时响应；二是同级相关部门响应，即由纳税服务专员将由平台转过来的“待办事项”和在服务厅未即时响应的需求，经过分析属单一科室即能解决的，由专员向同级部门进行推送，统计部门需即时响应；三是团队响应，对于单一科室无法解决的需求，则由专员组织召开团队会议，进行讨论和分析，明确响应意见；四是请示上级局响应，对于县（区）税务局权限范围内无法进行响应的需求，由纳税服务科推送至上级纳税服务部门，再由上级纳税服务部门协调其他部门进行响应。

在以上这四类响应中，响应的结果都录入纳税服务需求管理软件，并且由系统以短信的方式自动、同步将结果反馈给纳税人，纳税人也可通过网站对处理进程与结果等状态进行实时查询。纳税人收到税务机关的反馈结果后进行评价，评价结果作为完善纳税服务需求管理工作的依据，区税务局将定期进行回访。

4. 规范性：加强内部和外部绩效考评与监督制度

为了健全绩效评价及责任追究制度，提高纳税服务需求管理工作绩效，二道区国家税务局按照客观公正、务求实效、以人为本的基本理念，在系统内部要求各部门必须按规定时限响应纳税服务需求的推送任务，纳税服务专员须将响应结果及时进行反馈。对纳税服务需求处理率、处理准确率、反馈率要达到100%，处理情况则纳入年度绩效管理考核，进行相应的表彰或通报批评。同时，二道区国家税务局在纳税服务需求管理系统中专门设立投诉举报模块，为纳税人有效地参与监督提供便利的平台，通过加强外部监督来进一步完善相关的考评制度。

（三）二道区国家税务局纳税服务需求管理创新的现实成效

经过近1年的运行，二道区国家税务局的纳税服务需求管理工作已经开始进入常态化、制度化轨道，取得了良好成效，具体表现在以下几个方面。

1. 税务干部的纳税服务意识不断增强，服务能力与积极性得到提升

为了向纳税人提供优质、高效的服务，切实将纳税服务需求管理工作抓实做好，二道区国家税务局一方面加强了对全体税务干部纳税服务理念与能力的培训，通过纳税服务意识教育、纳税人需求处理平台与解决策略的培训，有效地提升了税务干部的纳税服务意识和服务水平；另一方面二道区国家税务局通过严格相关的绩效考评与监督机制，加强了对税务干部服务积极性的保障。税务干部服务理念、能力与积极性的提升，保障了纳税服务需求管理工作在实践中的有效运行。

2. 纳税人的满意度和税法遵从度不断提高

二道区国家税务局的纳税服务需求管理创新为纳税人诉求提供管理便捷的平台，并建立了有效督办与反馈的响应机制，实现了对纳税人需求的有效解决。需求的及时和有效解决一方面提升了纳税人对税务机关纳税服务管理工作的满意度；另一方面帮助纳税人掌握了基本的纳税常识，及时快速地完成了纳税义务，两者共同提升了纳税人的税法遵从度。

3. 纳税服务的信息化水平及标准化、规范化程度日渐提高

纳税服务需求管理系统的应用大力推进了涉税业务的网络服务，通过以简便高效的网络办税服务替代办税服务厅的人工服务，二道区国家税务局纳税服务需求管理的信息化水平得到提升，工作效率提高。同时，纳税服务需求管理系统的应用改变了二道区国家税务局纳税服务平台的构造，并带动了相应的组织结构、纳税服务制度规范、工作人员行为规范、窗口服务规范等方面的制度化，有力推进了纳税服务的标准化和规范化发展程度。

总体上，随着二道区国家税务局的纳税服务需求管理逐步开展与完善，纳税人与税务工作人员之间逐渐形成积极的良性互动关系，为实现“始于纳税人需求，基于纳税人满意，终于纳税人遵从”的目标开启了一个良好的开端。二道区国家税务局纳税服务需求管理创新的鲜明实效性得到了上级政府

机关和社会大众的广泛认可与肯定，并为进一步纳税服务改革提供了顶层设计与整体规划的经验与现实素材。当前，二道区国家税务局已经在吉林省国家税务局支持下开发并建立了以吉林省国家税务局门户网站为依托的纳税服务需求管理平台，形成内外网一体化的应用模式。接下来，该平台将不仅横向覆盖外部互联网和内部办公网两个网络，还将纵向辐射省、市（州）、县区三级国税机关，构建起面向纳税人和基层国税机关的纳税服务体系，实现24小时在线咨询、智能反馈、投诉举报，进一步提升纳税服务的回应性与有效性。

三、基于长春市二道区国家税务局纳税服务需求管理创新实践的启示

作为面向社会大众提供的一种公共服务，善治理念下的纳税服务，其核心价值体现在对纳税服务对象诉求与提出问题的有效回应上。纳税服务机构对纳税服务需求进行回应的主动性、整合性和及时性等状况决定了纳税服务的有效性，也是善治理念在税收服务中得以实现的关键所在。

（一）二道区国家税务局纳税服务需求管理创新的成功经验分析——以增强纳税服务回应性为核心的平台建设

从根本上讲，二道区国家税务局纳税服务需求管理创新的实质是以纳税信息软件管理系统为核心的平台创新，其取得成功的原因则在于该平台创新实现了政府对社会诉求的主动、积极和有效回应，其经验可以归结为以回应性为中心，包含透明、责任性、有效、参与等善治要素在其制度与机制设计中的有效运用，具体体现在以下五个方面。

1. 科学理论指导下自上而下的有力驱动

二道区国家税务局将纳税服务改革的抓手定位在纳税人的需求管理上，是源于吉林省国家税务局领导在学者理论研究观点的启发下，将“马斯洛需要层次理论”应用于实际工作中形成的。吉林省国家税务局领导从马斯洛的需要层次理论出发，着眼于纳税人的需求，落脚于纳税人需求的满足，进行分类、分层次的精细化管理，在此基础上提出了善治税收的服务理念。这契合于善治理念对社会诉求与政府治理有效互动的价值导向，抓住了纳税服务管理问题的症结所在，是一种从传统问题导向转变为需求导向的真正以人为本的服务理念。

善治税收的服务理念确定以后，二道区作为试点，在吉林省国家税务局

自上而下的规划和支持中得以实践。自上而下的动员和政策支持是二道区国家税务局纳税服务需求管理创新得以推行的动力来源，也是其取得工作实效的现实保障。因此，从根本上看，二道区国家税务局的纳税服务需求管理践行的是一条“理论研究—顶层设计—基层试点—全面推广”的创新路径。

2. 主动的诉求整合机制是有效纳税服务回应的前提

作为善治基本要素政府回应（government responsiveness）是指“现代政府公共管理的过程，对公众的需求和所提出的问题作出积极敏感的反应和回复的过程”①，而掌握和了解公众的利益、主张、意见、偏好等信息则是进行政府回应的首要步骤。二道区国家税务局的日常、定期与专项三种归集渠道互为补充，与纳税人之间建立了充分、便捷的互动沟通机制。通畅的沟通渠道有效地包容和整合了多元的纳税服务诉求信息，为有针对性地予以满足和回应提供了前提。同时，“收集和汇总官方统计数据本身就是一种反思性活动”②，通过诉求信息的归集，二道区国家税务局能够根据纳税人的需求与偏好主动调整工作方式与方法，形成了良性的“汲取—整合—回应”系统，从需求满足与自身建设两个方面保证了创新的实效性。

3. 信息技术的开发与应用是纳税服务需求管理中有效回应的载体

现代信息技术的发展与应用为政务流程的简化与改进提供了硬件上的支持，是当前推进我国政府治理模式创新的重要支撑。二道区国家税务局开发和使用的专门软件处理系统旨在主动搜集纳税服务诉求，以及为高效的回应和反馈提供便捷渠道。这种专门的软件系统具有强大的信息归集、处理与分析能力，在信息甄别、信息分类、信息传送、信息处理、信息反馈等方面革新了完全人工化的办公方式，为纳税服务需求管理提供了科学、有效的载体。同时，信息技术的应用往往对政府管理机制与模式的效率、透明度、互动性等方面有着更高的要求，对二道区国家税务局而言也是如此。纳税服务需求管理系统的应用对原有纳税管理制度提出了变革的要求，为适应更加高效率和互动性的工作需要，二道区国家税务局进行了整个纳税服务需求管理流程的改进和配套制度建设，充分彰显了平台创新对制度创新的带动作用。

4. 及时的响应与反馈实现了管理过程中纳税人与税务局的良性互动

及时性是衡量纳税服务机关回应力的重要指标，决定着纳税人的需求与

---

① 何祖坤. 关注政府回应［J］. 中国行政管理，2000（7）：7－8.

② 山小琪. 现代性的制度之维［D］. 复旦大学，2005.

所反映问题能否顺利进入决策和处理程序，影响着回应结果能否适时反馈以实现纳税人与纳税服务机关的良性互动。一方面，二道区国家税务局依照不同的问题类型进行四种不同形式的响应，包括即时响应、同级相关部门响应、团队响应和请示上级局响应。这种具体问题具体分析的科学分类与处理机制为及时的响应和反馈提供保障。另一方面，将四类响应的处理结果录入纳税服务需求管理软件，并由系统以短信反馈和网站查询两种方式将结果告知纳税人，再由纳税人对反馈结果进行评价，评价结果作为完善纳税服务需求管理工作或新一轮响应的依据，制度化的回应流程保证了纳税服务需求回应的及时性和高效性，实现了与纳税人之间有效的互动。

5. 双重的绩效考评机制起到了规范和保障作用

科学有效的绩效考评机制能够对政府工作人员的行为起到引导和规范作用，是保障一项改革措施在实践中取得实效的必备要件。二道区国家税务局的绩效管理采取了内外部相结合的模式，内部模式包含及时推送与反馈的机制、各类需求处理率100%的严格指标及其他的激励机制；外部模式包含在纳税服务需求管理系统中专门设立投诉举报模块，为纳税人有效的参与监督提供便利的平台，通过加强外部监督来进一步完善相关的考评制度。这种系统内部和外部双重的绩效考评模式对纳税服务人员形成了有效的激励作用和压力效应，保证了创新工作的运行和取得实效。同时，由于纳税人的参与监督与考评，拓展了纳税人与纳税服务机构的合作共治格局，提升了二道区国家税务局纳税服务需求管理的治理水平。

（二）进一步推进我国纳税服务需求管理发展的方向

二道区国家税务局的纳税服务需求管理作为我国善治税收创新进程中的一个微缩窗口，运行1年多以来，一方面在解决纳税人服务需求和改善税收征管工作等方面成效显著，凸显了善治理念在指导税收治理改革中的优越性，为推进我国的善治税收实践积累了宝贵的经验；另一方面从善治理念的理论体系和基本要求来看，二道区国家税务局的纳税服务需求管理创新也面临着善治理念应用于我国民主政治实践时的一些带有共性特征的考验，存在进一步需要完善的环节。基于我国纳税服务管理的现实状况和二道区国家税务局经验的启示，在今后推进我国纳税服务需求管理实践中可以着力从以下六个方面进行尝试和努力。

1. 注重善治税收服务理念的顶层设计与驱动

二道区国家税务局纳税服务需求管理探索的逻辑链条呈现为一条“理论

研究—顶层设计—基层试点—全面推广”的创新路径，自上而下的政治动员和政策支持是其有效运转和取得工作实效的现实保障。为进一步善治税收创新提供良好的外部环境和理论支持，需要注重基于更加系统的善治理念对税收治理改革进行精致的顶层设计与动员。

具体来看，当前善治理念下的纳税服务需求管理在进行顶层制度设计中，要以合作共治与税收法治两种观念为指导，并在实践中进行自上而下的有力驱动。首先，要从理念上由管制型思维向服务型思维、遵从导向向合作导向转变。平等、责任、参与等是善治理念的价值基准，在纳税服务需求管理中表现为纳税人与纳税机关之间的合作共治关系，而非传统行政管制模式下的管理与被管理关系。同时，要以保障纳税人权利为工作的价值基准，推进税收法治建设。随着党的十八届四中全会的召开，依法治国的概念在新的时代背景下将被赋予新的内涵以及新的意义。现代税收法治的目的不仅是保证国家的财政收入的实现，也包括依靠法律来保护纳税人的合法权利，最终是为保证税收切实地“取之于民、用之于民”。其次，从创新动因上看，问题激发下的自主创新、自上而下的推动或推行、基层政府的自主创新是当前我国地方政府社会治理创新的三种主要模式。二道区国家税务局的创新属于第二种类型，即是在吉林省国家税务局善治税收改革的方向与动员下，探索出的一条以纳税服务为重点、以需求管理为突破点的创新路径。作为一种有效的动力来源机制，可以通过更具针对性的制度设计和政策安排，对善治税收创新的施行和扩散发挥自上而下的推动作用。

2. 增强信息沟通机制的包容性以有效整合纳税服务诉求

包容性是衡量一种信息沟通机制是否具有民意代表性的重要指标，参与主体的多元性、信息内容的多样性和信息处理的整合力是其三个核心要素。与之相对应，在纳税服务需求管理中，如何使各个层面上的纳税人参与到需求反馈过程中，如何归集内容多样而数量巨大的个性化需求，以及如何对搜集到的纳税人诉求信息进行科学的分析和应用，是纳税服务管理工作需要解决的三个基本问题。二道区国家税务局的多渠道需求归集方法在实践中取得了良好的效果，在今后的发展过程中，可以进一步从以下三个环节完善其诉求整合机制。一是进行科学、系统的需求分类，即对纳税人的诉求进行预判，将其按照问题性质划分为若干类别。二是针对划分出的各个需求类别的分布特点、处理要求和解决难度，相应地设立便捷的归集渠道、顺畅的组织机构、高效处理程序和设定办理时限。三是对归集上来的纳税服务诉求信息，通过软件与人工相结合的方式进行统计分析，分析的结果作为响应与反馈的依据。

3. 推进网络基础设施建设以完善纳税服务需求管理平台

从二道区国家税务局纳税服务需求管理的实践中可以看出，纳税服务需求管理系统在其需求归集、响应到反馈和监督的各个环节中作为载体，发挥了核心的平台作用。为进一步发挥信息技术在改进善治税收服务中的强调作用力，从我国国情出发，尚需从以下几个方面对网络基础设施加以完善。一是要加快利用政府职能启动行业用户的上网工程，如“企业上网工程”“家庭上网工程”等①，并通过将其与政府纳税服务网络站点的联通，真正实现纳税服务需求管理的网络化。二是要注重统一规划、整体推进，解决网络基础设施的区域不平衡问题。当前我国政府上网工程的整体发展不平衡，东部沿海发达地区的建设步伐较快，中西部地区由于资金、技术和人才等的滞后，纳税服务需求管理网络建设尚未展开或处于起步阶段；同一省市的不同县区之间，也由于政策扶持程度和经济发展水平的不同而呈现出巨大的区域差距。对此，需要从国家层面上加大力度，统一规划，分布推行，逐步缩小区域差距，提升整体电子治理水平。三是要加强整合与协调机制，解决信息技术不成熟条件下的信息壁垒问题。当前我国的纳税服务管理软件系统数量与种类繁多，各个地区税务机关之间、软件系统开发商之间基于各自的利益考量或成本限制，相互间缺少合作与互通机制，产生了巨大的重复建设和信息孤岛问题。当前，解决信息壁垒问题可以从省局一级入手，对各种纳税管理系统进行整合，通过制定统一的标准和规范，实现纳税管理系统间的有效衔接，提高信息共享、即时协作水平。

4. 科学地设计纳税服务需求响应与反馈流程

需求响应与反馈是进行纳税服务需求管理的落脚点与目的所在，如何通过科学的流程设计实现其及时性、透明性、主动性的目标要求，则是这一环节中纳税服务需求管理工作的任务所在。基于二道区国家税务局的实践经验与探索，在我国纳税服务需求响应与反馈流程的设计中，需要注重从以下几种机制构建的角度实现纳税人与纳税服务机关的良性互动。首先，要通过不同层次的响应形式保证需求处理的及时性。纳税人需求和所反映问题的多样性决定了不存在一种普遍适用的单一响应形式，问题类型不同，与之相适宜的有效处理程序不同。在实践中应当区分纳税人的共性需求和个性化需求、简单需求和复杂需求，设定或即时或规定时限的响应机制与手段，保证纳税

① 何祖坤. 关注政府回应［J］. 中国行政管理，2000（7）：7－8.

人需求得到及时、合理、高效的处理。其次，要建立完善的信息公开机制，保证需求响应过程与结果的透明性。纳税服务机关对纳税人需求的响应进程与处理结果应当实时录入纳税服务需求管理系统，通过网上公示、网站查询及短信告知等方式进行主动的公开和反馈，并基于纳税人的评价和满意度进行管理工作的调整和改进。

5. 加强制度化建设以保障纳税服务需求管理的规范性和持续性

一个理论若想更加有效和长久地指导社会实践，最好的办法就是将其制度化。只有将善治税收的理念予以制度性的确保，才能从不同层面切实保证纳税服务需求管理实践的规范性、有效性和持续性。在具体的制度化建设中，要从完整的纳税服务需求管理机制、严格的绩效考评机制和民主的公开监督机制三个主要方面着手，将纳税服务需求管理的程序设计和要求落实为现实的制度安排。首先，要通过制度明确纳税服务需求管理流程中各个环节的任务目标与程序要求，为纳税服务需求的归集、响应和反馈提供规范化的标准。其次，要严格政府内部的绩效考评机制，通过科学的考核指标设计和切实的奖惩机制建立明晰的权责体系。最后，要建立和完善纳税人对税务机关及其工作人员的评价和举报机制，为纳税人有效地参与监督提供便捷的渠道，并通过制度落实纳税人参与监督的实质影响力。

6. 完善对税务机关工作人员的培训与激励机制

从主体角度出发，纳税服务需求管理工作最终取得实效的关键在人，即税务机关工作人员的观念、能力与积极性决定着善治理念在税收治理实践中得以实现的程度。善治理念下的纳税服务需求管理对纳税服务工作人员的服务水平和个人综合素质提出了更高的要求，使加强对纳税服务工作人员的培训和激励机制建设成为必要。具体来看，一方面，要通过有计划的培训，提高善治理念下纳税服务需求管理人员所要具备的责任意识、服务意识和网上办公能力；另一方面，在创新的初始阶段，善治理念下的纳税服务需求管理会面临比原有工作模式更多的纳税人诉求与互动需要，数量激增的工作强度会对纳税服务人员的工作心态产生影响，使之产生较大的工作压力。通过有针对性地培训和疏导纳税服务人员可能产生的消极与抵制情绪，以及设置相应的奖惩机制以激发纳税服务人员的积极性、主动性和创造性，是保障纳税服务需求管理实践长效性发展的现实需要。

第三节　善治理念下的税源分类管理创新

一、实施善治理念税源分类管理的背景

随着我国当前税务系统和纳税人的关系已经到了一个迫切需要改进的程度，税源分类管理的实施就成为税务机关当前迫在眉睫的任务。

（一）我国纳税人的数量大幅度增加

吉林省 2011 年的国税系统税务登记户数比前一年增长了 23%，而每年新增的税务人员相比从事具体征管业务的人员来说只增加了 4%，巨大的数额比例导致传统的征管系统的效率无法满足当前数量巨大的税务工作，而单纯地增加征管人员也不是解决问题的最佳办法，个人的工作效率再高，没有一个完善的征管体系也是无法发挥作用的。

（二）落后的征管方式无法满足纳税人的需求

我国税务系统一直采取的管户体制和属地管理体制面对具有新特点新趋势的纳税生产模式来说有着自身的不足，第一是纳税人组织形式的多变性，当前的纳税人除了作为个体户和企业存在之外，更有许多兼并和分离的情况，当出现某个纳税户被其他企业或个人兼并的情况，那该纳税户就需要由税务机关重新计算纳税方式和数额，企业分离也是如此。在当前商品经济时代，企业的建立和兼并已经是一个平常的现象了，如果企业不主动和税务机关说明情况，很容易造成税源不清等问题。此外，经营规模差异性的大小，经营方式的复杂化，经营范围和形式的集团化、国际化，生产手段与措施的科技化、信息化都是对传统征税结构的一种挑战。

（三）税务人员落后的征税理念

除了日益不足以满足纳税人需求的征税方式外，税务人员的工作素质也是当前急需解决的问题，不同等级、不同领域的纳税人需要更专业的税务人员来接待并办理纳税业务，但税务人员的素质不足以满足纳税人的需求。再加上税务机关内部的业务部门设置相对细化，导致部门之间、人员之间缺乏

有效的交流，这使得税务机关内部人员各自为政，无法有效形成合力。

（四）征纳关系的不平等

征纳关系的平衡性直接影响税收工作中双方的态度，传统的征管方式所定义的征纳关系是不平等的，纳税人会天然对征税方抱有敌意，并将自身界定为弱势者。不改变这种双方不平衡的形式，就无法改变征管方式，共同遵守税法中的相关条例，让纳税人体会到还权于民和还责于民的真正含义。因此，当征纳双方的关系趋近于平衡时，就可以考虑采取新的征管方式了。

宽城区国家税务局作为重要的国税分局，自然也会面临以上的问题，对此，分局领导积极参与吉林省国家税务局召开的各类会议，根据当前吉林省国家税务局面临的问题，结合自身情况分析，最终确定了以税源分类管理创新为中心的征管方式，不仅很好地解决了自身面临的问题，同时也很好地为其他分局在面临类似问题的时候提供了很好的经验。区分局在征税方式改革的过程中将注意力放在了税源分类上，在完善自身制度的前提下对征税人进行了分类，采取了分级管理，这样既满足了不同等级纳税人的需求，也明确了分局内部各部门的职责，提高了征管改革的进程。

二、长春市宽城区国家税务局税源分类管理创新举措

宽城区国家税务局作为吉林省国家税务局征管方式改革的试点单位，在吉林省国家税务局和长春市国家税务局的指导下，在全面调研、客观分析制约工作的主要问题基础上，努力构建“大征管、大服务、大评估”的税收征管新格局，让新的税收征管改革总体思路在基层得到有效落实，全方位地开展了征管改革的试点工作，实践了纳税信用等级评定、税源分类管理创新模式，主要创新措施如下。

（一）以科室为单位，明确岗位在善治税收治理中的职责

明确科室职责，是开展税收改革工作的首要前提。宽城区国家税务局成立了由局长任组长，主管业务工作的副局长任副组长，各职能科室和税源管理科负责人为成员的信用等级评定分类管理工作领导小组，小组下设办公室，统筹开展信用等级评定和分类管理工作，明确相关部门职责。

纳税服务科主要负责纳税信用等级评定工作，其中包括制定新《纳税信用等级评定管理办法》；修订和完善指标体系；修订纳税信用等级评定表证

单书；组织、开展信用等级评定及备案工作；落实《科学分类管理具体工作要求》；按季度向信息情报库管理部门报送纳税人违规信息等六项具体工作。

征收管理科负责分类管理工作的制订、监督和解释：其中包括建立信息情报库，定期收集、整理、上报违规信息；制定《科学分类管理具体工作要求》；对《科学分类管理具体工作要求》落实情况进行跟踪考核；对税源管理科、职能科室上报违规信息进行评定和考核；定期向相关责任科室推送疑点信息，并进行评估、核查；按季度对发生违规信息的纳税人进行复评等六项具体工作。

税源管理科和其他科室负责做好包括对评定 ABCD 四级纳税人开展有针对性的管理和服务；落实《科学分类管理具体工作要求》；按季度向信息情报库管理部门上报纳税人违规信息；对征管部门推送的疑点信息进行评估、核查和动态管理等在内的配合和分类管理工作。各部门明确的分工使得宽城区国家税务局在征管改革中有着明确的目标和方向。

（二）转变部门职能，优化税源管理模式

转变部门职能，是开展税收改革工作的必要条件。宽城区国家税务局在改进工作制度，转变部门职能方面，着重进行了三项内容的建设：

第一，调整纳税信用等级评定方法，改进指标体系。纳税服务科负责在税收征管软件、金税系统中提取纳税人日常违法违章等信息；同时改进评定方法。建立税收管理员初评、科室复评、领导小组集体评议的“人工评定 + 集中审议”模式，将原有的“两年一评”方式改为“季度复评、年底总评”的动态升降级管理模式。

第二，转变科室职能，为实现将征管方式向分类管理和专业化管理转变，对机构的职能做了重新调整：宽城区国家税务局现有 7 个税源管理科，在机构不做调整的前提下，将 4 个税源管理科的主要职能由税源管理转变为纳税评估，调配 1 个税源管理科职能转变为大企业科，余下税源管理科保持职能不变，按照“行业 + 规模”的方式对辖区企业进行户籍管理。

第三，在改革税源管理模式上力争突破管理员和管户的对应关系及区域控管模式，税源管理部门分工由属地管理变为“行业 + 规模”。税源管理科采取税源调查、日常巡查、专项核查、重点检查等形式开展工作，领导小组根据不同阶段工作重点有计划、有针对性地部署“四查”工作，做到重点突出，点面结合，有的放矢，务求实效。

（三）以信息情报库为手段实现动态管理

借助信息管税手段，优化分类服务举措，是开展税收改革的主体内容。

宽城区国家税务局将征管系统、金税系统、网上申报等信息化资源科学整合，结合各税源管理科所人工采集的纳税人涉税信息，建立“实时征管信息情报库”，对初评结果确定后的纳税人日常征管信息进行收集、整理、推送，为实施差别化的服务和管理提供科学指导。

同时，开展“大服务”管理模式。对不同信用等级纳税人采取分级分类管理方式。即A级简约化管理，B级常规式管理，C级监督式管理，D级重点式管理。针对不同等级的纳税人，重点抓“两头”，实施不同内容的纳税服务。调整税源管理内容，对A级纳税人给予相应的激励措施，放宽涉税事项审批，除退税外，所有涉税业务属于即办事项，重在提供团队化、权威化的涉税服务；对B级纳税人进行常规管理，简化办税流程，拓宽服务渠道；对C级纳税人重点监督日常领购发票信息及纳税申报情况，动态掌握发生业务及缴税情况，对于长期无收入且持有发票的纳税人，进行发票领购簿封存处理，纳税人发生业务，及时做到动态管理；对D级纳税人作为重点监控对象进行管理，所有涉税业务必须先审批后办理，领购发票执行特批程序，定期组织开展业务培训和政策辅导工作，保持对D级纳税人管理的高压态势。

（四）以理念转变为前提：基于善治理念进行税收征管模式转型

1. 大“服务”——征管模式由“管制型”转向“服务型”

税收在我国一直是一种强制性的征收手段，虽然新中国成立之后废除了旧时代的一些不合理的税收制度，但我国税收依旧是官方向纳税人“征收”税款，这种税收方式所体现的内涵依旧是“管制”而不是治理，中国税收的本质是没有改变的，要想改变这种现象，就要改变税收的本质属性，也就是使得征管模式由“管制型”转向“服务性”，也就是从管理转变为治理，这是我国税收善治化的第一步。税收并不是一种单方面的向纳税人征税的治理模式，虽然这并不影响税收的进行，但纳税人并不希望纳税的流程就是单纯的缴纳税款、听从纳税信息的指挥，单纯这样并不需要国家投入大量人力物力来构建纳税系统，一些税收终端机就可以完成这项任务，纳税人更希望看到一种能够进行双向交流的税收体制，这样当纳税人有什么问题和需要的时候可以及时向税务机关进行反馈，由税务机关进行分析并解决，再通知纳税人问题的解决程度如何，并且在需要的时候为纳税人提供税收方面的知识和服务。这种服务型的税收模式不但包含了税收最基本的目的和手段，同时也使征纳双方有了更高的满意度，这就符合了治理最原始的定义——在双方的共同协作之下完成纳税流程，这是纳税在善治理念的影响下的最根本的改变。

2. 诚信税收——信任，是政府与社会公民合作关系的基础

诚信是组织立身之本，税收之所以这么多年能够经久不衰，就是因为政府和税务机关能够最大可能达到诚信税收，税务机关能够定时公布税收来源和用途，并且对具有纳税风险的个体和企业进行风险防控，真正做到了税款“取之于民，用之于民”。但这些不能说明税务机关就没有暗箱操作的情况，作为直接面对广大市民的税务机关，是政府面对人民群众开的一扇窗，是政府公信力和形象最典型的代表。一旦税务机关出现了违规操作和欺瞒行为，将会直接影响政府在人民群众中的形象，因此能否做到真正的诚信税收，是税收善治化的重要因素。

3. 以科学的差别化管理方式提升纳税征管的有效性

在前文中我们提及将纳税人根据不同的分数分为多个信用等级，虽然不同等级的办税流程简化程度、纳税信息普及程度各不相同，但最后纳税的结果都是一样的。如何在保证尽量公平的前提下体现出针对不同等级的纳税群体的区别，这就需要科学化的手段来进行管理。就如之前所说的，等级高的纳税人可以享受便捷通道等办税渠道加快办税流程、减少办税时间等方便的服务；而等级低的纳税人就需要按照正常的流程和手续来办理业务，还需要按时参加税务部门的税收知识的培训来提高纳税意识。要让纳税人明白这些方便的办税渠道或定期培训只是根据纳税人的信用等级来评定的，只要提高等级就能享受到相同的待遇，这便是一种激励的手段，区别在于等级高的纳税人收到的是正激励，而等级低的则是负激励，但不论哪种，都能让纳税人切身感受到纳税等级的科学性和透明性，这些也是善治理念的基本内容。

三、长春市宽城区国家税务局税源分类管理创新实践体现的善治理念

一个强有力的政府不在于单边管理上的强势，而在于其在服务社会、稳定社会、治理能力等方面具有强有力的运筹帷幄能力。这也意味着传统的、以自上而下管控为特点的“管理”理念要改变，单一的行政管控手段要摒弃，原来的管制型政府，要向服务型政府转变。国税部门作为国家最重要的经济部门之一，向服务性部门转变是其发展的必然趋势。善治理念下的税收征管工作目的是通过改进管理和服务方式，优化资源配置，最终达到提高税收征管与服务工作质量的目的。宽城区国家税务局纳税信用等级评定、税源

分类管理创新实践的经验，可以归结为纳税机构通过加强内部建设，转变部门职能，建设信息情报库的科学性、现在化的途径，实现诚信税收建设、管理方式多元化等善治核心理念的目的。具体体现在以下几个方面。

（一）建立税收信用体系，实现税收征管方式多元化

诚信税收是和谐社会的重要标尺，是社会文明进步的重要表现，是政府利益和民众利益相结合得重要内容。税收征管部门要牢固确立依法治税是根本原则，组织收入是中心任务，制度创新是前置条件，细化管理是重要基础，重点稽查是关键环节，从严治队是本质保障的观念，不懈努力实现税制设计预期。依法治税强调的是法律至上，是对税务部门和税务人员的法律约束。宽城区国家税务局以科室为单位，对每个任务团队都规定了不同的任务，目的就是为了明确岗位在善治税收治理中的职责，使各级人员明确自己的工作领域，这样既能保证工作效率，又能使征税人员形成严格的法律意识；诚信税收强调的是以信用为本，不仅要求征税机关和税务人员诚信于税收法律制度，依法征税，遵守职业道德，而且，还要求纳税人要依法、诚实缴纳税款，对纳税人也是一种道德约束。宽城区国家税务局分类领导小组负责重新制定由 5 类 19 大项 50 子项组成的新纳税信用等级指标体系，指标体系覆盖税收管理的各个方面。新指标体系采取分项减分制，初始分值 100 分，通过计算减除相应分值将纳税人分成 ABCD 四个等级，其中：95 分以上为 A 级，80 分至 95 分为 B 级，80 分以下为 D 级，长期无营业收入为 C 级，确保真实反映纳税人的信用等级状态，体现了诚信税收的理念，同时加强诚信税收在税收征管中的应用，使得诚信税收深入人心。

（二）转变政府职能，实现税源管理专业化

党的十八大以来，各级政府加快政府职能转变，推进政府向社会力量购买公共服务，构建政府负责、社会参与的公共服务机制，最终实现政府职能社会化。税务机关作为重要的政府部门，推进税收管理社会化是转变职能的重要内容，主要的一点就是将“征税”的概念改为“治税”的观念，优化税源管理模式。税务部门管理资源、管理领域是有限的，但目前有些税务管理事项明显超出了税务部门的职能范围，有些事项也并不一定完全需要由税务部门承担。将其放在社会分工的哪个环节和部门，关键是看能否实现社会资源的最佳配置，能否实现专业化分工带来最优的效果。因此，实现税收职能必须依赖全社会力量，把本该纳税人负责的归还纳税人，把不该管的、管不

好的交给市场和或社会，依托市场竞争机制，充分利用社会资源，加快建设纳税人满意的服务型税务机关。宽城区国家税务局税源管理部门分工由属地管理变为“行业 + 规模”。内部衔接上，宽城区国家税务局根据工作计划向税源管理部门统一派发任务，税源管理部门按照检查效果最优原则，挑选出最适合的管理员执行工作。宽城区国家税务局对派发的工作进行全过程跟踪、逐环节监控，做到执法过程环环相扣，执法风险共同承担，切实减轻税收管理员的工作压力，让他们集中精力投入到基础管理和风险管理事项中去，使税收管理员都能“术业有专攻”，提高税源管理工作质量。

（三）运用信息化手段，实现纳税个体动态管理

税源监控的一个目的是为税收收入的组织管理和税收政策的制定提供决策支持，通过税收信息化的建设，税务部门可以运用信息网络拓展采集数据的渠道，获取更加准确可靠的信息资源，利用计算机的高效快捷和先进的数据挖掘技术使信息得到增值运用，为税务部门正确决策和采取必要对策提供及时高效的全方位信息支持，从而不断提高实施税收政策的科学性。信息库的建立是实现税收信息化的重要技术前提，而具有信息采集处理能力的科技人才也是税务部门重点培养的人力资源，对信息的处理就是对资源的回收利用，可以通过信息了解纳税人的基本信息和需求，方便税务部门根据纳税人的需求调整政策和征管方式。随着信息技术在税收管理特别是税源监控中的广泛应用，税收征管的各项业务通过计算机得以全方位的监控，这种新的工作方式就要求建立一种不同于传统手工操作的征管方式的征管岗责体系，以实现人机结合的和谐、运转的顺畅和工作的高效。宽城区国家税务局采用“大数据管理模式”定期上报违规信息；税源管理科和职能科室的副科长为信息情报员，按季度对纳税人日常管理、违规信息、疑点信息、纳税评估、税务稽查等税收征管信息进行收集、整理，及时进行动态跟踪管理，季度终了将违规信息报征管科。同时，采取季度集中复评、通报、考核；征管科信息情报库管理人员负责整理各科信息情报员上报的违规信息，进行集中减分处理，达到降级标准的进行降级处理，复评结束后由分类管理领导小组集中审议，将调整后的信息向相关部门通报；税源管理科和职能科室结合相关信息，对不同等级纳税人采取不同的服务和管理措施。信息情报库管理人员负责按季对各部门上报信息情况和落实管理、服务措施的考核，通过信息化手段，实现了税收征管动态管理。

（四）坚持依法治税，遵循依法治国的理念

税收作为国家财政治理的重要环节，任何的税收手段都需要严格按照法律程序来办理，不只是税务工作人员要根据相关的税务法律法规来进行税收，同样也要求纳税人依法纳税，避免偷税漏税的现象发生。可以说，法律是税收的最基本的依据，只有依法治税才能使善治税收成为可能，这也是征税方式改革的法律前提。宽城区国家税务局在进行征税方式改革之前就在2012年便通过并发布了《长春市宽城区国家税务局纳税信用等级评定管理办法》（以下简称《办法》），根据已经成型的法律条文来进行税收治理，这种行为不但为征税管理找到了合理的法律依据，同时也能增强人们对税务机关的信任程度。有利于维护法律法规的权威性，为宽城区国家税务局营造了很好的法治环境。同时，改革后的方式是否能够让社会和公众满意，主要是取决于改革之后的治税过程是否公开化，透明化，宽城区国家税务局对派发的工作进行全过程跟踪、逐环节监控，做到执法过程环环相扣，执法风险共同承担，切实减轻税收管理员的工作压力。同时也减轻了纳税人缴税纳税不方便的难题。以往纳税人在纳税过程中需要走访多个窗口来进行业务办理，不但对双方的时间是一种浪费，而且对于不熟悉流程的纳税人来说很多时候无法找到对应的工作人员来办理业务。《办法》颁布之后，实现了办税服务大厅“一个窗口全部业务，一个平台全程服务”。这样简化了审核流程，减少了办税资料，节省了办税时间。一方面有效地提高了管理的效率；另一方面也最大限度地降低了纳税成本。使治税过程能够完整透明地呈现在纳税人面前，这样公开透明的过程也更能获得社会公众的认可，同时也用实际结果说明了征管方式改革的初步成功。

四、长春市宽城区国家税务局征管方式改革管理创新进一步完善的思考

通过对宽城区国家税务局纳税信用等级评定、税源分类管理创新工作的调查研究，发现诚信税收、税源管理方法应用已初见成效，但是由于理论方面资料的匮乏及实践调研方面的局限性，宽城区国家税务局的纳税征管工作，有待进一步完善。基于对善治理念与税收征改方面的研究，宽城区国家税务局可以从以下几个方面进行进一步的改进工作。

（一）积极回应纳税人诉求，促进税收现代化进程

税收现代化建设的过程中，必须注意加强对依法办事、依率计征、实事求是、诚信纳税、和谐征纳关系等软环境的建设，税务机关特别要注意积极回应纳税人诉求，要想纳税人所想，急纳税人所急，积极处理好为纳税人服务与税收征管的关系。税务机关不能仅是一味征税，更要利用自身对企业经营情况了解和熟悉的优势为企业当好经营管理的参谋，为企业健康、快速发展出谋划策，促进企业发展壮大，努力培养税源，这实际上是最高境界的税收征管。所以，税务部门需知道，硬件建设得再好，没有和谐的征纳关系、税负不合理、纳税人不满意、企业不发展，都不能叫现代化。即便征收到税款是税务机关的最主要目的，但采取怎样的方式能够最有效率征收到税款，同时能够让纳税人满意，为之后的征税工作铺平道路，这才是征管方式改革的目的所在。税源分类既然将纳税人分为了不同等级，那税务机关就应该定期定量对不同等级的纳税人进行信息收集，明白不同等级的纳税人对于改革的意见和建议是什么，还存在哪些疑问。征管方式改革直接面对着纳税人，他们更能够了解目前还存在哪些亟须改进的问题。这是完善税源分类及征管模式的最直接有效的办法，也是促进税收现代化的必经之路。

（二）提高社会参与性，实现税收管理社会化

随着税收征管改革的进一步深化，基层国税部门征管中存在的人少户多、税源不清、管理不到位、管理成本高等问题日益凸显。国企改制，民营企业异军突起，个体业户猛增，经济形式、经营方式、生产模式日趋多元化，对税收征管提出了严峻的挑战。靠国税部门孤军作战监管税源，很难实现税收管理的科学化、精细化和应收尽收。税收管理社会化就是借助社会各方面的力量，拓展税收征管触角，推进综合治税，深化税源精细化管理，实现基层征管方式的转变。税收是我国的根本制度，是全民都需要参与进来的，征税方式改革主要特点就是还权于民，还责于民，让社会明白征税是国家税务机关的权力，也是社会公民的权力，同时这也是一种责任，任何有着合法收入的居民都不能置身事外。管理社会化顾名思义是需要社会成员的参与，单独靠税务机关进行改革无疑是闭门造车，无论是信息收集还是信息反馈都需要社会公众的支持，征税改革的进度还没有完成，能否提高社会参与程度直接决定着税收管理社会化程度的强弱，也影响着改革的影响程度。

（三）调整现行税收管理框架，推进信息管税

当前，西方发达国家的税务机关在税收管理工作中已逐步将税收信息化的重点从数据处理转移到了数据应用方面，即通过数据分析提高纳税遵从度、改进纳税服务并提高税收管理和决策的科学性。信息管税，就是充分利用现代信息技术手段，以解决征纳双方信息不对称问题为重点，以对涉税信息的采集、分析、利用为主线，加强业务与技术的融合，健全税源管理体系，进而提高税法遵从度和税收征收率。从长远来看，信息管税是税收征管工作思路的重大变革，必将对税收征管的思想观念、制度机制、业务流程、组织机构等产生重大影响。推行信息管税战略，必然要求对现行的税收管理框架进行适应性调整，推进税收管理的创新。我国作为税收大国，纳税户数量巨大，所能提供的信息也是一个庞大的数量。当前被称为信息时代，就说明信息是当代的最大财富，但如何发掘信息中隐藏的财富是当前面临的难题，最大的障碍就是技术手段的落后，无法在有效期内处理相应数量的信息，或者处理的信息不完善，这都是一种资源浪费的行为。征管改革要配合技术改革进行，宽城区国家税务局要培养属于自己的技术人才，这样一方面能够减少外聘人才和技术的成本；另一方面能够收集到足够有价值的信息，与吉林省国家税务局和其他分局进行信息交流，从而获得更多的信息，以反哺征管改革，使之更加完善有效。

（四）长春市宽城区国家税务局税源分类管理的启示

宽城区国家税务局所进行的税源分类管理是吉林省征管方式改革中的重要一环，其原因就是税源分类主要体现了善治理念中的回应性和参与性。如前所述，税收征管方式改革就是要将原本的单一化征税变为双向的治税，让社会和纳税人都能够有效参与到税收治理的过程中来，这也是善治理念中透明化的体现。让公众了解税收的流程，这种公开化的举措会在一定程度上缓解纳税人和税务机关之间的对立关系。将纳税人按照评分分为不同等级，本质上是一种正向的“差别对待”，正是因为不同等级的纳税人需要的服务不一样，所以才要提供不同的服务给不同的人群。对于具有相对较强纳税观念的纳税群体，税务机关可以提供一定程度上的便捷服务，而其他群体就需要按照常规流程或经过审核之后在予以处理。这是一种激励纳税人去主动提高自己纳税意识的方法而不是刁难个别人，通过正负双向的激励措施使得纳税人的纳税理念得到根本上的改变，也有助于纳税行为的进行。而对纳税人进

行信息采集并及时反馈，更体现了税务机关与纳税人之间的平等合作关系。因此，宽城区国家税务局税源分类管理不但为吉林省国家税务局征管方式改革提供了重要实践经验，也是善治理念在税收改革中的重要具体表现。

第四节　善治理念下吉林省税收治理路径探索

一、吉林省税收治理现状分析

（一）新时期吉林省善治税收治理改革的时代背景

在大转型时代，中国的复杂现代性正在不断生成、演变过程之中，而税收领域所出现的全新态势正是行进中的复杂现代性的表达形式。正是在这样的社会发展挑战下，善治税收治理路径建构被赋予了国家层面治理模式转型的重大公共价值。因此，新时期促使吉林省税收治理朝着善治方向发展具有历史与现实的必然性，集中表现在以下几方面。

1. 紧跟国际趋势的必然要求

我国目前正处于改革攻坚阶段和现代化转型的关键期，国际公共管理的前沿理论与税收领域实践经验对我国产生了重要的影响，为我们探索善治税收提供了良好的契机。长期以来，国内税收理论界与实践部门一直致力于学习国际上先进的税收治理经验，美国、澳大利亚、英国等一些西方国家在税收治理方面的创新举措是对善治理念的良好实践。西方发达国家税收管理历史悠久，初步形成了法治化、理性化、标准化和规范化的管理体系，不论在治理方法上还是治理的体制机制上，都值得我们学习和借鉴。因此，我们有必要在构建具有中国特色、地域特色的税收治理方式的基础上学习和借鉴国际上发达国家先进的治税理念，为我国在善治理念下推行税收治理改革提供有益的方法论支持。理论方面，公共治理理论倡导“为了实现和增进公共利益，政府部门和非政府部门等众多公共管理主体须彼此合作，在相互依存的环境中分享公共权力，共同管理公共事务”。[①] 因此，自 20 世纪 80 年代起，“治理”理念指导下的各领域改革浪潮在世界范围内方兴未艾。实践方面，

① 丁煌. 西方公共行政管理理论精要［M］. 北京：中国人民大学出版社，2010.

西方国家的税收治理实践经验表明，在人本管理理念、风险管理理念、客户服务理念等先进理念的指引下，以依法治税为基础，以纳税人为中心，采取信息化等先进技术手段，充分关注非政府力量的治税作用，是构建严密有效的税收现代化治理网络的必然选择。

综上所述，紧跟国际税收治理发展趋势，学习借鉴相关经验，寻求在理论指导下的实践走向，是我国税收部门探索善治理念下税收治理的道路选择。

2. 把握国内发展的应然选择

一方面，党的十八届三中全会提出了“国家治理体系和治理能力现代化”的目标，这一国家治理的顶层设计激发了学术界关于中国未来的行政发展从“社会管理”转向“社会治理”的猜想和热议。站在全新的时代背景下，这一重大治国理政理念的转变要求各领域的建设者们及时更新治理理念、努力完善治理体系、深入探索治理能力，使我们站在一个新的视域下重新思考国家治理的路径选择问题。而税收治理作为公共治理、国家治理体系的重要组成部分，自然要在此背景下思考从“税收管理”到“税收治理”的理性价值回归。另一方面，新一轮经济领域上的税制改革是一场在国家治理体系与治理能力现代化的框架下进行的深刻变革，是立足国家全局发展，着眼现代化建设而进行的不懈探索。例如，建立规范的税法体系、科学合理的征管体系、高效便捷的服务体系、全面稳定的信息体系、廉洁负责的组织体系等，为建立统一完整、法治规范、公开透明、运行高效，有利于优化资源配置、维护市场统一、促进社会公平、实现国家长治久安的可持续的现代财政制度而实践。因此，构建现代化税收制度、秉承现代化税收理念、采取现代化税收手段等，并最终实现税收治理的现代化，是当前时代发展赋予全国各级国税系统的重要使命。

综上所述，吉林省国家税务局站在国家治理层面的战略高度寻求税收治理改革的突破口，追求最为有效和健全的治理，即“善治税收”，是把握当前国内发展的必然要求，是国家治理的题中之意。

3. 适应吉林省情变化的现实需要

随着社会主义市场经济的深入发展、社会自治水平的逐步提高、市民社会的日益成熟，当前经济、社会的发展较之原来表现出很强的时代特征。吉林省在这一社会发展背景下，涌现出许多市场经营主体，他们采用不同手段、不同技术参与到经济化的浪潮中，五花八门的经营模式和委托代理模式存在于市场中，纳税个体之间的分离与合并，生产手段和措施的信息化与科技化，业务经营范围的国际化与集团化，等等，这都是当前吉林省面临的新态势。

而这些都在不同程度上对税务部门工作产生了不容忽视的影响。有数据表明，截至2011年年底，吉林省国税系统税务登记户数有41.1万户，正常营业户数有40.9万户，比上年分别增长7.7万户和7.8万户，增长率分别是23%和24%。伴随市场经济发展而逐渐增加的纳税群体对税务部门工作提出了新的挑战。另一组数据表明，吉林省2012年国税系统税务登记户比前一年增长了15.1%，而基层税务人员只增加8000人左右；吉林省同期增长的登记户数比例为23%，但基层治税人数增长比例只有4%。可以看出，在吉林省经济社会发展的同时，对税收征管工作手段方法的采用和征纳双方关系方面产生了实质性的影响。

综上所述，吉林省国税部门探索善治理念下的税收治理既是国家宏观意志推动的结果，更是吉林省经济社会发展经因公共选择的必然。

4. 提高省国税治理能力的因应之道

一方面，在当前的发展形势下，纳税人的自我维权意识越来越强烈，对税务系统工作人员的征管能力、服务水准要求也越来越高。这迫使税务人员必须不断在执法意识、服务意识、风险意识等方面提高自身素质，转变传统的工作方式，进而推进税收管理核心业务向更高层次迈进。善治税收在强调相关制度建设的同时，也探索适应时代发展要求的治理能力的提升，把制度建设的优势转化为税收治理的实际效能。另一方面，在2013年，吉林省个别地方发生了严重的虚开增值税专用发票违法犯罪行为，尤其是“4·08案件”与“6·20案件”，影响恶劣，严重侵害了国家税收利益，影响了地方经济的发展，对吉林国税发展造成了沉重的打击。因此，重塑吉林国税形象，从这一重大教训中吸取经验，积极探索新形势下税务部门的全方位转变具有必要性和紧迫性。善治税收治理的路径探索能够帮助吉林省国税部门工作人员掌握善治理论的核心内涵，丰富其理论素养，同时将理论在实践中逐步推进、检验、调整、完善，最终构建符合国家整体建设思路、符合省情整体发展、符合纳税人实际需要的善治税收路径。

综上所述，吉林省国税部门探索善治理念下的税收治理是提高国税部门治理绩效和能力的重要途径。

（二）当前吉林国税善治税收实践所取得的显著成绩

伴随着国家管理理念的转变，中国顶层设计方案的推出，公共部门中出现了一些新的因素，生成了一些新的改革动力。吉林省国税部门正是在这样的背景下紧跟国际趋势，掌握国内发展态势，适应吉林省经济社会变化，从有效提高自身治理水平的必然趋势出发，以开放的胸怀迎接和促进善治税收的实践进程。吉林省国家税务局从2009年开始规划改革蓝图，在借鉴国际、省外先进做法的同时，联系本省实际，以实现善治税收作为改革最终目标，以风险防控体系建设、纳税服务平台搭建、税源分类管理等税收实际工作为重要抓手，进行了一系列创新性探索。这些举措积极地推进了新形势下的税收治理改革，在取得了一定显著成效的同时，为税收治理理论发展提供了相关实践平台，具有十分重要的价值。与此同时，吉林国税在理念与实践上的双重探索为新时期推动善治税收改革奠定了坚实的基础。在理念上，吉林省国家税务局局长提出善治税收的治税理念，从战略层面为吉林国税今后发展指明了方向；在实践上，当前吉林省各级国税系统致力于税务部门的现代化发展，做出了一系列有益的创新性实践探索，为促进善治税收改革积累了丰富的实践经验。具体体现在以下几个方面。

1. 税收治理理念的进一步创新

（1）善治税收的治税理念

吉林省国家税务局局长张德志于2013年8月提出善治税收三个理念，即树立善治税收、法治国税的治税理念；树立守住底线、提升站位的工作理念；树立严格管理、倾情带队的带队理念。这一全新理念的提出以治理理论和善治理论内涵为基点，将其实质精神输入税收领域中，这一理论研究视角的转变，拓宽了治理理论的研究视野。善治理论内核中所强调的法治、责任、透明、回应、有效等要素可以为税收治理所用，无论是构建税法遵从与纳税人满意的现代税收征管服务体系，还是提升依法行政的风险防控体系，善治都可以并完全契合税收治理不断推进的目标。因此，该理念为吉林国税今后的发展指明了方向，对实践工作的进一步开展提供了新的要求。这一根本价值导向的转变具有理论与实践的双重意义。善治税收作为吉林国税全新治理模式的出现，正渗透到税收实践工作的方方面面，其积极效应正在国税部门蔓延开来。

（2）纳税服务需求层次理念

正是在善治税收理念的指导下，对纳税服务的突出强调便被赋予了税收治理转型的重大公共价值。吉林省税务局领导从马斯洛的需要层次理论出发，着眼于纳税人的需求，落脚于纳税人需求的满足，进行分类、分层次的精细化管理，在此基础上提出了善治税收的服务理念。这契合善治理念对社会诉求与政府治理有效互动的价值导向，抓住了纳税服务管理问题的症结所在，是一种从传统问题导向转变为需求导向的真正以人为本的服务理念。作为吉林省改革纳税服务和征管工作试点的长春市二道区国家税务局，正是源于此理论研究观点，将“纳税服务需求层次理念”应用于实际工作。以“始于纳税人需求，基于纳税人满意，终于纳税人遵从”的服务理念为指导，以纳税人需求为出发点，在实践中划分出纳税服务需求的归集、分析、响应与反馈、后续监督等四个主要环节，在实践中探索出了一套系统的纳税服务需求管理机制。

综上所述，税收治理理念的创新为吉林省实际工作取得显著成绩奠定了坚实基础。长久以来，国税部门的研究主要以实践工作为主，缺少相关学术理论基础，此次从善治的理论出发研究税收治理路径的选择，既可以丰富相关税收的理论，也可以加强具体工作领域的理论建设，进而更好地指导实践。

2. 税收治理法治的进一步健全

为了扎实推进全省税收征管改革工作，努力厘清征纳双方权责、规范纳税服务标准、明确涉税事项流程、强化相关后续管理的目标、全面践行“法治国税”的理念，吉林省国家税务局组织编写了《吉林省国家税务局纳税服务和税源管理操作规范（试行）》，为全省税务一线人员具体工作提供规范标准，用长效制度保障税收秩序公平和公正，为吉林省践行法治税收做出了重要贡献。法治作为善治理念的基本要素，在当前强调法治国家建设的背景下显得尤为重要，没有健全的法制，没有对法律的充分尊重，没有建立在法律之上的社会程序，就没有善治。例如，吉林省四平市国家税务局根据岗位风险排查，对税收执法风险防范手册进行更新；根据实践检验，认真梳理，建立并完善各项规章制度；以党的十八届三中全会提出“推行地方各级政府及其工作部门权力清单制度，依法公开权力运行流程”为依据，向社会公开了目前保留的行政审批事项和税收执法权力清单目录，明晰列出权力依据、征收条件、征收标准等，对各项权力的边界进行了明确规定。种种举措夯实了相关规章制度，为今后工作的开展提供了法律依据，同时也维护了法律法规的权威性，为国税部门营造了很好的法治环境。吉林省国税部门在新时期认真贯彻税收法定主义原则，强化税收相关制度的约束力与覆盖面，推动了善治税收的法治化进程。

3. 税收治理方法的进一步优化

（1）税源专业化管理（专业化）

吉林省国税部门面对现代社会纳税人类型、规模、性质等不断变化的趋势，为提高税收治理水平，积极探索税源专业化管理实践。事实上，在基层税务部门的现实实践中，专业化管理也正成为推进税收征管改革的创新生长点。税源专业化管理的核心在于推动税收业务的重新整合，发挥专业化力量，以科学分类为基础推动税收资源的合理配置，在提高税收征管质效的同时形成治理优势。其中，长春市宽城区国家税务局税源专业化管理的创新实践是吉林省国税系统极具代表性的成功探索。该局以专业分工为基础，以分类管理为重点，根据信用评定纳税人等级，实施差异化管理和服务（A 级简约化管理，B 级常规式管理，C 级监督式管理，D 级重点式管理），以期优化资源配置，完善运行机制，最终初步构建成“专业分工 + 分类管理”的基层税源管理新模式。这一改革实践对全省其他税务部门进一步推进专业化治理的改革具有重要的参考意义。

（2）税收信息化建设（信息化）

税收治理信息化、网络化手段的运用是促进国税部门内部、征纳双方之间有效衔接和良性互动的必要前提，而要实现与达到这样的目标，就必须转变过去传统的治税方式，充分发挥网络信息手段的整合作用。善治税收强调治理手段的多样化、网络化，吉林省国税部门正积极探索税收信息化建设，目前已取得阶段性的成果。例如，长春市二道区国家税务局开发专门软件处理系统以科学分析纳税服务需求，现已投入运行的“纳税服务需求管理系统”改变了传统纳税服务方式，依托网络信息技术平台的独特优势突破空间和时间的局限，将纳税服务的标准化和规范化放至最大；长春市宽城区国家税务局以信息情报库为手段实现税源动态管理。该局将征管系统、金税系统、网上申报等信息化资源科学整合，结合各税源管理科人工采集的纳税人涉税信息，建立“实时征管信息情报库”，对初评结果确定后的纳税人日常征管信息进行收集、整理、推送，为实施差别化的服务和管理提供科学指导；2014 年 9 月 25 日，吉林省国家税务局税收风险管理系统在长春地区上线试运行，全省税收风险管理工作从此告别了“手工时代”，在税收管理信息化建设上又迈出了坚实的一步。由此可见，网络信息化建设正内嵌于吉林省税收治理工作的方方面面，也以其独特的治理优势为善治税收路径建构发挥着不可忽视的动力作用。

（3）税收风险管理（风险化）

吉林省国税部门以国外信息管税、风险管理、遵从理论三大理论为指导，在实践中探索税收征管方式的转变，推进以风险管理为导向，创新手段、改进方法，将有限的组织资源用于风险点较大的行业，在提高管理质效的同时从根本上提高纳税人的税法遵从度。当前时期，风险管理理念之所以应成为税收治理实践的理念主导，其原因在于这种管理理念是在相信纳税人提供涉税信息真实性的基础上，为防止税收流失所采取的一种后续管理。管理后移的思想是将税收人员与纳税人放在平等主体位置思考的选择结果，体现了征纳双方新型合作互动关系。而这点正契合了善治税收的实质内涵，即重塑税收治理的关键在于税务机关必须从高高在上的管理者地位上走下来，真正深入纳税人群体，实现从管理者到治理者的角色转变。2013 年 8 月 2 日，吉林省国家税务局党组以敢为人先的气魄，决定成立税收风险监控中心，并作为独立机构，这在全国国税系统首开先河。同年，省局和部分地区相继成立风控中心，牵头开展数据分析和风险防控工作。截至 2014 年 9 月中旬，全省各级风控部门共下达各类风险应对任务 5662 户次，补缴税款及滞纳金 8855 万元，调增所得额 7256 万元，调减留抵 2650 万元，移送稽查局 18 户。实践证明，将有限的征管资源优先配置到遵从风险较高的纳税群体，以风险管理手段治税，能够有效地促进吉林省税收治理水平的提高。

4. 税收治理组织的进一步调整

吉林省国税部门为切实提高税收管理质效，依照职责明确、专业分工、运转流畅、规范高效的组织原则，重新调整税务机关内部部门职责，健全运行机制，规范工作人员的岗责定位与工作流程。以长春市宽城区国家税务局为例，为顺利开展税源专业化管理，推进征管水平的提高，该局以明确职责定位和事权划分为前提，重新调整内部组织，成立由局长任组长，主管业务工作的副局长任副组长，各职能科室和税源管理科负责人为成员的信用等级评定分类管理工作领导小组，小组下设办公室，统筹开展信用等级评定和分类管理工作。这种以税收业务为主线，以职能配置内嵌实现税收治理工作的无缝隙协同的举措对明确决策流程、规范，建立科学合理的税收管理运行机制具有重要意义。清晰的职能配置与组织重组是善治税收不可或缺的一部分，也是实现善治税收的重要载体。回归到治理组织的根本特质，组织是职能发挥的物质载体，并且与职能配置相互关联，共同整合为治理双方互动的公共领域。因此，吉林国税通过内部组织的进一步调整，为税收治理实践搭建了一套行之有效的程序和机制，为善治税收路径的探索提供了现实基础和可能。

5. 税收治理干部队伍的进一步建设

善治税收治理的目标、任务、实践都是靠人来制定和执行，人才资源是第一资源，因此，善治税收的实现必定包括对“人”作用的强调。吉林省国家税务局通过以下两种途径探索实施人才强税战略，规范税收人员发展途径，以应对知识更新和复杂征管工作要求的挑战。其一，加强培训的内部途径。为切实提高税收人员的综合素质，使其思想、道德、作风、文化素质等适应税收工作的变革，培养具有专业化知识、职业化能力、廉洁化素质、敬业化态度的税务人员队伍，吉林省国家税务局重视加强对税收人员的日常管理与培训。在2013年，吉林省国家税务局开展处级以上干部和县区局“一把手”学习贯彻落实党的十八大精神轮训；全年组织各类培训班56期，培训干部5750人次。其二，绩效考评机制的外部途径。科学有效的绩效考评机制能够对政府工作人员的行为起到引导和规范作用，是保障一项改革措施在实践中取得实效的必备要件。长春市二道区国家税务局的绩效管理采取了内外部相结合的模式，内部模式包含及时推送与反馈的机制、各类需求处理率100%的严格指标及其他的激励机制；外部模式包含在纳税服务需求管理系统中专门设立投诉举报模块，为纳税人有效的参与监督提供便利的平台，通过加强外部监督来进一步完善相关的考评制度。这种系统内部和外部双重的绩效考评模式对纳税服务人员形成了有效的激励作用和压力效应，保证了创新工作的运行和取得实效。

综上所述，吉林省国税通过“自律”与“他律”的两种途径使当前税务系统内部队伍建设得到进一步加强，为善治税收的实现提供了人力资源的保障。

（三）吉林国税在探索善治税收过程中存在的制约因素

吉林省国家税务局在探索善治税收的整体建设过程中由于要考虑到本省的省情与税情，因此必然会受到吉林省政治、经济、信息技术发展，以及吉林省国税系统内部情况等因素的深刻影响。国税部门作为政府部门的重要组成部分，在探索一个全新路径选择时，不可避免地面临着来自当地政府治理模式、社会组织发展、公民参与程度、行政文化建设等方面的挑战。这使得吉林省国税部门只有清晰认识、努力克服这些制约因素，才能够在新时期下顺利推动善治税收的领域建设，有效发挥税收职能，进而推动吉林省整体治理现代化进程的发展。具体存在的制约要素表现在以下几个方面。

1. 治理性因素（政治发展）

吉林省治理现代化发展程度相对较低，造成了吉林省国税部门在探索善治税收路径上存在制度性障碍。税收治理作为公共治理、国家治理体系的重要组成部分，其治理能力的高低与当地整体公共治理水平密切相关。其一，治理机制的制约。吉林省在国家治理现代化的整体发展进程中速度较慢，传统管理控制思维仍然占据主导地位，改革创新的动力不足。公共管理模式经历了从“统治型”“管理型”向“服务型”与“治理型”的转变，随着人类社会后工业化、全球化、信息化、风险化时代的到来，要求社会治理机制从纵向的“权威—服从”关系向纵横交织的网络化机制转变，实现多元主体的合作治理。[1] 吉林省未能及时根据社会发展来开展变革和革新，在社会治理机制的建设上存在十分严重的“碎片化”现象，成为深入改革的重大羁绊。同时，与其内在逻辑相一致的吉林省国家税务局致力于善治税收的路径建构是在一定地域范围内治理发展基础上的现实探索，因此，吉林省的治理发展水平对其探索造成了一定的制度性障碍。其二，治理主体的制约。一种新的社会管理体制与模式的最终确立与良性运行，不仅取决于自上而下的合宜的制度设计，其能否真正运转起来还缘于各方利益主体能否形成共识与集体认同。这就是说任何一种社会治理都需要一种内在精神的支撑，需要社会治理各方对于社会治理制度一种深厚、持久的承诺。[2]

2. 经济性因素（经济发展）

一方面，吉林省地区经济发展水平相对落后，决定了吉林省在税收治理方式选择上的局限性。税收作为财政收入的主体，既是维护国家有效运转的经济基础，又是国家调节经济的有效手段。经济决定税收，经济增长的规模、速度、结构决定着税收总量、增长速度和税收结构；同时，税收反作用于经济，税收作为重要的调控手段，通过税率、税负、税收优惠在投资、消费、分配、结构调整等诸多方面对经济增长产生影响。[3] 由此可见，税收与经济具有相互关联性。例如，2013 年，吉林省地区生产总值（GDP）比上年增长 8.3%，达到 12981.46 亿元。同年，广东省地区生产总值达 62163.97 亿元。2013 年，广东省国税收入近 7000 亿元，而吉林省刚刚超过 1000 亿元。可见地区经济发展水平的巨大差异决定了税收收入的差别。另一方面，地区经济发展水平也深刻影响着税收治理方式的选择。相对于广东省、江苏省、浙江省等一些经济发展水平高的地区，吉林省在掌握前沿治税思想、采用现代化治税手段具有一定的局限性和滞后性，在治税信息沟通上也存在相对闭塞性。

3. 社会性因素（社会发展）

税收作为调节经济的重要手段参与国民收入的再分配，它与区域内的社会发展有着密切的联系，税收要顺利实现其职能，不仅要有完善的税收法律制度，而且要有良好的社会氛围。长久以来吉林省社会发展带有浓厚的“人情”色彩，“人情关系”在中国是一种普遍的社会现象。当代社会形成的“人情”“面子”与中国儒家文化及人情文化有着根深蒂固的联系，也正是这

---

①② 高红．城市基层合作治理视阈下的社区公共性重构［J］．南京社会科学，2014（6）：88－95.

③ 连飞，李晓晨．吉林省税收与经济增长关系实证分析［J］．全国商情（经济理论研究），2008（3）：87，128.

种联系促成了今天的“面子文化”，这种文化深植于每一个中国人心中，不断地影响着个体的行为，同时也对整个社会互动产生了巨大的影响力。这种现象在吉林省仍然存在着，造成了部分吉林省人在处理人际关系方面以“哥们义气”和“肝胆相见”作为行为标准，最终在社会织起一个巨大的“人情社会”关系网络。这种以网络内私人交情为主的社会氛围对善治税收的建构产生了一定的阻滞性，侵蚀着正常在制度下对真正秩序的追求。制度是依赖外在的强制而获得的表面秩序，而真正的秩序来源于人们内心的认同和自觉地遵守。制度只有内化为人们的信仰和自觉追求后，才能实现自己的价值和功效。① 如同美国学者考伯曼所言“正如心理学研究证明的那样，确保遵从规则的因素如信任、公正、可靠性的归属感，远比强制力更为重要。法律只有受到信任，并且因而并不要求强力制裁的时候，才是有效的，依法统治者无须处处都仰赖警察。”② 因此，吉林省“人情社会”的社会氛围对强调信任、自治、公正的善治税收形成了不可忽视的制约因素。

4. 信息性因素（科技发展）

吉林省信息技术发展程度相对滞后，决定了吉林省在信息管税、转变治税方法等问题上面临诸多困境。以吉林省国税系统为例，多年来国税系统信息化建设相对滞后，全省一直以来没有统一的税收数据仓库，系统内部数据也未实现真正意义上的整合。而在网络化日益发展的今天，信息是公共组织协调运行的关键变量，实现系统内部之间数据信息的平衡共享可有效避免信息孤岛、信息碎片化的难题，搭建数据信息无障碍的共享交流平台就成为当前公共部门转变治理方法，采取现代治理手段的首要选择。对于国税部门来说，全面整合不同部门的系统信息，减少信息的损耗和失真，对实现全省涉税数据信息的高度集中和全面共享，构建严密的税收风险监控体系，合理配置税收征管资源，有效激发税源管理活力，为深化征管改革提供强大的信息支撑，进一步提高吉林省的税收征管质量与效率等方面具有重要意义。

综上所述，在构建善治税收路径的过程中，吉林省信息化技术发展程度的滞后性已成为一个羁绊，在很大程度上阻碍了信息共享的及时性与准确性，阻碍了用网络技术构建税务部门电子化平台的发展。

5. 主体性因素（国税内部人员）

吉林省国税系统内部人员结构相对失衡，阻碍了善治税收治理路径建构

---

① 鲁敏．后工业社会治理中“伦理化权责”的探讨［J］．广东行政学院学报（广州），2014(2)：16－22.

② ［美］伯尔曼：法律与宗教［M］．梁治平，译．北京：生活·读书·新知三联书店，1991.

的实践进程。内部人才队伍建设是善治税收建设的重要组成部分，任何领域改革的首要前提都在于思想的转变，而思想转变的根本在于人员素质的高低。与新时期税收工作形势发展和任务要求相比，吉林省国税系统的干部队伍素质还不能完全适应。目前，吉林省国税内部人员结构相对失衡，表现在以下几个方面：首先，高层次人才相对匮乏，全系统拥有硕士以上学位和“三师”资格证书人员比例很低。其次，各级国税系统内部人员老龄化严重，青年、中年的税务人员所占比例较小。最后，人员素质需要进一步强化。有的工作人员责任意识不强，能够胜任税收治理任务的力量相对不足，缺少敬业精神。善治理念下的税收治理是一场税务部门的改革，是转变传统以税务机关作为单向度权力中心的思想，探索在一个良好治理的税收秩序中政府与纳税人和非政府组织协同共治、分工合作的互动。而这些归根结底在于人思维的转变与改革的强大动力。因此，吉林省国税部门应极力转变当前人员失衡现象，全面提升干部队伍思想觉悟、道德品质、工作素质，为税收治理注入人才保障的内部机理，有效实现善治税收的最终目标。

二、具有吉林特色的善治税收治理路径选择

基于吉林省税收治理的现实情境和已有探索，从善治理念的基本框架出发，吉林省在今后的税收治理实践中，可以从善治税收治理的理念、主体、手段和系统等层面去构建完善的税收治理体系。这四个层面的善治税收治理体系建构，不仅是吉林省进一步推进税收治理实践的有效路径，也会对全国其他省市的税收改革具有参考与借鉴意义。

（一）税收治理理念的现代化

制度是按价值所规划的功能要求来设计的，并在新旧价值的博弈中形成，随价值的变迁而变迁。① 在不同的历史时期，税收治理价值导向的不同决定了税收治理路径选择的差异，形成了特定形式的税收治理制度。善治理念正是从价值层面为现时期税收治理路径的有效建构提供了指南，根据善治理论的基本价值主张实现税收治理理念的现代化，是当前我国税收治理改进的首要步骤。在实践中，现代化的善治税收治理理念至少应当包含以下几个基本维度。

① 李和中，钱道赓．公共人事行政的研究范式：环境—价值—制度［J］．武汉大学学报（哲学社会科学版），2008（6）：791－796.

1. 法治：以税收法治为依托

法治的基本意义是法律是公共政治管理的最高准则，任何政府官员和公民都必须依法行事，在法律面前人人平等。党的十八届四中全会决议明确提出，全面推进依法治国，总目标是建设中国特色社会主义法治体系，建设社会主义法治国家。而作为国家治理体系的重要组成部分，税收治理能否坚守法治思维和法治方式，能否依法治税，关系到我国全民推进依法治国的总目标能否有效实现，也决定着善治税收的目标能否成为现实。

法治的直接目标是规范公民的行为，管理社会事务，维持正常的社会生活秩序。但其最终目标在于保护公民的自由、平等及其他基本政治权利。①税收治理应当以法治为依托，保障税收治理工作的规范、有序和有效进行。主要内容包括以下四个方面：其一，建立健全税法规章制度，为税收法治提供依据。通过完善税收法规规定，一方面，明确税收治理过程中税务机关和纳税人的职权与责任、权利与义务等关系；另一方面，规范税收征管的流程，通过细化程序、环节与标准使税收征管工作有法可依。其二，督促和激励税务机关工作人员依法行政，减少执法过程中的随意性。通过强化内部与外部监督、严格绩效考评机制、进行依法征税的教育与培训等措施，提升税收征管人员的法治思维和法治意识，促使其自觉遵照规章制度的规定规范自身行为。其三，引导社会公众自觉依法纳税，培育其依法纳税的意识和积极性、主动性。通过税收法制宣传、法治理念教育等方式，向社会公众普及依法治税的内涵、要求与意义，提升公众的外部监督作用与自觉遵从度。其四，按照税法规定，及时并严厉打击税收违法行为。总之，以法治为依托的税收治理，其实质是在税收领域中贯彻税收法定的原则，建立良好的税收征纳秩序。税务部门的工作人员需要严格按照税法规章制度依法行政，纳税人同样需要遵照税法规定依法自觉纳税，健全的税收法制及对法律的尊重是实现善治税收目标的首要前提。

2. 责任：以责任履行为基点

在公共管理中，责任特指管理人员及管理机构由于其承担的职务而必须履行一定的职能和义务，没有履行或不适当地履行职能和义务则为失职，或者说缺乏责任性。责任性越大，善治程度越高，在税收治理问题中也是如此。税收工作本身具有强度大、内容繁杂的特点，且随着我国社会经济发展水平的提升而不断增加。然而，当前我国基层税务工作人员的数量呈现出明显的

① 俞可平．治理与善治［M］．北京：社会科学出版社，2000.

不足，基层税务人员普遍面临较大的工作压力，并因之对其工作动力产生了巨大考验。如何在逐渐填补基层税务工作人员数量差距的同时，从责任履行的层面保障税务机关工作人员的工作积极性具有特别重要的意义。

从工作动力的可持续性角度出发，善治要求运用法律和道义的双重手段，提升税务机关及其工作人员的责任性，具体则是要求税务机关及其工作人员在理念上实现由税收管制思维向税收服务思维的转变。作为政府责任的履行，税收管理工作的出发点是应当定位于服务，寓执法于服务并以服务为主旨。对此，吉林省国税部门应当通过专门的培训机制和工作平台设计，使税务机关工作人员树立服务于纳税人需求的观念，并有效地应用于工作实践中。吉林省二道区国家税务局的纳税服务需求管理创新，便是着眼于此而进行的平台创新，即通过对纳税人需求进行归集、分析、响应与反馈、监督等机制的建立，有效地提升了纳税服务水平，促进了税收治理责任的实现。今后，吉林省国税部门可以从配套培训与激励机制的建设上进一步塑造纳税机关及其工作人员的服务理念与责任感，促进其服务水平与工作积极性的提高。

3. 回应：以高效回应为导向

政府回应与政府责任密切相关，从某种意义上说是政府责任性的延伸。其基本含义是政府在公共管理过程中对公众的社会需求与所提出的问题作出积极反应和回复的过程。税收治理不是自上而下单向的管制与执法，而是需要税收机关与纳税人的有效互动，其工作成效的取得也需要建立在一定的回应水平之上。

吉林省国税部门在善治税收治理体系改革实践中，依照“始于纳税人需求，基于纳税人满意，终于纳税人遵从”的改革理念，在纳税服务与税收征管中搭建了如纳税人服务需求信息管理系统、税收风险防控体系、税源分类管理等创新平台，针对纳税人的一系列需求与具体问题进行解决，在提升纳税机关回应性和回应力方面效果显著。在进一步的税收治理改革中，可以更加明确地将提升税收管理的回应性作为目标，搭建形式多样的回应平台与机制，并定期地、主动地向公民征询意见、解释政策和回答问题，以高效的回应水平提升税收治理的互动性和有效性。

4. 透明：以公开透明为保障

透明程度的高低是衡量善治程度的另一个重要标准，它着眼于政治信息的公开性。每一个公民都有权获得与自己利益相关的政府政策的信息，政府政策信息的公开也是公民有效参与公共管理过程并对公共管理过程实施有效监督的必要条件。在税收治理领域，税收工作的透明性和公开性直接影响着纳税人的纳税遵从度，并决定着征纳双方合作治理目标的实现。较高的透明度能够将税收治理过程置于社会公众的监督之下，这不仅有利于对税收机关工作人员的依法行政起到监督作用，还能对其职务责任的自觉履行形成舆论压力。同时，税收征管过程的公开能够提高纳税人对税收工作的认同感，提升其遵从度，而且有利于社会各界针对税收征管制度与实践中存在的不足提出建议，推进税收治理改革的步伐。总之，善治税收应当以公开透明为保障，通过税收治理过程的透明改善征纳关系，是实现纳税人与税收管理机关合作共治的有效路径。

5. 参与：以公众参与为辅助

善治税收理念主张税收管理机关与纳税人之间的有效互动与合作共治，因此纳税人的广泛参与也是其题中之意。而责任、回应、透明等理念主张只是实现是纳税人参与的必备要件，是从纳税机关自身建设的角度出发需要树立的善治税收价值导向。而从纳税人自身来讲，在善治税收治理体系的构建中，还须从纳税人的参与意识与参与能力等方面促进公众参与税收治理。通过引导社会公众参与到税收治理过程中，首先，能促进公众对税收征管工作的了解，使之掌握依法纳税的信息，避免因非主观错误造成违法行为；其次，能增强纳税人对税收管理工作的认同，提升自觉遵从度；最后，还有助于民智民意作为辅助信息参与到税收治理的具体管理工作中，提高税收治理改革的民主性、科学性和可操作性，是实现善治税收目标的推动力。

6. 有效：以科学有效为考量

作为一项具体的管理工作，效率的提高是衡量改革成效的重要指标。善治理念下的税收治理改革着眼于税收治理水平与质效的提升，各项改革与创新工作最终都将落脚于税收管理效率的提高。其效率既体现为税收征管工作本身管理成本的降低、民主性的提高，也体现为税收管理对象遵从度的提升等社会效益的获得，两者最终都将提高税收管理的有效性。因此，选择与评价某种特定形式的税收治理改革措施时，需要首先以有效性为标准进行考量，通过成本与收益的论证避免改革措施的方向性错误与低效性。在具体的改革实践中，税收治理有效性的取得往往需要借助于科学理论的指导、现代信息技术的应用、管理机构设置与管理流程的优化等途径，即以科学性保证有效性。在吉林省税收治理改革实践中，二道区纳税服务需求管理即是从基于马斯洛需要层次理论的启发，依托现代信息化软件管理系统而探索的创新措施；宽城区国家税务局税源分类管理也是基于科学分工基础上构建的基层税源管理新模式。两者的创新路径皆彰显了科学性思维对税收治理有效性的指导作用，其经验值得推广与借鉴。

7. 廉洁：以清明廉洁为基本底线

税务机关及其工作人员奉公守法、清明廉洁同样是善治税收的题中之意。税收征管需要时常与偷税、漏税、骗税等违法行为作斗争，而其管理过程本身也是极易滋生腐败的重灾区。由于税收征管涉及的资金流巨大且数量庞杂，一旦产生腐败往往涉案金额极大，给国家财产与经济健康发展带来巨大损失与长期危害。同时，税务机关工作人员的腐败行为往往会对社会造成恶劣影响，打击投资者的信心，腐蚀社会风气，削弱税收法治的权威，降低纳税人对税收工作的认同感和公信力，最终造成税法遵从度的降低。因此，在善治税收治理体系的构建中，应当以廉洁为价值与道德底线，对税务机关工作人员进行相应的宣传与教育，并通过健全监督体制与强化惩戒力度等手段，提高对腐败违法行为的威慑力。

8. 公正：以公平公正为更高追求

廉洁是善治税收改革的底线价值追求，公正则是善治税收所要实现的最高理想目标。作为善治要素的公正不仅要求不同性别、阶层、种族、文化程度、宗教和政治信仰的公民在政治权利和经济权利上的平等，并以有效消除、降低社会贫富差距和维护弱势群体的基本权利为价值导向。在市场经济条件下，由市场决定的分配机制，不可避免地会拉大收入分配上的差距。而税收作为调节收入的重要工具，其重要社会功能就是对社会不同阶层收入人群进行调控与再分配。因此，在善治税收治理的改革过程中，改革的着力点不应仅局限于税收服务与税收征管的效率与水平，而应从顶层设计层面合理地优化税制结构，并随着社会的发展变化做出相应的调整以适应现实的需要。公正作为善治税收的更高价值追求，应当作为税收治理改革的重要理念贯穿始终，在缓解社会分配不公的矛盾、促进经济发展与社会稳定等方面有效发挥作用。

总之，税收执法与纳税服务是税收管理工作的两大核心内容，亦是税收治理的两翼。以上八个维度的善治税收治理理念，旨在为实现税收执法与税收服务的有机结合提供基本的价值导向。在进行善治税收治理体系的建构与完善过程中，应当以上述善治税收治理理念的塑造为着眼点，在税收治理工作中寻求法治与民主的平衡点，提高纳税人的税法遵从度和税收满意度。

（二）税收治理主体的多元化

善治的本质特征是政府与公民对公共事务的合作管理，体现为政治国家与公民社会之间良性互动的最佳状态。在善治模式下，国家与社会之间、公共部门与私人部门之间的界限日益变得模糊不清，公共权力不再由政府所垄断。现代政府正在把越来越多的原先由国家承担的责任转移给公民社会，包括市场、社会自治组织、社会中介组织和公众等多元社会主体，并鼓励其参与到公共事务的治理中。政府与多元社会主体间不再是管理者与被管理者的关系，而发展为新型的平等合作、依赖互动关系。这种善治模式体现在税收治理领域，则体现为政府、公民、纳税人及社会中介机构共同参与税收管理，通过税收管理社会化实现征纳关系的和谐和税收治理能力的提升。

1. 税收治理主体多元化的必要性

税收治理主体多元化既是善治税收的发展要求，也是当前我国税收管理实践的客观需要。税收管理实践面临的挑战，以及纳税人切身利益的有效维护都凸显出当前时期税收治理主体多元化的必要性。

首先，税收治理主体的多元化是我国税收实践发展的客观选择。随着社会经济的发展，纳税人数量不断增多，税源多样性、流动性、隐蔽性逐步增强，监控难度日益增大，仅仅依靠税务部门自身的力量和手段已经难以有效解决税收管理面临的突出矛盾。同时，由于一些纳税人缺乏税收法治观念，纳税遵从度低，偷税、逃税手段多样且时有发生；加之税收法律法规本身具有一定的复杂性，一些纳税人很难依靠自身的知识和能力履行纳税义务。其次，税收治理主体的多元化是防范基层税务部门廉政执法风险的需要。吸引社会力量参与到税收管理之中，能够充分发挥社会监督的作用，形成税收管理系统外部监督与内控机制的有机结合，进而推进公开公正公平执法。最后，税收治理主体的多元化还是纳税人保护自身权益的必然要求。税务代理等社会中介服务能够弥补纳税人专业知识、核算水平、办税能力的不足，有助于纳税人降低纳税成本和保护自身权益。

2. 税收治理主体多元化的现实状况

税收治理主体多元化是实现善治税收改革目标的现实要求，而从现状来看，当前我国税收治理主体多元化的发展水平尚处于起步阶段，且面临诸多问题。首先，在认识层面上，税收治理主体多元化的观念意识较为淡薄。税务机关与政府对社会中介机构在税收征收过程中的作用认识不够，存在不支持与抵触情绪，应有的协调作用未有效发挥；社会公民和纳税人对税收管理活动的了解不够，参与的积极性不高。其次，在实践层面上，一方面，当前我国税收治理主体多元化相关的法律法规尚不健全。税务代理的相关文件规定仍停留在“暂行办法”“试行办法”层面，法律级次偏低，约束性较差，制约了税务代理业务的发展；委托代征法定原则尚不明确，法律规定的委托代征范围小，可操作性差。另一方面，我国税务中介组织的规模和力量仍然很小，不能满足税收治理主体多元化的需要。我国税务代理人员数量偏低、力量薄弱，且组织形式单一、发展缓慢；同时，现有的税务中介组织发展尚不规范，管理制度混乱，且时常出现违法代理活动，严重扰乱着正常的税收征管秩序。认识层面与实践操作层面上的不足，制约着我国税收治理主体多元化的健康发展与作用发挥，同时阻碍了我国善治税收改革的进程。

3. 税收治理主体多元化的主要内容

从我国税收治理的现实状况看，税收治理主体多元化不仅是维护纳税人权益的需要，也是减轻税务部门负担的客观要求。从善治税收的基本理念出发，税收治理主体多元化的主要内容与理想目标主要包含以下几个方面。

首先，树立税收治理主体多元化的基本观念。税收治理主体的多元化是善治理念中参与要素在税收领域中的实践形式，其价值不仅表现在促进公众对税收征管工作的了解与认同，提升自觉遵从度，而且体现在具体税收管理工作中对税收治理的民主性、科学性的促进作用，是源于我国税收实践中纳税人和税务部门共同的现实需求。推进税收治理主体多元化的进程需要在观念上认识到多元主体参与对税收治理的重要意义，并以此为基础自觉在实践工作中对社会力量的参与持开放和包容态度。

其次，明确税收治理中多元主体的不同角色定位。税收治理中的主体主要有税务机关、政府、公民、纳税人和社会中介机构，各主体有不同的功能定位，相互之间是互动合作的关系。其中，税务部门作为税收治理的核心主体，在税收征管和纳税服务中发挥主导作用；政府在税收治理中应当发挥协调作用，积极为税务部门与相关部门，如工商、技术监督、医药和卫生等，以及社会各阶层的合作，为多元主体的参与创设适宜的环境；公民和纳税人应当发挥监督与配合作用，并自觉配合和遵循税务管理，同时，积极进行意见反馈和建议，参与到税收治理工作的改进中；社会中介机构在税收治理中发挥协助作用，通过税务代理为纳税人依法纳税、低成本纳税和维护纳税人权益提供帮助。

再次，支持与引导税收治理中多元社会主体作用的充分发挥。税收治理过程中多元社会主体作用的发挥需要税务部门与政府相关部门提供有效参与的政策性支持与路径引导，具体包括：其一，推进涉税信息社会化，建立以“政府牵头、财税主管、部门配合、信息共享”为主要特征的综合治税新机制，建立一个由国家税务局、地方税务局、工商局、技术监督局、海关、街道办、银行、供电部门、供水等部门参与的协税护税网络。其二，推进重要税务事项管理社会化，借助大学、研究机构、行业协会等组织，把专业性强的管理事项纳入社会化管理范围。其三，扶持和鼓励税务中介组织开展税务代理服务。以延边州为例，其14家涉税中介机构仅2013年就调增所得额19.2亿元，调减所得额43.9亿元，调增申报所得税额1.5亿元，财产损失鉴证1.89亿元，在税收管理中发挥了显著的作用。而从延边州代理户数所占全部纳税户数的比例（17.98%）可以看出，税务中介机构还有很大发展空间。其四，加强纳税人协会等社会性维权组织建设，推进税收法律法规宣传，有效的维护纳税人权益和发挥社会公众的参与作用。

最后，通过立法建设实现多元社会主体参与税收治理的制度化。要完善税收社会化治理方面的制度建设，厘清多元主体参与税收治理的权利、责任与义务边界。通过在国家层面上加强相关立法，明确税收治理多元主体参与的业务范围、职业规范、质量标准，完善和落实退出监管制度，实现支持发展、强化监管与行业自律并重。制度化建设是多元社会主体有效参与税收治理的外部保障，有助于逐步形成政府依法管税、税务部门依法征税、纳税人依法纳税、社会各界综合治税的治税新格局，为多元主体的参与创设和谐的税收环境。

（三）税收治理手段的多样化

现代管理理念与信息技术的发展为推进我国政府治理模式的创新提供了硬件条件上的支撑，也为优化税收治理流程提供了新的方法和平台。当前，善治理念下的税收治理改革就是以现代征管理念与信息技术的应用为依托而进行的一系列体制与机制创新，多样化的现代税收治理手段使善治理念在税收领域中的实践成为可能，极大地提升了税收治理的有效性。在突破和改进传统税收征管模式的基础上，以信息技术为支撑，采取专业化、网络化、动态性等多种治理手段，创新现代化的科学征管理念与方法，并实现治理手段多样性基础上的有机组合与系统化，是进一步构建和完善善治税收治理体系的现实路径。

1. 专业化的风险防控手段（税收风险管理）

税收征管的根本目的是促进税收遵从。围绕这一目的，以风险管理为导向，将有限的税收征管资源优先配置到遵从风险较高的纳税群体，实现从“管所有纳税人”向“管有遵从风险的纳税人”转变，是降低税收治理成本和提高税收治理效率的有效手段。吉林省国家税务局在信息管税、风险管理和遵从理论三大理论的指导下，专门成立的税收风险监控中心，即以设置专业化管理机构和指定专人负责税收风险管理的方式，实现了对税收风险防控的专业化管理。通过建立税收风险管理指标体系，划分出日常管理预警指标、行业风险分析指标、纳税遵从评价指标、宏观决策分析指标、绩效评价指标等五个大类382个指标，为日常税源管理、纳税评估、纳税服务提醒、遵从管理、反避税和税务稽查提供精确的管理指向，有效地提升了税收征管质效。

专业化的税收治理手段能够突破地域和层级的界限，通过资源配置的优化和职责分工的明晰，专业专职，是保障税收治理在风险管理这一核心业务上达成科学、服务、法治等善治税收改革目标的有效手段。税收风险防控所代表的专业化管理思维对提高税收管理质效、提升税法遵从度和纳税人满意度，并最终实现征纳双方的和谐互动关系具有重要的启示意义，也是善治税收治理手段现代化的核心思维导向。

2. 回应性的纳税服务手段（税收信息化建设）

纳税服务作为与风险防控并重的税收治理之核心业务范畴，贯穿于税务机关进行税收征收、管理、检查和实施税收法律救济的整个过程。透明、有效、责任、参与等善治要素是衡量纳税服务水平的核心指标，能否建立回应性强的纳税服务平台以实现服务过程中税务机关与纳税人的有效互动，是善治税收治理改革的核心环节。对此，以信息技术为依托的回应性纳税服务管理是进行善治税收治理改革的有效手段之一。

二道区国家税务局在马斯洛需要层次理论的指导下，将纳税服务水平提升的切入点定位于纳税人需求管理。通过开发和使用专门的纳税服务需求信息管理系统，建立了对纳税服务需求信息进行归集、分析、响应与反馈的信息化管理网络平台，对纳税人的需求实施分类、分层次的精细化管理。这种网络化的纳税服务手段对提升纳税服务的回应性具有显著效果，同时能够有力地推进纳税服务的标准化和规范化发展程度。从善治税收治理改革的大背景看，在进一步提升纳税服务管理的善治程度中，应当继续加强做好以下三个方面工作。

其一，推进纳税服务管理的网络基础设施建设，优化纳税服务需求管理的方法与技术。要通过纳税服务管理中信息技术的开发、应用与升级，进一步发挥计算机网络在信息甄别、信息分类、信息传送、信息处理和信息反馈等方面的强大能力，构建更加通畅、动态、良性的“汲取—整合—回应”系统，为纳税服务管理提供更有力的技术支撑。其二，要对各种纳税管理系统进行整合。通过制定统一的标准和规范，加强各个地区税务机关之间、软件系统开发商之间的整合与协调，解决信息技术不成熟条件下的信息壁垒问题，实现纳税管理系统间的有效衔接，提高信息共享、即时协作水平。其三，要以技术创新推动管理创新，以管理创新推动技术提升。通过网络化纳税服务手段的应用带动相应的组织结构优化，以及纳税服务制度规范、服务人员行为规范、窗口服务规范等配套制度建设，实现管理与技术的协调发展、相互促进。

3. 差别化的分类管理手段（税源专业化管理）

善治理念下税收征管工作的目标是通过改进管理和服务方式，优化资源配置，最终提高税收征管的有效性。而从客体角度出发，税收征管的对象是纳税人及其需求，不同类型的纳税人群体具有不同的行业特点和税法遵从度，客观特质与主观条件的不同决定了对其有效的征管手段也是有所差异的。尤其是在当前我国税收征管力量与税基规模严重不相称的现实情境下，税收征管方式的科学化和集约化显得尤为重要。税收管理工作本身的特点和客观困境，都使差别化的分类管理成为当前我国善治税收治理改革中创新税收征管与服务模式的必然选择。

遵循差别化分类管理的思维导向，宽城区国家税务局作为吉林省国家税务局征管方式改革的试点单位，在实践中基于纳税信用等级评定而进行的税源分类管理有许多成功的经验值得推行。例如，通过建立纳税信用等级评定指标体系，组织信用等级评定和备案，并借助“实时征管信息情报库”的信息管税系统进行动态管理，将纳税人分为多个信用等级，并针对不同等级进行分级分类管理，包括 A 级简约化管理、B 级常规式管理、C 级监督式管理、D 级重点式管理。这种差别化的管理针对不同等级的纳税人，重点抓“两头”，实施不同内容的纳税服务，反而实现了纳税服务的实质公平性和有效性。信用等级高的纳税人可以享受便捷通道等办税渠道来加快办税流程、减少办税时间等方便的服务，而等级低的纳税人需要按照正常的流程和手续来办理业务，还需要按时参加税务部门的税收知识的培训来提高纳税意识。这种便捷程度不同的办税渠道，或者定期培训，根据纳税人的信用等级来评定和配套，只要提高等级就能享受到相同的待遇，因而能在实践中对提高纳税人的依法纳税意识产生激励作用。通过正向激励与负向激励的结合，有助于实现纳税人与税务机关的自觉、良性互动，在降低税收征管成本的同时提升了税收征管工作的有效性。在差别化分类管理手段的进一步应用中，应当继续以善治理念为指导，在理念上实现税收征管由管制型思维向服务型思维的转变。同时，要普及和优化信息技术在税源监控中的应用，依据对纳税人信息和需求变化情况的掌握灵活调整管理方式。最后，还应当坚持依法治税的原则，将差别化税收管理手段的灵活性与依法税的严肃性相结合，保证善治税收治理改革的规范性推进。

综上所述，以专业化、网络化、差异化管理手段为代表的现代管理理念与方法是善治税收治理改革的有效技术支撑。在现实的改革过程中，针对具体的税收治理问题，还有集约化、社会化、简约化等其他多样性的科学手段与方法可以选取。以善治理念为指导，以现代信息技术为依托是这些多样化管理方式的共同特征，两者共同为吉林省税收治理改革路径的探索提供了方向和手段。

（四）税收治理系统的网络化

多元的税收治理主体及其相互之间的动态协作关系构成了善治税收治理系统的基本脉络，此系统以税务机关管理结构为基础和载体，受制于又服务于税务机关的管理理念与目标、组织环境和可用手段。在实践运作过程中，善治税收的现代化治理理念、多元化治理主体和多样性治理手段都需通过具体的机制设计得以体现和成为现实，其作用的有效发挥程度取决于相关机制设计的合理性和各主体税收治理水平的高低。通过有效的运行机制建设和主体能动性培育，实现税收治理系统中各节点间关系的协调和有机衔接，整合成为一个组织完整、高效互动、运行流畅的税收治理网络，是善治税收治理改革最终所要达到的理想状态。具体来看，这种有机的网络化税收治理系统在改革实践中应当着力从以下几方面进行机制建构与流程整合。

1. 畅通善治税收治理的运行机制

税收治理的运行机制主要涉及税务机关各部门的职能定位、相互间的协作关系，以及具体的管理流程与程序设计等内容。税收治理运行机制设计的科学性与合理性是实现善治税收改革目标的前提和基础，如何通过明确的职能定位和详细的工作活动方式保障税收治理过程的规范性、流畅性和高效性是税收治理运行机制建设所要解决的核心问题。在具体的建构过程中，善治税收治理运行机制的完善可以从以下几个方面着手进行。

一是明确职能定位。税收治理过程中各主体所扮演的角色及税务机关内部各部门的职责有所不同，明确各治理主体的功能定位和权责关系是畅通税收治理运行机制的首要步骤。善治税收的治理主体有政府、税务机关、社会中介机构、公民、纳税人，其中政府在税收治理中应当发挥协调作用，积极为税务部门与相关部门，如工商、技术监督、医药和卫生等，以及社会各阶层的合作、为多元主体的参与，创设适宜的环境；税务部门作为税收治理的核心主体，在税收征管和纳税服务中发挥主导作用；社会中介机构在税收治理中发挥协助作用，通过税务代理为纳税人依法纳税、低成本纳税和维护纳税人权益提供帮助；公民和纳税人应当发挥监督与配合作用，自觉配合和遵循税务管理，并积极进行意见反馈和建议，参与税收治理工作的改进。同时，要明确税务机关内部各部门及各科室在税收治理中的岗位责任，通过职能分工与统筹为税收治理运行机制的建构提供依据，通过岗位职能的重新组合、配置，按科学的方法进行税收业务重组、精简和优化。

二是优化管理流程。明确的职能定位是畅通善治税收治理运行机制的首要前提，而不同职能间的有效衔接与整合则是税收治理发挥实际效力的关键。从吉林省国家税务局税收治理试点创新过程的共同特征可以看出，依托整合性的信息化管理平台催化税务机关运行机制的优化是当前善治税收治理改革的有效路径。二道区国家税务局依托专门的软件处理系统建立了纳税服务需求管理平台，并根据纳税服务需求管理平台的运行需要，进行了相关的组织和程序创新，针对纳税服务需求归集、分析、响应与反馈、后续监督等环节，探索建立了一套系统的纳税服务需求管理流程；同样，宽城区的税源分类管理创新以“实时征管信息情报库”为手段，优化了纳税人信息收集、整理、推送流程，带动了征管系统、金税系统、网上申报系统等资源整合。以二道区国家税务局与宽城区国家税务局为代表的税收治理改革彰显了信息化管理平台在整合税收征管资源和优化税收治理机制中的作用。在进一步完善税收管理流程的设计中，应注重以信息化管理平台为载体，对多元治理主体间的互动合作关系进行协调，具体包括对各个地区和职能部门的纳税管理系统进行整合，通过制定统一的标准规范和协调，实现纳税管理系统间的有效衔接，提高信息共享、即时协作水平；以技术创新推动管理创新，通过网络化纳税服务手段的应用带动组织结构优化和制度建设，实现管理与技术的协调发展、相互促进；充分发挥政府的协调作用，促进税务机关与相关部门如工商、技术监督、医药和卫生等社会各阶层各部门的合作，以及税务机关与纳税人的便捷、高效互动；将税收治理流程及时总结上升到制度层面加以长效化，保证善治税收治理运行机制的规范性。

2. 健全善治税收治理的激励机制

善治税收治理体系的实践运作要靠人来实现，作为治理主体的政府及税务部门工作人员、社会中介机构工作人员、公民和纳税人主观能动性的发挥程度决定了税收治理的善治水平。能否对善治税收治理网络中的各个主体实施有效的激励，以保证其在税收治理实践中的积极性、主动性，进而达成有效的配合和协作，决定着善治税收治理改革的理想图景能否成为现实。因此，作为善治税收治理网络的有力维系，税收治理激励机制的构建在善治税收改革中占有十分重要的地位。在具体实践中，动力机制和约束机制的建设是善治税收治理激励机制构建的两个主要方面。

首先，要推进善治税收治理的动力机制建设。在善治理念下的税收治理改革中，税收治理工作理念的转换、工作方式的改进对税务人员和纳税人的观念和行为都提出了新的要求。一方面，平等、责任、回应、参与等善治理念作为税收治理改革的价值基准，内在地要求税务人员进行新的角色认知，实现由管制型思维向服务型思维的转变。同时，税收管理平台与流程的现代化对税务人员的能力提出了更高的要求，善治税收治理创新初期工作强度的增加使基层税务人员面临更大的工作负担，这些都对税务人员的工作积极性形成了极大考验。另一方面，善治税收治理需要社会多元主体的积极参与与配合，而当前公民和纳税人对税收的社会化治理在观念上认识仍不到位。纳税人对纳税义务和权利知之甚少，有的虽然知晓却缺乏相应的参与能力与自觉性，因而就失去了参与税收活动的积极性。

为此，加强税收治理的动力机制建设，应当从两个方面着手进行。一是树立基层税务干部培育的人本价值导向，进行以综合素质开发为主要内容的培训机制建设和基于价值诉求满足与引导的动机激励。在认知层面，要通过开设专门的培训课程，使基层税务人员对善治税收的内涵和理念进行准确地把握，获得对善治税收总体改革布局、发展方向、自身角色定位与工作职责要求的全面认识，增强其责任感、紧迫感，促使其自我加压，积极主动地进行自我塑造和投身于本职工作。同时，通过责任激励、薪资激励和晋升前景激励满足基层税务工作人员的尊重需要、公平需要及成就需要；在能力层面，要设立多种形式的培训，着重提升基层行政人员的网上办公能力、沟通协调能力和心理调节能力，使之能够适应善治税收治理工作的现代化办公方式和高强度工作压力的考验。二是推进税收宣传与教育的社会化。税收宣传应贴近生活，把税收宣传融入公民喜闻乐见的形式中，使社会公民能够从内心认识到依法纳税是每个公民的义务，参与税收治理是每个纳税人的权利且具有重要的意义。同时，要通过税收治理参与知识的教育、培训和社会性维权组织的建设，提升纳税人依法参与的意识与能力，培养其参与税收治理的积极性和能动性。

其次，要强化善治税收治理的约束机制建设。善治税收治理的约束机制建设同样应当分为两个层面，对税务机关工作人员及社会多元参与主体行为的管理都应当纳于法治框架之下，依法进行约束与引导。其一，要通过明确的规章制度建设，依法建立“以奖为主、以惩为辅”的引导式绩效考评机制。在对善治税收治理监督机制的设计中，要完善基于公众满意度的监督机制，通过公众评价、举报、投诉与反馈平台的设立对税务干部产生内在的制约作用。在公众满意度指标的应用上，应当突破当前“重惩罚，轻奖励”的压力型督办模式，而结合以“以奖为主、以惩为辅”的原则，增强对公众满意度达标的税务机关工作人员予以奖励。在心理层面上将作为工作负担的公众满意度压力转换为工作成就感源泉的公众满意度认可，以此激发税务机关工作人员的责任感和行为自觉性。其二，要完善税收社会化管理方面的制度建设，理清税收治理中社会主体的法律责任与义务。包括在国家层面上加强税收治理方面的立法，明确税务师事务所等涉税中介的法律地位，建立健全统一的涉税中介机构日常管理、监督检查与退出等环节的行业监管体制机制，明确税收社会化管理的业务范围，规范涉税服务市场秩序，更有力地保护纳税人的权益。通过税收治理约束机制的建设及将工作中的成功做法及时总结上升到制度加以规范化、长效化，能够将善治税收的核心价值取向、未来愿景通过制度加以规范，有效地促进了善治理念下税收治理水平的提升。

参考文献

[1] 詹姆斯·罗西瑙. 没有政府的治理 [M]. 南昌：江西人民出版社，2001.

[2] 皮埃尔·卡蓝默. 破碎的民主 [M]. 北京：三联书店，2005.

[3] 全球治理委员会. 我们的全球伙伴关系 [M]. 伦敦：牛津大学出版社，1995.

[4] 俞可平. 治理与善治 [M]. 北京：社会科学文献出版社，2000.

[5] 俞可平. 全球化：全球治理 [M]. 北京：社会科学文献出版社，2005.

[6] 麻宝斌. 十大基本政治观念 [M]. 北京：社会科学文献出版社，2011.

[7] 麻宝斌. 社会正义与政府治理：在理性与现实之间 [M]. 北京：社会科学文献出版社，2012.

[8] 陈广胜. 走向善治：中国地方政府模式创新 [M]. 杭州：浙江大学出版社，2007.

[9] 俞可平. 中国治理变迁 30 年 [M]. 北京：社会科学文献出版社，2008.

[10] 让·皮埃尔·戈丹. 何谓治理 [M]. 北京：社会科学文献出版社，2010.

[11] Habermas. Toward a Rational Society [M]. Beacon Press，1970.

[12] 罗伯特·罗茨. 新的治理 [J]. 政治研究，1996.

[13] 辛西娅·休伊特·德·艾尔坎塔拉. "治理"概念的运用与滥用 [J]. 国际社会科学杂志（中文版），1992（2）.

[14] 杰索普. 治理的兴起及其失败的风险：以经济发展为例的论述 [J]. 国际社会科学（中文版），1999.

[15] 俞可平. 治理与善治引论 [J]. 马克思主义与现实，1999.

[16] 格里·斯托克. 作为理论的治理：五个论点 [J]. 国际社会科学，

1999 (1).

[17] 皮埃尔·塞纳克伦斯．治理与国家调节机制的危机 [J]．国际社会科学，1999 (1).

[18] 张宝峰．治理概念的社会学分析 [J]．经济与社会发展，2005 (9).

[19] 余军华，袁文艺．公共治理：概念与内涵 [J]．中国行政管理，2013 (12).

[20] 李龙，任颖．治理一词的沿革考略 [J]．法制与社会发展，2014 (4).

[21] 何哲．“善治”概念的核心要素分析 [J]．理论与改革，2011 (5).

[22] 李以所．论善治政府的基本内涵 [J]．理论导刊，2012 (8).

[23] 俞可平．善治与幸福 [J]．马克思主义与现实，2011 (2).

[24] 孙柏英．当代政府治理变革中的制度设计与选择 [J]．中国行政管理，2002 (2).

[25] 俞可平．增量政治改革与社会主义政治文明建设 [J]．公共管理学报，2004.

[26] 王诗宗．治理理论及其中国适用性 [D]．浙江大学，2009.

[27] 徐越倩．治理的兴起与国家角色的转型 [D]．浙江大学，2009.

[28] 刘大志．治理的兴起与国家主权 [D]．浙江大学，2003.

[29] 曹任何．治理的兴起与政府合法性重建 [D]．吉林大学，2004.

[30] B. 盖伊·彼得斯．政府未来的治理模式 [M]．北京：中国人民大学出版社，2001.

[31] 高培勇．财税体制改革与国家治理现代化 [M]．北京：社会科学文献出版社，2014.

[32] 国家税务总局．中国税务发展报告 [M]．北京：中国税务出版社，2011.

[33] 饶立新．绿色税收理论与应用框架研究 [M]．北京：中国税务出版社，2006.

[34] 王诗宗．治理理论及其中国适用性 [M]．杭州：浙江大学出版社，2009.

[35] 俞可平．中国公民社会的兴起与治理的变迁 [M]．北京：社会科学文献出版社，2002.

[36] 詹姆斯·N. 罗西瑙．没有政府的治理 [M]．张胜军，刘小林，等

译. 南昌：江西人民出版社，2001.

[37] 黄晓东. 社会资本与政府治理 [M]. 北京：社会科学文献出版社，2011.

[38] 曹方俊. 现代化理论与中国的现代化道路 [J]. 齐鲁学刊，2007 (5)：136－139.

[39] 陈春常. 转型中的中国国家治理研究 [D]. 华东师范大学，2011.

[40] 陈黛斐，温彩霞. 财税改革：全面深化改革的突破口和主线索 [J]. 中国税务，2014 (1).

[41] 陈龙. 国家治理现代化中的财政改革 [J]. 地方财政研究，2014 (6)：9－14.

[42] 杜飞进. 中国现代化的一个全新维度——论国家治理体系和治理能力现代化 [J]. 社会科学研究，2014 (5).

[43] 方涛. 国家治理体系和治理能力现代化的五维审视 [J]. 求实，2014 (9)：12.

[44] 高培勇. 财税体制改革对接全面深化改革的总目标 [J]. 中国税务报，2014 (6)：A02.

[45] 高培勇. 理解十八届三中全会税制改革"路线图" [J]. 税务研究，2014 (1)：3－4.

[46] 郭维真. 论国家治理及其改良——以税收授权立法为视角 [J]. 福建论坛：人文社会科学版，2013 (3)：35－40.

[47] 何增科. 理解国家治理及其现代化 [J]. 马克思主义与现实，2014，1：5.

[48] 胡宁生. 国家治理现代化：政府、市场和社会新型协同互动 [J]. 南京社会科学，2014 (1)：12.

[49] 靳东升. 全面深化税制改革将更加注重税收公平 [J]. 地方财政研究，2014 (1)：12－15.

[50] 李冬梅. 治理与善治：地方政府公信力研究 [D]. 山东大学，2010.

[51] 李亮. 论科学发展观视野下的善治理念 [D]. 东北财经大学，2007.

[52] 李景鹏. 关于推进国家治理体系和治理能力现代化——"四个现代化"之后的第五个"现代化" [J]. 天津社会科学，2014，2 (2).

[53] 李抒望. 正确认识国家治理体系和治理能力的现代化 [J]. 时代主

人，2013（12）：18.

［54］李学智．关于现代化理论与中国现代化进程的若干认识［J］．理论与现代化，2012（6）：5－11.

［55］刘俊杰．推进国家治理体系和治理能力现代化的基本问题［J］．哈尔滨市委党校学报，2014（1）：5－8.

［56］刘永刚．新一轮财税体制改革是一场关系国家治理体系和治理能力现代化的深刻变革［J］．中国经济周刊，2014（33）.

［57］罗涛涛．国家治理现代化内涵的研究综述［J］．学周刊，2014（28）.

［58］马海涛，肖鹏．中国税制改革30年回顾与展望［J］．税务研究，2008（7）.

［59］马雪松．论国家治理体系与治理能力现代化制度体系的功能建构［J］．南京师大学报（社会科学版），2014（4）.

［60］莫纪宏．国家治理体系和治理能力现代化与法治化［J］．法学杂志，2014，35（4）：21－28.

［61］饶立新．绿色税收理论及其应用研究［D］．华中科技大学，2005.

［62］饶立新．绿色税收内涵研究［J］．价格月刊，2003（9）：12.

［63］邵薪运．善治式政府责任研究［D］．吉林大学，2012.

［64］时红秀．从国家治理现代化看待财税体制改革［J］．银行家，2013（12）：34－36.

［65］唐皇凤．大国治理与政治建设——当代中国国家治理的战略选择［J］．天津社会科学，2005（3）：54－60.

［66］王平．税收法定原则法治财税与国家治理现代化的基础［J］．国际税收，2014（5）.

［67］王诗宗．治理理论与公共行政学范式进步［J］．中国社会科学，2010（4）：87－100.

［68］魏治勋．“善治”视野中的国家治理能力及其现代化［J］．法学论坛，2014，29（2）：32－45.

［69］谢永宽，范铁中．论中国现代化理论与实践模式的变迁——马克思主义中国化视角［J］．重庆大学学报：社会科学版，2011，17（4）：140－146.

［70］徐子棉．当代中国现代化从中断到全面启动的社会动因研究［D］．陕西师范大学，2012.

［71］宣晓伟．国家治理体系和治理能力现代化的制度安排：从社会分工理论观瞻［J］．改革，2014（4）：151－159.

［72］严立贤．现代化理论与中国社会的现代化［J］．国外社会科学，1986（10）：49－54.

［73］俞可平．中国治理评估框架［J］．经济社会体制比较，2008，6（6）.

［74］余雁刚．中国税收制度变迁研究［D］．厦门大学博士论文，2002.

［75］张德志．推进善治税收建设　服务省会发展大局［J］．济南政报，2010（7）：11.

［76］张劲松．现代化：国家治理体系和治理能力的转型［J］．晋阳学刊，2014（5）.

［77］赵霄汉．论我国的绿色税收制度［D］．厦门大学博士学位论文，2007.

［78］周光辉．推进国家治理现代化需要寻求和凝聚社会共识［J］．法制与社会发展，2014（5）：5.

［79］周克清．国家治理与现代财政制度建设［J］．财政监督，2014（17）.

［80］朱荣贤．现代化理论研究综述［J］．学术论坛，2005（10）：14－17.

［81］赵虎吉．政治学基本问题［M］．北京：中共中央党校出版社，2012.

［82］湖南省国家税务局科研所．［M］．长沙：湖南人民出版社，2008.

［83］肖厚雄．纳税服务理论与实践［M］．北京：中国财政经济出版社，2010.

［84］刘初旺，沈玉平．税收征管执法风险与监管研究［M］．北京：经济管理出版社，2008.

［85］俞可平．地方政府创新与善治：案例研究［M］．北京：社会科学文献出版社，2003.

［86］国际行动援助中国办公室．善治以民众为中心的治理［M］．北京：知识产权出版社，2007.

［87］俞可平．中国治理评论［M］．北京：中央编译出版社，2012.

［88］俞可平．全球化时代的善治［J］．商务周刊，2002（13）.

［89］何惠敏．对美国税务稽查制度的分析及其启示——基于纳税遵从

理论［J］. 当代经济，2014（12）.

［90］邵峰，蒋震宇，张海波. 美国税务机关信息管税的经验与启示［J］. 税务研究，2013（6）.

［91］胥婷婷. 美国税收信息化发展及对我国的经验启示［J］. 现代经济信息，2012（3）.

［92］李云林. 美国税收信用分析和借鉴［J］. 宏观经济管理，2009（11）.

［93］龚光梅，王小宁. 浅析美国税收征管制度对我国税收征管改革的启示［J］. 会计之友，2006（4）.

［94］董根泰，张为民. 美国税务代理的经验及借鉴［J］. 税务研究，2006（5）.

［95］张永刚. 论我国税收征管体系的完善与创新［J］. 企业研究，2013（4）.

［96］于岩. 借鉴美国经验优化我国税收管理环境［J］. 黑龙江对外经贸，2007（2）.

［97］蒋晓欣. 美国的税改经验及启示［J］. 中国乡镇企业会计，2006（5）.

［98］梁莹. 治理、善治与法治［J］. 求实，2003（2）.

［99］段光林. 美国税务机构现代化对我国的借鉴和启示［J］. 涉外税务，2003（12）.

［100］俞可平. 治理与善治［M］. 北京：社会科学文献出版社，2000.

［101］俞可平. 国家治理评估：中国与世界（中英文）［M］. 北京：中央编译出版社，2009.

［102］高强. 澳大利亚税制［M］. 北京：中国财政经济出版社，2002.

［103］李品芳. 中国税制理论与实务［M］. 上海：上海财经大学出版社，2013.

［104］国家税务总局. 中国税务发展报告［M］. 北京：中国税务出版社，2006.

［105］杨杨. 澳大利亚纳税人权益保护经验介绍［J］. 财会研究，2013（5）.

［106］周优. 澳大利亚个人所得税信息化管理的经验及借鉴［J］. 涉外税务，2009（1）.

［107］程雅洁. 澳大利亚独立个人劳务反避税管理的经验与借鉴［J］.

国际税收，2014（8）.

［108］刘静，陈懿赟．澳大利亚税务局纳税遵从辅导的做法及对我国的启示［J］．税收经济研究，2011（3）.

［109］李晓曼．建立管税信息化及国际借鉴［J］．中国科技信息，2013（10）.

［110］王华君．澳大利亚纳税服务经验及对我国的启示［J］．涉外税务，2010（1）.

［111］温来成．维护纳税人权益：当代中国公共管理的重要议题［J］．中国税务，2008（3）.

［112］丁琳．纳税人自我评估：降低澳大利亚税收征管成本［N］．中国税务报，2007－8－23（7）.

［113］潘孝珍．我国个人所得税的征管效率评价与改进［J］．税收经济研究，2011（2）.

［114］王义平．我国信息管税工作模式和路径研究［D］．东北财经大学，2011.

［115］刘畅．信息化条件下实现税收征管转型［J］．商，2014（13）.

［116］“中国税务学会纳税服务”课题组．借鉴国际经验　积极构建现代纳税服务体系［J］．税务研究，2010（7）.

［117］王晓春．浅析社会中介服务对纳税服务社会化的作用［J］．价值工程，2011（10）.

［118］温来成．维护纳税人权益：当代中国公共管理的重要议题［J］．中国税务，2008（3）.

［119］唐晓鹰，吴蔚．英国税收风险管理及其借鉴［J］．国际税收，2014（2）.

［120］欧阳晓慧．国外税制改革对我国的启示［J］．中国青年政治学院学报，2011（5）.

［121］汪昊．英国应对金融危机税收政策的特点及其启示［J］．涉外税务，2009（5）.

［122］陈彦．英国税收制度演变的宪政意义［D］．西南政法大学，2010.

［123］任超．近代税收法律文化的渊源——中世纪英国税制的转型［J］．外国法制史研究，2007.

［124］冯一凡．英国：税收真实公允［J］．新理财（政府理财），2011

(8).

[125] 韩玲慧．英国财政税收制度的演变：1597 年至今［J］．经济研究参考，2009 (40).

[126] 陆伟芳．英国税制发展特征初探［J］．扬州大学税务学院学报，2004 (3).

[127] 施诚．试析中世纪英国税收理论［J］．华东师范大学学报（哲学社会科学版），2007 (1).

[128] 王祺扬．英国的税收制度及对我国税制改革的借鉴［J］．湖北财税，2003 (18).

[129] 迟玉荣．经济全球化背景下的美英日税制改革及启示［D］．吉林大学，世界经济，2007.

[130] 王成波．英国税收概览［J］．税务，2002 (7).

[131] 崔景华．欧洲主要发达国家近期税制改革及其对中国的启示［J］．经济与管理，2007 (10).

[132] 薛海燕．英国、日本税制改革分析［J］．价格月刊，2003 (12).

[133] 俞可平．治理与善治［M］．北京：社会科学文献出版社，2000.

[134] 财政部《税收制度国际比较》课题组．日本税制［M］．北京：中国财政经济出版社，2000.

[135] 李品芳．中国税制理论与实务［M］．上海：上海财经大学出版社，2013.

[136] 国家税务总局．中国税务发展报告［M］．北京：中国税务出版社，2006.

[137] 梁洁．中外税负的比较研究［D］．江南大学，2009.

[138] 孟丽，尚可文．中外纳税申报制度的比较研究与借鉴［J］．国际经贸探索，2009 (6).

[139] 王晟．日本的税收宣传及其对我国的借鉴［J］．草原税务，1998 (8).

[140] 孟丽，尚可文．中外纳税申报制度的比较研究与借鉴［J］．国际经贸探索，2009 (6).

[141] 杨同富．日本税理士制度的演进及对我国税收代理工作的启示［J］．税务纵横，2003 (6).

[142] 程剑东．国外税收信息化管理经验借鉴［J］．市场周刊（理论研究），2011 (3).

[143] 杨华. 日本纳税评估的经验及借鉴 [J]. 中国财政, 2011 (23).

[144] 王义平. 我国信息管税工作模式和路径研究 [D]. 东北财经大学, 2011.

[145] 陈宝熙. 对西方国家税务检查权的考察及借鉴 [J]. 扬州大学税务学院学报, 2007 (1).

[146] 中国税务学会"纳税服务"课题组. 借鉴国际经验 积极构建现代纳税服务体系 [J]. 税务研究, 2010 (7).

[147] 董庆健. 国外税收宣传与纳税服务中技术载体的运用及对我国的启示 [J]. 涉外税务, 2003 (4).

[148] 蔡军. 在税收博弈中构建和谐征纳关系 [J]. 财政研究, 2007, 11: 50-53.

[149] 蔡军, 崔浩. 构建和谐征纳关系的利益基础与税制路径 [J]. 税务研究, 2008 (2): 74-76.

[150] 刘江. 从澳大利亚纳税服务体系社会化趋势看构建和谐征纳关系的新途径 [J]. 商业会计, 2008 (4): 21-23.

[151] 左世忠. 努力构建和谐的税收征纳关系 [J]. 学习月刊, 2009 (20): 152.

[152] 敖汀. 和谐: 税收征纳关系的新内涵 [J]. 吉林工商学院学报, 2010 (1): 32-34, 37.

[153] 刘卫明. 加强大企业税收管理的探索与思考 [J]. 涉外税务, 2011 (3): 59-63.

[154] 张宁. 大企业税收管理和服务体系建设初探 [J]. 国际税收, 2013 (7): 66-68.

[155] 彭艳丽. 大企业税收管理与服务探析 [J]. 企业技术开发, 2013 (31): 109-110, 124.

[156] 张锐. 大企业税收管理模式探究 [J]. 税收经济研究, 2014 (3): 18-23.

[157] 顾芳倩. 基层税务机关税务文化建设策略的研究 [D]. 苏州大学, 2014.

[158] 周海生, 战炤磊. 现代税务文化建设的目标特征与基本思路 [J]. 技术经济与管理研究, 2013 (3).

[159] 刘宪茹. 培育先进税务文化 创建优质服务机关 [J]. 大连干部学刊, 2003 (6).

［160］彭正国．让税务文化成为税收事业发展的新动力［J］．税务研究，2010（10）．

［161］周健，陈海波，赵喜仓．试析我国税务干部绩效评价指标体系［J］．税务研究，2010（3）．

［162］董志林．深化人事制度改革　建设高素质税务干部队伍［J］．中国税务，2004（12）．

［163］费颖．浅谈税务机关的人才培训与激励机制［J］．经营管理者，2009（8）．

［164］杨文杰，张楠．完善我国税源管理的对策探讨［J］．经济研究参考，2013（46）．

［165］袁媛．推进税收服务和管理工作社会化的思考［J］．现代经济信息，2013（23）．

［166］刘国庆．对社会化综合治税的认识［J］．税务研究，2012（3）．

［167］刘玉萍．浅谈税收征管社会化［J］．中国外资，2012（7）．

［168］王学艺．完善我国税源管理的对策研究［D］．暨南大学，2007．

［169］刘浩明．税收社会化的若干理性思考［J］．税收征纳，2004（11）．

［170］［美］珍妮特·V．登哈特，罗伯特·B．登哈特．新公共服务：服务，而不是掌舵［M］．丁煌，译．北京：中国人民大学出版社，2010．

［171］徐勇．现代化进程的节点与政治转型［J］．探索与争鸣，2013（3）：7－10．

［172］俞可平．中国治理变迁30年（1978—2008）［J］．吉林大学社会科学学报，2008（3）：5－17，159．

［173］何祖坤．关注政府回应［J］．中国行政管理，2000（7）：7－8．

［174］山小琪．现代性的制度之维［D］．复旦大学，2005．

后　　记

党的十八届三中全会提出了推进国家治理体系与治理能力现代化的深化改革总目标，吉林省国家税务局以其强烈的责任感和敏锐的洞察力，深刻地认识到善治理论所推崇的价值理念、基本原则和方式方法对于我国税务部门，尤其是基层税务部门在创新管理方式、加快职能转变、实现事业发展、推进现代化进程等方面的积极作用。2014 年 3 月，春意将至之时，秉持探寻善治理念下我国税收治理路径的共同目标，吉林省国家税务局张德志局长、吉林省税务学会李伊宁秘书长与国家治理协同创新中心联合主任周光辉教授、国家治理协同创新中心研究员兼吉林大学中国地方政府创新研究中心主任李靖教授就税收治理的相关科研问题签订了合作协议，吉林省国家税务局与国家治理协同创新中心、吉林大学中国地方政府创新研究中心开始就《善治理念下的税收治理问题研究》课题开展科研合作。

此后，课题组成员们查阅与整理了大量国内外关于治理理论、善治理论、税收治理理论等方面的文献资料，搜寻、研读了众多国家与地方有关税收治理方面的政策法规和意见办法。两月有余的时光中，课题组通过主题发言、头脑风暴等灵活多样的讨论形式，从理论和现实两个层面出发为本课题做了较为充分的前期准备，以期在实地调研和案例总结阶段做到有的放矢。炎炎夏日亦未能放缓课题组开展实践调研的脚步，课题组成员们多次赶赴吉林省部分基层税务机关开展实证调研，掌握了吉林省基层税务部门在税收治理方面的第一手资料，加强了理论研究者与实务工作者之间的联系，进而实现了治理理论、善治理论与税收实际工作的关联对接、同频共振。浓浓秋意携来的微凉天气为课题组系统整理调研资料、分析访谈结果提供了一个舒适的环境，成员们运用现有的理论知识透析吉林省税收工作的开展情况，对现实层面税收治理的现状及其所存在的问题与困境进行分析和梳理。严冬的傲寒骤冷刚好提供了“躲藏”于“温室”中悉心完成课题书稿撰写工作的理由。在吉林大学中国地方政府创新研究中心的老师与同学们集中努力下，在吉林省国家税务局及部分基层工作人员的紧密配合下，课题组成员们在不断商讨和修正的基础之上，于2015年到来之前，初步完成了《善治理念下的税收治理问题研究》一书的主要内容。而后，经过反复校对，认真修改，最终形成了展现在各位读者面前这本散发着铅字墨香的书稿。本书的完成，一则为奋战在我国税收工作一线的相关领导和同志们提供了一个全面了解治理理论和善治理论的平台；二则通过介绍国内国外税收在善治理念的指引下开展税收治理的先进经验，为吉林省乃至全国的税务工作者提供新的工作思路；三则结合对吉林省税收治理工作的实证调研结果，对未来吉林省在善治理念下提升税收治理工作效率与质量的基本路径进行探索。

本书在撰写过程中，得到了吉林大学行政学院教授、博士生导师李靖及其研究生陈旭、张舜禹、张冰、赵尉尉、张金芳、郑雪、陈希、李慧龙、王寒冰等的大力支持。吉林省税收科研所赵丰研究员承担了税收理论部分的撰写和校对工作。本书还参阅了吉林国税系统张哲熙、黄玉波、辛欣等人撰写的论文。付梓之际，向大家致以诚挚感谢！

编者

2015年10月